# 뉴스 프레임과 의제의
# 자동 추출과 해석 모형

## 임종섭

저자 임종섭은 서울대학교 독어독문학과를 졸업하고 연합뉴스에서 사회부와 경제부 기자로 활동했다. 미국의 명문 저널리즘학교인 미주리콜롬비아대학(University of Missouri–Columbia)에서 언론학으로 석사학위와 박사학위를 받았다. 서강대학교 지식융합미디어학부 교수로 학부에서 '데이터 마이닝', '기계학습 기반의 텍스트 마이닝', '융합적 미디어 글쓰기', 대학원에서 '데이터 저널리즘', '텍스트 마이닝 기법', 언론대학원에서 '빅데이터와 디지털뉴스', '텍스트 마이닝과 시각화' 과목을 가르친다. 그는 학위과정에서 컴퓨터 활용 보도(CAR)를 배웠고 2016년 연구년에 미국 캔자스대학(University of Kansas)에서 R과 파이썬을 공부해 관련 논문들을 발표했다. 데이터 저널리즘, 뉴스 생산, 복잡성 이론에 관심이 있다. New Media & Society, Journalism & Mass Communication Quarterly, Journal of Computer–Mediated Communication, Journalism Studies, International Journal of Public Opinion Research, Journal of Health Communication, Asian Journal of Communication 등 유명 SSCI 학술지와 한국언론학보 등 국내 KCI 학술지에 50여 편의 논문을 발표했다. 『데이터 저널리즘』, 『소셜 미디어와 언론의 관계성』, 『커뮤니케이션 과학의 지평』 등 다수 이론서를 출간했다.

서강학술총서

125

# 뉴스 프레임과 의제의 자동 추출과 해석 모형

임종섭 지음

서강대학교출판부

서강학술총서 125
뉴스 프레임과 의제의 자동 추출과 해석 모형

초판 1쇄 발행 | 2020년 2월 20일

지 은 이 | 임종섭
발 행 인 | 박종구
편 집 인 | 전종호
발 행 처 | 서강대학교출판부
등록 번호 | 제2002-000170호

주 소 | 서울특별시 마포구 백범로 35(신수동)
전 화 | (02) 705-8212
팩 스 | (02) 705-8612


ISBN 978-89-7273-364-5 94080
ISBN 978-89-7273-139-9 (세트)

값 30,000원

* 잘못된 책은 구입하신 곳에서 바꿔드립니다.


* '서강학술총서'는 SK SUPEX 기금의 후원으로 제작됩니다.

# 프레임과 의제의 자동 추출

## 1) 알고리즘 기반의 뉴스 분석

국내 언론학 연구자들 대부분은 뉴스 텍스트를 조사할 때 연구자 본인을 포함해 훈련된 연구원들을 동원해 내용 분석, 담론 분석, 해석학적 분석, 역사학적 분석 등을 실시한다. 이 방식은 신뢰성과 타당성이라는 기준점을 일정 부분 만족시키면서 수용 가능한 절차로 인정받는다. 그러나 인간 연구원에 의존하는 분석은 텍스트 규모가 빅데이터 수준으로 커진 최근 상황에 충분히 대처하지 못한다는 비판을 받는다. 자세한 비판은 이후 장에 나오지만, 이 부분이 본 저서가 출발하는 지점이다. 예를 들어, 1년 간 특정 문제를 보도한 국내 주요 언론사들의 기사문을 수집할 경우, 그 양은 수십만 건에 이를 것이다. 이 때 무작위 표집(random sampling)으로 수십만 건 중에 통제 가능한 수준인 1,000~2,000건의 기사를 추출해 분석할 수 있다. 하지만 프로그래밍 언어가 사용되고 빅데이터 처리 기법이 등장하면서, 모집단 전체를 분석하는 일은 이제 가능하다. 다만, 프로그래밍 언어에 기반을 둔 절차와 이에 필요한 이론적 이해가 언론학자들에게 널리 공유되지 못한 실정이다.

본 저서는 이 문제점에 주목해 국내 언론학자들이 대규모 뉴스 텍스트를 프로그래밍 언어로 분석할 때 적용하는 기법과 실제 코드를 충실하게 제공하고자 한다. 이 주제와 관련된 저서가 국내에 드물다는 점도 본 저서와 같은 접근이 필요한 이유 중 하나다. 본 저서는 뉴스 텍스트에서 프레임이나 의제를 알고리즘으로 자동 추출하는 방법을 제안하고 이론적 타당성과 절차를 설명한다. 국내 사회과학 연구자들이 쓰는 텍스트 마이닝은 이 자동 추출 기법과 관련되는데, 관련 논문들을 접한 독자들 중에는 텍스트 마이닝으로 발견한 결과가 기존 연구와 다른 '새로운' 양상을 보여주는가라고 비판할 수 있다. 이는 충분히 가능하며 적절한 비판이다. 본 저자는 텍스트 마이닝이 크게 두 가지 관점에서 내용 분석이나 담화 분석 등 인간이 수행하는 전통적 접근과 차이가 난다고 주장한다.

첫 번째는 연구자가 다루는 데이터의 양이 이전과는 달리 엄청나게 커져 개인용 노트북 등 소형 장비로 분석하기가 어려워졌다는 점이다. 사회 담론으로 유통되는 '빅데이터'가 뉴스 콘텐츠에도 나타나 '뉴스 빅데이터'라는 용어가 언론학 분야와 언론계에 자리했다. 이 거대한 콘텐츠를 어떻게 활용하는가에 따라 이전에는 몰랐던 사회 현상, 흐름, 개념 등을 발견할 수 있고, 언론사는 이를 2차 정보 콘텐츠로 가공해 특정 고객들에게 판매할 수 있다. 다행히도 빅데이터 분석 도구와 R, Python과 같은 프로그래밍 언어가 대중화되면서 10년간 또는 20년간 제작된 언론사 기사를 수집해 분석하는 일이 가능하다. 언론학자들이 이 분석 기법을 친숙하게 다뤄 연구에 적용한다면 흥미로운 결과들이 나올 것이다. 물론, 국내에 빅데이터 분석을 직접 수행하는 언론학자들은 존재하며, 본 저자도 그 중에 한 명이다. 다만, 이런 흐름이 언론학계에 핵심으로 부상하지 못했으며, 이는 관련 연구자들이 극복할 부분이다.

두 번째는 텍스트 마이닝 연구자들이 작은 단위에서 언론사 보도 유형, 뉴스 이용자들의 심리, 사회 추세 등 큰 개념을 찾는 것을 전제한다는 점이다. 작은 데에서 큰 단위가 출현한다는 주장은 이미 국외 사회학자들이 이론적 출발로 삼은 논리이다. 자세한 내용은 '제 4장 텍스트 마이닝'에서 다룬다. 텍스트를 잘게 쪼개는 'parse'라는 과정은 아주 작은 단위로 형태소, 단어 등을 상정하고 이들에 적절한 품사를 꼬리표로 붙이는 절차를 포함한다. 이 단어들이 텍스트에서 특정한 방향으로 함께 출현하는 양상을 의미 연결망이나 군집 분석, 토픽 모델링 등으로 분석하면, 거대한 텍스트에 숨은 프레임이나 의제를 빠르고 반복적으로 발견할 수 있다. 결국, 자동 추출 기법인 텍스트 마이닝은 프레임이나 의제를 품은 미세한 단어들이 묶인 양상에서 출발한다. 이 과정은 오류가 발생할 경우, 처음으로 되돌아가 수정하고 다시 분석하는 '반복(iteration)'을 담는다. 대부분 사회과학 연구가 오류가 있으면 수정하고 다시 검증하는 반복적인 성격을 띠지만, 텍스트 마이닝이 수행하는 반복성은 코드로 구체화된다는 점에서 다른 연구자들이 교차 검증할 수 있는 강점이 있다. 이 코드는 특정한 분석 논리를 담은 알고리즘으로 재현된다는 사실이 텍스트 마이닝이 전통 분석과 다른 점이다. 자세한 특성은 이후 장에서 실제 사례와 코드로 논의한다.

### 2) 장별 구성

본 저서는 12장으로 구성된다. 제 1장은 '뉴스 개념과 구조'라는 제목으로 뉴스가 무엇인가를 이론적으로 고찰하고 텍스트 차원에서 뉴스 구조를 살핀다. 제 2장은 선행 연구자들이 뉴스 텍스트에서 프레임과 의제를 어떻게 정의하고, 이를 어떤 방식으로 분석하는가를 다루며, 이 방식이 갖는 한계점을 기술한다. 제 3장은 '자동 텍스트 분석'이라는 개념을 '컴퓨터 기술 커뮤니케이션 과학(computational communication science)'이라는 연구 흐름에서 조명하고 인간 분석가와 기계 분석가의 장단점을 논의한다.

제 4장부터는 본 저서가 주목하는 텍스트 마이닝의 개념과 절차를 설명한다. 이 과정에서 프로그래밍 언어인 R이 무엇인지와 R을 설치하는 절차를 실제 코드로 제시한다. 또한, 제 4장은 지도 학습(supervised learning)과 비주도 학습(unsupervised learning)이 구체적으로 무엇인가를 설명한다. 제 5장은 텍스트 마이닝을 위해 필요한 텍스트를 뉴스 사이트 등에서 가져오는 절차인 '웹 스크래핑(scraping)'을 다룬다. 뉴스 사이트와 포털에서 텍스트 가져오기와 API(application programming interface)를 활용하는 방식이 코드로 나온다.

제 6장은 텍스트 마이닝에서 가장 핵심 개념 중 하나인 '단어 공출현망(word co-occurrence network)'이 무엇인지를 조명하고, 'KoNLP', 'tm', 'quanteda'라는 3개 패키지로 실제 기사문을 수집해 가장 많이 출현하는 단어들을 '단어구름(wordcloud)'으로 재현한다. 제 7장은 의미 연결망의 개념과 이 연결망 분석으로 뉴스 텍스트에서 프레임을 발견하는 방식을 다루며, 2차원뿐만 아니라 3차원으로 의미 연결망을 구현하는 절차를 소개한다. 제 8장은 군집 분석이 무엇인가를 논의하고 뉴스 텍스트에서 군집 분석으로 프레임을 추출하는 방법을 설명한다.

제 9장은 국내 사회과학에서 최근 자주 활용되는 토픽 모델링의 개념과 관련 선행 연구들을 고찰한 뒤에 뉴스 텍스트에서 토픽 모델링으로 의제를 추출하는 자세한 과정을 다룬다. 특히, 기사 발행 시점 등 공변량이 기사에 출현하는 주제의 비중에 개입하는 관계를 따지는 구조 토픽 모델링으로 의제를 발견하는 방식도 세밀하게 기술한다. 제 10장은 '문서의 벡터화'라는 개념을 소개하고 이 방식으로 기사문에서 의제를 찾는 과정을 설명한다. 문서의 벡터화는 토픽 모델링과는 달리 기

사문에서 단어들이 놓인 위치 등 맥락을 고려하기 때문에 의제를 더 정교하게 추출할 수 있는 이점이 있다.

제 11장은 언론학에도 등장한 그랜저 인과 관계를 이 개념을 제안한 원저자의 논문과 관련 연구들을 중심으로 살펴보고, 이 개념을 적용해 추출한 뉴스 프레임 간에 또는 의제들 간에 영향 관계를 분석한다. 제 12장은 기계 학습에 기반을 둔 뉴스 연구가 갖는 함의를 해석의 문제와 코드로 세상 읽기라는 관점에서 논의한다. 제 12장의 결론은 본 저서가 갖는 의의와 향후 연구 과제, 발전 방향 등을 제시한다.

세심한 심사평으로 책의 완성도를 높여준 익명의 심사자들께 감사의 말을 전한다. 이 책의 집필에 집중할 수 있도록 도움을 준 서강학술총서 기획위원회와 서강대학교출판부에도 감사드린다. R을 연구에 접목하는 과정과 이론적 함의를 토론해 준 미국 시라큐즈대학 맥스웰 스쿨의 스튜어트 돌슨(Stuart Thorson) 교수, 프로그래밍 워크숍을 소개해 주고 R 기법으로 공동 연구를 한 미국 캔자스대학 저널리즘 스쿨의 홍부(Hong Vu) 교수, R을 적용한 연구 사례를 발표하는 자리를 마련해 준 부산대 미디어커뮤니케이션학과의 황성욱 교수 등 이 책에 훌륭한 길라잡이가 되어 준 학계 전문가들께 고마움을 표한다. 책은 저자가 서강대 신문방송학과 대학원에서 석박사과정의 학생들과 나눈 토론과 발표 등을 바탕으로 발전시킨 내용들이다. 대학원생들에게 감사한 마음이다. 끝으로 R을 공부하고 코드 분석에 집중한 지난 4년간 든든한 격려와 인내심을 보여준 부모님과 가족에게 고마움을 전한다.

2020년 1월 노고산에서

임종섭

# 목 차

# 제1장
# 뉴스 개념과 구조

## 제1장
# 뉴스 개념과 구조

### 1) 뉴스의 개념

뉴스는 무엇인가라는 질문은 신문방송학 대학원생이나 언론학자, 언론인, 언론 지망생 등에게는 자주 들어본 질문일 것이다. 뉴스는 한국어가 아니라 영어 'news'를 그대로 사용한 것으로 우리말로 표현하기가 쉽지 않은 용어가 됐다. 디지털 시대에 자주 유통되는 단어가 '정보'인데 이는 'information'을 번역한 것이지만, 뉴스를 만약 '소식', '새로운 이야기' 등으로 쓴다면, 언어 시장에서 별로 설득력이 없을 것이다. 뉴스라는 표현이 우리 생활 곳곳에 깊숙이 자리하기 때문에 이를 바꾸기보다는 인정할 수밖에 없는 상황이다. 국립국어원의 '표준국어대사전'도 '뉴스(news)'를 명사로 수록하고 '새로운 소식을 전하여 주는 방송의 프로그램'이나 '일반에게 잘 알려지지 아니한 새로운 소식'이라고 설명한다. 이를 보면, 언어는 지배의 매체(media of dominance)라는 평가는 타당할 것이다. 이 맥락에서 공동체가 사용하는 언어는 정체성이라는 강력한 틀을 제공함으로써 정치 세력을 동원하는 기능을 수행한다(Downey & Fenton, 2003, p. 194).

뉴스의 영어명인 'news'를 두고, 동서남북의 방향성과 연관시켜 뉴스의 개념을 설명하는 학자도 있다. 가령, 세계 뉴스는 북쪽(north), 동쪽(east), 서쪽(west), 남쪽(south)이라는 요소를 담는다는 얘기다(van Ginneken, 1997, p. 8). 각종 사건과 사고가 국내외를 비롯해 세계 곳곳에서 일어난다는 점에서 이 4개 방향을 포괄해 뉴스를 이해하는 시도도 가능하다. 그러나 현상을 좀 더 신중하게 보는 독자라면, 우리가 TV 방송이나 신문에서 보는 뉴스는 이처럼 포괄적이지 못하다는 점을 알 수 있다. 1시간 남짓의 방송 시간이나 36면의 신문 지면을 고려하면, 세상에서 일어나는 모든 사건과 사고를 다루는 것은 처음부터 불가능한 일이다. 무수히 많은 사건이나 사고들 중에서 언론사와 기자들이 보도할 필요가 있다는 내용들만 우리에게 전달되며, 이 과정에서 객관성이나 사실성, 공정성이라는 이데올로기의 장치로 해당 언론사의 정치 성향이나 판단이 개입한다. 한 예로, 〈조선일보〉, 〈중앙일보〉, 〈동아일보〉의 기사와 사설 등을 〈한겨레〉와 〈경향신문〉의 보도와 비교해 보면, 이런 주장을 뒷받침하는 사례들을 찾을 수 있다. 결국, 뉴스의 개념은 단순히 새로운 것을 보도하는 행위와 관련되기보다는 언론사가 적극 개입하는 과정과 맞닿아 있다.

이 점에서 뉴스 개념에 관한 질문 자체는 잘못됐다는 지적도 있다. 인간은 세상에서 주목할 부분과 그렇지 않은 부분을 가려 판단하기 때문에 '뉴스가 무엇인가(what is news)'라는 질문보다는 '새롭지 않은 것이 무엇인가(what is nothing new)'라고 묻는 것이 더 정확하다는 설명이다(van Ginneken, 1997).

구체적으로 풀어 설명하면, 뉴스는 현실적으로 중요한 사건이지만 얼마나 현실적이고 얼마나 중요한지, 어떤 사건인지를 정하는 데에는 특정 사실과 관계에 주목하고 다른 것들은 배제하는 '선택형 명료화(selective articulation)'라는 기제가 작동한다(van Ginneken, 1997). 이 기제는 '문지기(gatekeeping)'를 뜻하는데, 문지기는 방대한 정보들 중에서 일부를 선택하고 다듬어서 특정 분량의 메시지로 만들어 매일 시민들에게 전달하는 과정이며, 현대 사회에서 언론의 핵심 역할이기도 하다(Shoemaker & Vos, 2009). 본 저자는 이처럼 선택, 배제, 강조 등 특별한 처리를 거쳐 생산되는 뉴스는 일정한 형태나 양식으로 구현된다는 점을 강조하고자 한다. 뉴스를 문지기 과정을 거쳐 생산되는 공적 정보라고 정의한다면, 이는 대단히 추상적인 개념이어서 그 실체를 제대로 보지 못하게 된다. 뉴스는 사회, 정치, 경제, 역사, 문화 등 언론인과 시민들이 공존하는 개별 환경에서 생산되고 유통되며 소비되는 제품으로, 구체적 모습은 각 나라의 언어로 나타난다. 뉴스는 특정한 언어로 표현되고 구체적 방향으로 이해되고 토론되는, 사회에 관한 매일 매일의 기록이라고 하겠다. 뉴스가 언어를 토대로 한다는 점은 언어학 연구자들 사이에서는 상당한 설득력이 있는 주장이다. 담론의 기호학적 구조를 관장하는 사회 역사적 조건, 기호, 의미 사이의 관계를 특정한 언어 분석으로 조사하는 비평 언어학(critical linguistics) 관점에서 보면, 뉴스는 가치를 배제한 채 사실을 반영하는 것이 아니라 기호학적 코드이며, 사회 경제적 가치 구조를 강제하는 언어로 세상을 재현한다(Fowler, 2013). 사람들이 뉴스 언어에 내재한 사회 불평등을 반복해 사용하는 과정에서 이 불평등이 심화되는 만큼, 언어에 숨겨진 불평등을 폭로하는 것은 이를 해결하는 방안이 될 수 있다(유희재·유성희·김진웅, 2016).

뉴스의 개념을 파악할 때 언어라는 측면과 함께 고려할 사항은 뉴스가 제작되는 물적 토대인 매체 환경이다. 뉴스 홈페이지가 등장했던 1990년대, 유튜브(2005년 출시), 페이스북(2006년 출시), 트위터(2006년 출시) 등 소셜 미디어가 등장한 2000년대 초반,[1] 모바일 뉴스 앱과 포털 앱이 일상화된 2019년 현재를 각각 비교해 보면, 언론사와 국민들이 접하는 매체 환경은 상당히 다르다. 1990년대에는 신문, 방송사 등 전통 매체가 주도하는 상황에서 온라인 뉴스라는 새로운 형태가 등장한 시기였으며, 소셜 미디어가 선보인 2000년대 초반은 수동적 뉴스 소비자들이 직접 콘텐츠를 제작해 유통시키는 생산자의 모습을 보인 때였다. 현재는 고정형 컴퓨터 기반이 아니라 이동성과 휴대성이라는 측면이 강점인 스마트폰, 태블릿PC 등 모바일 기기가 대세를 이루면서, 뉴스와 각종 정보 소비가 대중교통, 상점, 학교, 직장, 거리 등 움직이는 방향에 따라 끊임없이 발생한다. 정보 범람의 시대가 아니라 '정보 소비'의 범람 시대다.

따라서 뉴스의 개념은 현재 매체 환경의 변화를 토대로 이해하는 것이 현실성이 있다고 하겠다. 이 점에서 "뉴스는 사회, 정치, 문화,

1 연구자들이 인정하는 최초의 소셜 미디어는 1997년에 나온 'Six Degrees.com'이고 1999년에 'BlackPlanet', 2001년에 '싸이월드(Cyworld)', 2003년에 'MySpace'와 'LinkedIn'이 등장했다(임종섭, 2015c).

역사, 경제 등 매체 환경을 토대로 생산되고 소비되는 공적 자산"이다(임종섭, 2015a, 253쪽). 뉴스에 담기는 공적 자산의 중요성이 커질수록 해당 내용은 신문, 방송, 인터넷 매체 등에서 보도될 가능성이 높은데, 이유는 공적 자산의 중요성을 뉴스 가치로 이해할 수 있기 때문이다. 'news value'로 표현되는 뉴스 가치와 관련된 용어로 뉴스 보도 가치(newsworthiness)가 있다. 기자는 특정 사건이나 사고가 보도할 정도로 중요하거나 의미 있는 요소를 담는다고 판단하면 이를 보도한다. 국내 언론학자들 중에는 '뉴스 가치'나 '뉴스 보도 가치'가 뉴스와 본질적으로 동일하다고 가정하는 경향이 있다. 그러나 뉴스는 구성되는 개념, 객체, 상품인 반면에 뉴스로 보도할 만한 상태인 뉴스 보도 가치는 기자들이 판단하는 인지 개념이나 정신적 판단이다(Shoemaker, 2006). 이 점에서 뉴스 보도 가치는 뉴스로 어떻게 제작되고 얼마나 중요하게 보도되는가를 결정하는 다양한 요인 중에 하나다.

뉴스의 개념을 논할 때, 이 같은 구분도 중요하지만, 유력 언론사, 대안 언론사, 보수 언론사, 진보 언론사 등 언론사의 유형과 성향이 빠진 상태에서 뉴스 개념을 다루는 것은 현실성이 떨어진다. '독립 미디어 센터(Independent Media Centre)' 또는 'Indymedia'라는 독립 언론사들은 '열린 출판(open publishing)'이라는 시스템을 도입해 이용자들이 자신의 기사를 직접 올리고 기사를 평가하고 댓글을 게재하도록 한다(Platon & Deuze, 2003). 이 방식을 고려하면, 뉴스는 전통 언론사가 선택적으로 판단해 보도하는 사건이나 현안이 아니라 독자, 시청자, 청취자, 인터넷 이용자 등이 선택해 보도하고 평가하는 공공 정보라고 하겠다. 뉴스의 개념에는 생산 주체의 특성(언론사의 정치 성향 대 이용자의 참여 성향), 뉴스 시장 환경(소셜 미디어, 모바일 앱 등 디지털 뉴스 유통), 소비 방식(단순한 소비 대 평가와 비판) 등 다양한 요소들이 복잡하게 개입한다는 점을 알 수 있다. 이 요소들 중 어느 부분이 강조되는가에 따라 언론사 중심의 생산자 관점에서 조직적으로 선택해 구성하는 정제된 뉴스라는 개념이 가능하고, 이용자 관점에서는 평가, 공유, 참여를 거쳐 수정되고 발전되는 과정(process)으로서의 뉴스라는 개념이 존재한다. 이처럼 가변적 속성을 지닌 뉴스를 언어 관점에서 접근할 경우, 뉴스 구조를 파악하는 일은 중요하다.

## 2) 뉴스 텍스트의 구조

신문 기사, 방송 기사, 온라인 기사, 모바일 기사 등 뉴스 콘텐츠는 해당 언론사의 제작 관행, 현안에 대한 이해, 언론사의 정치 성향, 독자 성향, 광고주 입장 등이 복합적으로 작용하면서 특정한 내용을 담는다. 선행 연구자도 신문의 내용은 세상에 관한 사실이 아니라 일반적인 의미에서 세상에 관한 생각(idea)이라고 이해했다(Fowler, 2013). 뉴스 텍스트의 구조를 분석함으로써 생각, 관점, 의견 등이 뉴스에 녹아 있는 방식을 드러낼 수 있다.[2] 뉴스 구조를 논할 때 고려할 부분은 뉴스가 '누

2 뉴스 구조는 언어로 구성된 텍스트의 구조를 의미하기 때문에 '뉴스 구조'라는 표현 대신에 '뉴스 텍스트의 구조'라는 표현을 사용한다. 독자 중에는 뉴스(news)와 기사(story)가 어떻게 다른가라고 궁금해 할 수 있다. 국외 연구자들은 news, news story 등으로 뉴스와 기사를 혼용해서 쓰면서 명확히 구별하지 않는다. 본 저자는 뉴스는 기사에 비해 포괄적이며 추상성이 높은 개념이고, 기사는 정보를 수집해 구성하는 '쓰기' 행위에 초점을 맞춘 구체적인 개념이라고 제안한다. 예

가', '무엇을', '언제', '어디서', '왜', '어떻게'라는 육하원칙(5Ws, 1H)에 맞는 사실 또는 정보를 텍스트에 요약하기 때문에 뉴스 텍스트의 기본 틀이 비교적 분명하다는 점이다.

이 점에서 뉴스 텍스트의 구조는 이야기(story), 초록(abstract), 출처(attribution)로 구성되는데, 이야기는 실제 예(episode)와 하위 범주인 사건(event)으로 구분되고, 사건은 출처, 주체, 행위, 상황(시간, 장소), 후속 내용(결과, 반응), 의견 제시(맥락, 평가), 배경(이전 예와 역사)으로 구성된다(Bell, 1998). 초록은 기사의 제목과 첫 문장인 리드(lead)를 의미하며 출처는 취재원과 시간, 장소를 뜻한다. 일반 기사와 사설로 국내 언론사의 뉴스 분석을 진단한 결과(이원표, 2009), 뉴스 분석이 사건과 현안 소개, 배경 설명, 분석과 진단, 분석과 진단에 대한 논증 제시 등 담화 범주로 나뉘며, 분석과 진단은 단언, 인과 관계 설명, 해석, 예측으로 구성되고 분석과 진단에 대한 논증은 증거, 배경, 이유 등 수사 구조로 제시됐다.

이 선행 연구들을 보면, 뉴스 텍스트가 상당히 체계적인 구성 요소로 짜여 있으며 논리적인 흐름을 바탕으로 한다는 사실을 알 수 있다. 담화(discourse) 연구자들의 결과에서도 뉴스 텍스트 구조에 대한 유사한 이해와 논리를 발견할 수 있다. 담화 분석(discourse analysis) 관점에서 뉴스를 담화로 이해한다면, 뉴스의 상위 구조를 다음과 같이 제시할 수 있다(van Dijk, 1983, p. 37).

---

를 들어, 정치 뉴스와 정치 기사 모두 사용하고 있으나 정치 기사는 정치에 관한 취재와 쓰기 과정이 강조되는 구체적 개체(entity)라고 하겠다.

〈그림 1〉 뉴스 텍스트의 상위 구조

1. 요약/도입
   1.1. 제목 (상위 제목, 핵심 제목, 하위 제목, 캡션)
   1.2. 리드 (기사의 핵심을 정리한 문장)
2. 실제 예(episode)
   2.1. 사건
   2.1.1. 이전 정보
   2.1.2. 전례(antecedents)
   2.1.3. 실제 사건
   2.1.4. 설명
      2.1.4.1. 맥락
      2.1.4.2. 배경
   2.2. 결과/반응
   2.2.1. 사건
   2.2.2. 발화 행위(speech acts)
3. 논평
   3.1. 기대나 예상
   3.2. 평가

〈그림 1〉에서 범주 1, 2, 3은 기사의 상위 범주에 속하는데, 이중 요약은 기사문 전체의 의미를 담고 있으며, 핵심사건, 관계자, 장소, 시간 등을 제시하면서 기사문의 도입부 역할을 한다. 실제 예는 독자에게 이전 정보를 상기시키며, 전례는 실제 사건보다 앞선 사실을 제공하고 실제 사건은 초점인 새로운 사건을 묘사한다. 설명은 실제 사건이 어떤 맥락에서 일어났는가라는 부분과 역사, 문화, 정치 흐름에 관한 배경을 포함하고, 논평은 기자와 언론사의 신념이나 믿음을 담는다(van Dijk, 1983).

언론학자들은 뉴스 담론과 프레임의 관점에서 구문 구조(syntactical structure), 스크립트 구조(script structure), 의미 구조(thematic structure), 수사 구조(rhetorical structure)라는 4개의 뉴스 구조를 제시했다(Pan &

Kosicki, 1993). 구문 구조는 기사의 역삼각형 구조와 취재원 인용 등과 연관되며 단어나 표현을 문장으로 구성하는 형태를 취한다. 스크립트는 사건의 구체적 요소들이 일정하게 이어지는 연속체로 사건을 구조적으로 재현한다. '스크립트'라는 표현을 국내 용어로 적절하게 표현하기가 쉽지 않아 영어 이름을 그대로 사용한다. 기사의 스크립트 구조는 사건을 시작, 정점, 마무리라는 양상으로 표현하고, 극적 요소, 행위, 성격, 감정 등을 강조한다. 의미 구조는 기자들이 사회 주체들을 관찰하고 취재원들을 인용함으로써 자신들이 전제한 가설을 지지하는 과정에서 출현한다. 이 점에서 뉴스는 인과 관계나 논리적, 경험적 관계를 담는 일련의 제안(propositions)이라고 할 수 있다. 수사 구조는 기자들이 의도적으로 선택한 표현 양식을 담는데, 상징, 사례, 시각 이미지가 그 예다. 수사 구조는 뉴스의 사실성을 내세우는 경향과도 연관되는데, 기자들은 관찰과 해석이 사실이라는 점을 극대화하기 위해 다양한 수사 기법을 사용한다(Pan & Kosicki, 1993).

이 선행 연구자들은 뉴스 담론을 담론 의미와 담론 기제로 구분하고, 프레임을 담론 의미로, 네 가지 구조를 담론 기제로 각각 이해했다. 담론 기제가 프레임 기제로 발현되면서 뉴스 프레임이 등장하고 이 프레임이 인과 관계 귀인, 책임 귀인, 원칙 호소 등 논리 추리를 거쳐 정책 대안들을 제시한다(Pan & Kosicki, 1993).

이 대목에서 과연 구문 구조 등 4개의 추상적 뉴스 구조가 실제 기사문에 어떻게 나타날까라는 궁금증이 생길 수 있다. 이 선행 연구자들이 자세한 예를 제시하고 있는데, 구문 구조는 기사의 리드 문장, 인용문, 기사의 가설을 지지하는 문장, 배경, 사례 등을 포함하며, 스크립트 구조는 사건 당사자, 행위, 사건의 인과 관계, 맥락, 사건 당사자의 전략 등을 담는다. 의미 구조는 기사 주제와 하위 주제들을, 수사 구조는 사건 당사자를 지칭하는 표현, 계량적 표현, 중립 표현 등을 각각 포함한다.

뉴스 텍스트의 구조에 대한 관심은 언론학자들뿐만 아니라, 언어학자들 사이에서도 상당해 연구 성과가 축적돼 있다. 말뭉치 언어학자들은 범죄사건 기사의 요소를 논증, 행위, 논평, 기타로 특정하고, 논증을 가해자, 범죄 경험자, 도구, 장소, 피해자로 세분화했으며, 행위는 범죄 행위와 종류, 범죄 결과인 상태, 논평은 범죄에 대한 논평으로 각각 구분했다(유희재 외, 2016). 이 선행 연구는 특이하게도 가해자와 피해자가 갖는 특성을 성별, 나이, 직업, 이름, 피해자와의 관계, 가족의 위치, 사회 경제적 위치, 가해자와의 관계, 집단 이름, 애완동물 등으로 분류했는데, 이런 자세한 분류는 자칫 사생활 침해와 모방 범죄 유도, 가해자 옹호 등 부작용을 낳을 수 있다.

뉴스 텍스트의 구조를 분석하는 이점은 이후 장에서 설명하는 자동 텍스트 분석의 장점과도 연결되어 있는데, 텍스트에 내재한 의미, 권력 관계, 이데올로기 등을 발견할 수 있다는 데에 있다. 언론이 뉴스 텍스트에 어떤 관점, 가치, 이데올로기 등을 담을 것인가를 결정할 때 언어 구조가 개입하며, 이 언론 언어는 중립적이지 않고 특정한 방향으로 형성되는 매개자다(Fowler, 2013). 이를 감안할 때, 특정 유형의 이데올로기가 텍스트에서 어떻게 나타나는가를 파악할 수 있으며, 인종 문제가 뉴스 가치, 정보원, 정보 선택, 관점, 양식, 인용, 수사 표현 등 다양한 텍스트 요소에서 드러난다(van Dijk, 2009). 언론사는 이민자들을 홍수나 대거 유입 등으로 비유해 과장하거나 소수 인종의 일탈 행위를 기사 제목과 리드에 강조하기도 한다.

최근 R과 파이썬(Python) 기반의 알고리즘을 활용해 기사문에서 프레임이나 의제를 추출하는 텍스트 마이닝 등 기계 학습 기반의 분석 기법은 기사문의 객관성을 바탕으로 기사문의 특정 표현이 등장한 배경과 숨은 논리 등을 파악하는데 기여할 수 있다. 유사한 맥락에서, 앞서 제기한 비평적 담화 분석이 자의적인 설명에 의존하는 경향이 있다는 점에서 프로그래밍 언어를 토대로 한 말뭉치 언어학이 비평적 담화 분석과 병행해야 한다는 주장도 있다(유희재 외, 2016). 알고리즘 기반의 자동 텍스트 분석과 인간 중심의 담화 분석이 동시에 한 연구에서 진행된다며, 이전보다 훨씬 풍부하면서 효율적이고 새로운 결과를 발견할 수 있다. 다음 장에서 기존 연구자들이 뉴스 텍스트에서 프레임과 의제를 어떻게 이해했으며, 이 개념들을 뉴스 텍스트에서 어떤 방식으로 추출했는가를 살펴본다.

여기서 중요하게 다룰 부분은 프레임과 의제는 서로 상이한 개념이라는 점이다. 관련 연구자들도 프레임은 언론이 특정 현안을 다루는 방식과 명명이라는 요소와 관련되고 이 현안이 적용되는 해석적 스키마(schema)인 반면에, 의제는 현안이 언론 보도에서 집중적인 접근성(accessibility)을 받는 정도로 이해한다(Scheufele & Tewksbury, 2007). 더 확장하면, 의제 설정(agenda setting)은 국민이 특정 현안을 생각하는 정도에 관한 것이며, 틀짓기(framing)는 국민이 특정 현안을 어떻게 생각하는가를 다룬다. 그러나 프레임이 지적하는 개념은 2차 의제 설정(second-level agenda setting)에서 속성(attribute)으로 간주되기 때문에 현안을 어떻게 생각하는가라는 부분은 2차 의제 설정에 해당한다. 이에 대한 자세한 내용은 선행 연구(McCombs, 2004; McCombs & Ghanem, 2001; Scheufele & Tewksbury, 2007)를 참고하기를 바란다. 본 연구가 추출한 프레임은 기존 연구들이 제시한 유형이 아니라 실제 뉴스 텍스트에서 출현하기 때문에 어떤 유형이 될 지는 분석 이후에 알 수 있다. 다만, 프레임의 실제 유형은 본 연구가 놓여 있는 정치, 경제, 사회, 문화 등 맥락과 연결된다는 점은 분명할 것이다. 본 연구는 분석 과정에서 1차 의제인 추상적 현안과 2차 의제인 구체적 속성이 나타날 것으로 예상한다.

# 제2장

# 선행 연구의 뉴스 프레임과 의제 추출

제2장

# 선행 연구의 뉴스 프레임과 의제 추출

## 1) 프레임의 개념

우리는 언론사나 언론인이 사회 현안, 국제 문제 등을 특정한 방향으로 구성해 보도하는 모습을 자주 목격하는데, 이를 두고 언론의 편향성, 왜곡, 불공정성 등의 부정적 비판이 쏟아지기도 한다. 뉴스 텍스트가 특정한 방향으로 구성되어 전달되는 방식을 '프레임(frame)' 또는 '뉴스 프레임'으로 개념화할 수 있다. 이와 관련해, 프레임이 매체 편견(media bias)과 연관되는 문제는 본 저서의 범위를 벗어나는 주제이어서 추가로 논의하지는 않지만, 텍스트에서 프레임 유형을 추출할 때 이 편견 또는 편향성 문제를 동시에 고려할 필요가 있다.

국내외 연구자들은 프레임의 구체적 개념을 분석 대상, 연구자가 처한 환경 등에 따라 여러 갈래로 정의한다. 국외 연구자들은 소통과 인지라는 측면에서 프레임을 '소통 과정에서 프레임(frame in communication)'과 '사고 처리 과정에서 프레임(frame within thought processes)'으로 이해한다(Druckman, 2001). 소통 과정의 프레임은 대화, 기사, 심층 면접 녹취 등 텍스트 데이터에서 추출하며, 사고 처리 과정의 프레임은 개인의 인지 심리 구조에서 찾는다. 이 분류를 적용하면, 뉴스 텍스트에 내재한 프레임은 첫 번째 유형에 속하며, 기자들의 사고 내면에 담긴 프레임은 두 번째 유형에 해당한다. 소통 과정의 프레임은 메시지 생산자가 메시지를 어떻게 구성하는가와 직결된다. 이 차원에서 프레임은 "일련의 현상에 의미를 부여하고 이 현상들을 연관시키는 생각의 틀이나 이야기"(Gamson & Modigliani, 1987, p. 143)로 정의된다. 또는 프레임은 언론이 다양한 현실에서 일정한 부분을 선택해 기사문에서 강조하고 현저하게 만드는 과정이다(Entman, 1993). 선택, 강조, 부각 등 프레임의 세부 과정에 주목하면, 뉴스 프레임은 "상징 취급자(symbol-handlers)가 인지, 해석, 제시, 선택, 강조, 배제라는 지속적인 양식을 활용해 구술이나 시각 형태의 담화를 생산하는 과정이다" (Gitlin, 1980, p. 7). 여기서 상징 취급자는 텍스트를 생산하면서 상징을 다루는 사람들로 언론사나 기자를 뜻한다. 사고 처리 과정의 프레임은 언론사의 뉴스나 관련 메시지를 받아들이는 개인 프레임(Scheufele, 1999)이나 특정한 상황을 고정 관념에서 접근하고 파악하는 데이터 구조다(Minsky, 1975). 개인들은 이 내면 구조에 의존해 복잡한 정치 사건들을 인지한다(Kinder & Sanders, 1990). 이 맥락에서 프레임은 "사회 문제 등 다양한 사건들과 이 사건들에 대한 개인의 주관적 개입을 관장하고 이를 조직화하는 원칙"이다(Goffman, 1974, p. 10).

이 같은 유형은 프레임의 개념을 포괄해 파악하도록 도와주지만, 뉴스 프레임의 개념을 세밀하게 이해하는 데에는 어려움이 있다. 일부 연구자는 프레임에 관한 통일된 개념이 존재하지 않는다는 점을 들어, 프레임이 일관된 패러다임(paradigm)이기보다는 학자들이 의존하는 방식인 프로그램이라고 설명한다(Matthes, 2009). 본 저자는 프레임을 이해할 때 니체가 제시한 해석의 의미에 주목한다. 니체는 해석이 주체의 외부에 존재하는 객체를 제대로 인지하도록 해 준다고 지적한다(Nietzsche, 2010). 현상에 대한 해석이 충실하고 풍부하다면, 현상을 완전하게 이해할 수 있다는 것인데, 해석의 가치는 프레임의 개념을 이해하는 데에도 도움이 된다. 프레임은 해석적 묶음(interpretive packages)의 하나로 은유, 예, 유행어, 시각 이미지 등 프레임 기제(framing devices)에서 출현한다(Gamson & Modigliani, 1989). 프레임 기제는 도덕 원칙에의 호소, 원인 분석, 결과 등을 뜻하는 추리 기제(reasoning devices)와 다르며, 해석적 묶음은 프레임, 프레임 기제, 추리 기제, 입장으로 구성된다. 정치 성향이 정반대인 언론사들이 같은 프레임을 사용할 수 있다는 점에서, 프레임과 입장이 별개의 개념으로 존재한다는 점에 주목할 필요가 있다. 실제로, 보수 언론과 진보 언론이 동일한 프레임으로 보도할 수 있기 때문에 프레임과 입장은 다른 개념이다(Gamson & Modigliani, 1989). 따라서 긍정 프레임, 부정 프레임, 중립 프레임처럼 입장과 프레임을 결합시켜 분석하는 것은 오류라고 하겠다. 예를 들어, 2014년 12월 당시 여야가 개정한 주택법 등 부동산 3법에 관한 언론 보도를 분석한 선행 연구는 예측과 평가, 정책 전달 등 형식적 프레임과 긍정, 부정, 중립 태도라는 내용적 프레임을 도출했다(김성용·오세준,

2016). 이 내용적 프레임은 감정을 담은 입장이어서 프레임과는 다르다.

프레임의 유형 이외에도 프레임으로 명명된 개념을 보면, '경제', '갈등', '혁신' 등 상당히 추상적인 모습이어서 프레임 추출에서 추상화라는 단계가 존재한다. 추상화의 수준에서 보면, 추상성이 높은 보편적 프레임과 추상성이 낮은 구체적 프레임이 있다(Gamson, 1992; Lim & Jones, 2010). 보편적 프레임은 인간 흥미, 갈등, 도덕성, 혜택처럼 연구 주제가 유사한 경우에 적용할 수 있는 장점이 있다(Matthes, 2009). 그러나 구체적 프레임은 특정 연구에서 출현한 프레임이어서 추상화의 정도가 낮아 분석 대상과 주제가 다른 연구에는 적용하기 어렵다. 구체적 프레임은 이전에는 예상하지 못한 의미를 담는 경우가 많은 게 장점이다. 구체적 프레임은 뉴스 텍스트의 주제를 담은 핵심 프레임과 주제의 세밀한 요소들을 포함한 세부 프레임으로 구성된다(임종섭, 2013; Gamson, 1992). 〈그림 2〉는 추상화 수준에 따라 달라지는 프레임의 유형들을 보여준다(임종섭, 2013, 503쪽).

〈그림 2〉 프레임 유형화

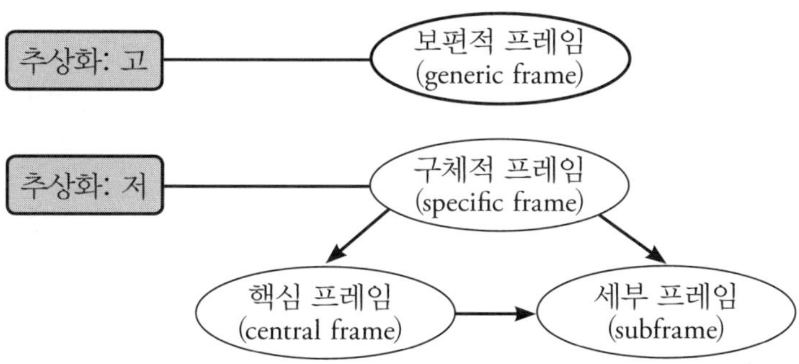


앞서 기술한 것처럼 인지, 해석, 제시, 선택, 강조, 배제라는 언어 통제로 도출되는 프레임은 동일한 내용을 다르게 표현해 제시할 때 사

람들의 인식과 반응을 변화시키는 영향력이 있다. 대표적으로, 2명의 심리학자가 〈Science〉지에 출판한 연구에서 이런 언어 통제를 실시했을 때 프레임 효과가 발생했다(Tversky & Kahneman, 1981). 이들은 같은 문제를 다른 각도로 제시하면, 사람들의 선호가 예측 가능한 방향으로 바뀐다는 점을 발견했다. 예를 들어, 600명의 사망자가 예상되는 질병에 대해 대책 A는 200명의 사람을 살리고, 대책 B가 600명을 구할 확률이 1/3이고 모두 살리지 못할 확률이 2/3이라고 제시했을 때, 응답자의 72%는 A를 선호하고 28%만 B를 택한다. 같은 내용을 일부 표현만 바꿨을 때, 선호도는 달랐다. 대책 C는 400명의 사망자를 발생시키고 대책 D가 600명 중에 사망자를 발생시키지 않을 확률이 1/3이고 600명의 사망자가 일어날 확률이 2/3이라고 했을 때, 78%는 프로그램 D를 선택하고 22%만이 프로그램 C를 선호했다. 이처럼 프레임은 같은 내용을 다르게 제시하는 동일 프레임(equivalency frame)과 특정 부분을 부각시키는 강조 프레임(emphasis frame)으로 나뉜다(van Atteveldt, 2008). 동일 프레임은 논리로 볼 때 같은 내용이나 동일한 정보를 긍정 또는 부정 관점에서 다뤄 사람들이 선호도를 바꾸도록 유도한다(Druckman, 2004). 강조 프레임은 관련 내용의 특정 부분을 강조해 사람들이 이 내용에 주목하게 한다.

### 2) 뉴스 프레임 추출 방식

뉴스 텍스트에 숨어 있는 프레임을 어떤 방식으로 도출할 것인가는 중요한 문제이며, 이 과정은 연구 분석과 결과의 신뢰성과 타당성을 확보하는 일과 직결된다. 관련 학자들이 사용하는 프레임 추출 방식은 세 가지로 나뉜다. 첫째, 기존 연구에서 발견한 프레임이 뉴스 텍스트에서 얼마나 존재하는가를 분석하는 연역적 추출(deductive extraction)이 있다. 이 방식은 내용 분석 형태를 취하는데, 이 프레임 추출의 신뢰성은 '스캇 파이(Scott's pi)'나 '코헨 카파(Cohen's Kappa)' 같은 지표로 확인한다. 둘째, 뉴스 텍스트를 정독하면서 은유, 예시, 유행어, 특정 표현 등 프레임 기제를 검토하면서 프레임을 찾는 귀납적 추출(inductive extraction)이 있다. 이는 양적인 내용 분석이 아니라 텍스트 분석(textual analysis) 또는 담화 분석 등 질적 접근이다. 셋째, 연구 목적에 따라 연역적 방법과 귀납적 방법을 병행해 프레임을 찾는 방식이 있다.

프레임 논문에 자주 인용되는 유럽 연구자들의 프레임 분석은 귀납적 추출을 토대로 한다. 이 선행 연구자들은 연구 보조원들에게 물어본 20개의 사전 질문 중 최소한 3개 이상 질문에서 공통된 응답들을 요인 분석으로 조사해, '책임 귀인', '인간 흥미', '갈등', '도덕성', '경제'라는 프레임을 발견했다(Semetko & Valkenburg, 2000). 이들의 프레임 분석은 2,212개의 신문 기사와 451개의 방송 기사를 토대로 했으며 프레임 추출 과정을 통계 기법으로 확인했다는 점에서 기존 연구들과 차별화된다. 다만, 이 연구는 기사에서 지배적인 하나의 프레임만 분석해 다양한 프레임들을 배제했다. 최근 국내 언론의 뉴스 프레임을 분석한 학술 논문 120편을 메타 분석한 연구는 기능, 특정 관점 등 4개 차원에서 정의/해석 등 15개라는 비교적 많은 프레임 유형을 파악했다(이희영·김정기, 2016). 기능 차원에서 도출한 프레임은 '정의/해석', '원인', '결과/

영향', '대책'이며, 특정 관점 차원에서 발견한 프레임은 '사회', '경제', '정책', '도덕성', '책임', '민주합의', '인간적 흥미'이다. 이슈 상황/상태 차원에서 출현한 프레임으로 '갈등'과 '위기/위험'이 존재하며 전달방식 차원에서 나타난 프레임은 '의혹/고발'과 '단순 정보전달'을 포함한다.

본 저자는 언론이 현실 정치, 사회, 국가, 국제 관계에 개입하는 정부 정책을 어떻게 틀을 짓는 가는 중요한 이론적 문제로 보기 때문에, 이 차원에서 정부 정책에 관한 언론의 프레임을 분석한 연구들을 검토해 프레임 추출 방식을 추적하고자 한다. 정부 정책은 대통령 집권 기간뿐만 아니라 집권 이후에도 국민 삶과 국제 관계에 계속 영향을 미친다는 점에서 선행 연구들이 정부 정책을 다룬 언론 보도의 프레임을 어떻게 분석했는가를 진단할 필요가 있다.

본 저자는 프레임과 뉴스 보도, 정부 정책이라는 3개 기준을 토대로 국외 학술 논문 6편과 국내 학술 논문 11편을 대상으로 삼았다. 17편의 논문이 프레임을 분석한 방식을 들여다 본 결과, 추출된 프레임 유형으로 단일 프레임(15편) 대 다수 프레임(2편), 프레임 추출 주체로 인간 분석가 의존(17편), 프레임 추출 방식으로 연역적 접근(9편), 귀납적 접근(5편), 귀납적-연역적 접근 병행(3편)이라는 6개 유형이 나타났다. 상당수 연구자들이 정부 정책에 관한 언론 보도를 분석할 때 다른 연구자들이 개발한 프레임에 의존해 연구 보조원 등을 통해 뉴스 텍스트에서 하나의 프레임을 연역적 방식으로 추출한 것으로 풀이된다. 이 선행 연구들의 프레임 추출 방식을 정리하면 다음과 같다.

### (1) 인간 분석가가 연역적 방식으로 단일 프레임 추출

정부의 흡연 금지 법안에 대한 신문 기사의 제목을 분석한 국외 연구는 '경제', '건강', '일화', '주제' 등 기존 연구의 프레임이 제목에 나타난 정도를 조사했다(Kenterelidou, 2012). 영국, 덴마크, 독일, 네덜란드 방송사들이 다룬 유로화 도입 보도를 분석한 연구는 인간 분석가에 의존해 기존 연구가 발견한 '갈등'과 '경제적 결과' 프레임이 뉴스 텍스트에서 얼마나 나타나는가에 주목했다(de Vreese, Peter, & Semetko, 2001). 다른 국외 연구도 선행 연구가 제시한 일화 프레임과 주제 프레임이 일간 신문의 유럽 난민 보도에서 나타나는 비중을 인간 분석가가 분석하게 했다(Rodríguez, 2017).

국내 연구에서도 유사한 유형이 나타났다. 4대강 사업에 관한 주요 일간 신문의 기사를 조사한 연구도 '정치', '경제', '정책' 등 기존 연구에서 등장한 프레임들을 분석에 사용했다(방성현·이건호, 2013). 다른 연구자들은 참여정부의 '취재 지원 시스템 선진화 방안'에 관한 주요 일간 신문 보도를 분석하면서 '갈등', '책임 귀인' 등 선행 연구가 사용한 프레임들을 적용했다(김춘식·이영화, 2008). '세종시 신행정수도' 정책에 대한 중앙 일간 신문과 지역 일간 신문의 보도에 나타난 프레임을 분석한 연구도 '인간 흥미', '갈등' 등 기존 연구의 프레임을 차용했다(유영돈·마정미, 2015). 핵폐기장 유치 정책에 관한 지역 일간 신문의 보도 프레임을 분석한 연구도 '정책', '합의' 등 선행 연구의 프레임들을 사용했다(최낙진, 2004).

### (2) 인간 분석가가 귀납적 방식으로 단일 프레임 추출

선행 연구에 의존하지 않고 뉴스 텍스트에서 프레임을 직접 도출한 연구들도 있다. 4대강 사업에 관한 주요 일간 신문의 보도를 분석한 연구는 단어와 문장에서 주제어를 도출해 '민주 절차 요구', '경제 성과' 등 프레임을 찾아냈다(권지현·안차수, 2016). 4대강 사업의 일간 신문 보도를 조사한 다른 연구도 기사에서 '비난', '권위주의' 등 여러 프레임을 발견했다(박기수, 2011). 다른 연구는 김대중 정부의 통일 정책에 관한 일간 신문의 사설에서 프레임을 추출하기 위해 주요 행위자, 대항적 행위자 등 주제문을 파악해 이 주제문에서 '안보 통일', '화해 강화' 등 프레임을 도출했다(이준웅, 2005).

일간 신문의 재정 건전성 보도를 읽으면서 '감세 · 긴축'과 '증세 · 복지'라는 상위 프레임과 '복지망국론' 등 6개 하위 프레임을 추출한 연구도 있다(강국진·김성해, 2013). 다른 연구는 핵폐기장 유치 문제에 관한 방송 뉴스 보도에서 수식어와 특정 표현 등을 토대로 가장 눈에 띄는 주제를 찾아내 '대립', '도덕성' 등 프레임을 파악했다(나미수, 2004).

### (3) 인간 분석가가 귀납적-연역적 방식으로 단일 프레임 추출

지금까지 논의한 귀납적 방식과 연역적 방식을 동시에 사용해 뉴스 텍스트에서 하나의 지배적인 프레임을 파악한 연구들도 있다. 국외 연구는 브래디법안(Brady Bill)과 살상 무기 금지 법안(Assault Weapons Ban)에 관한 미국 방송 뉴스 보도를 정독하면서 프레임을 추출해 이를 선행 연구의 프레임과 비교하는 방식으로 '합법 권리', '정치 경쟁' 등 프레임을 찾아냈다(Callaghan & Schnell, 2001). 한 국내 연구는 주요 일간 신문의 국내 원자력 보도를 읽으면서 귀납적으로 '갈등 대치', '폭력 난동' 등 지배적인 프레임들을 발견한 뒤에 '정황', '귀인', '배경' 등 기존 프레임들을 사용해 이 프레임들을 분류했다(김원용·이동훈, 2005). 한반도 운하 건설 정책에 대해서 주요 일간 신문이 강조한 핵심 주제어를 분석해 '안전성', '정책 집행' 등 프레임들을 파악한 연구도 있다(임양준, 2010).

### (4) 인간 분석가가 연역적 방식이나 귀납적-연역적 병행 방식으로 다수 프레임 추출

연역적 방식이나 귀납적-연역적 방식을 병행해서 뉴스 텍스트에서 단일 프레임이 아니라 다수의 프레임을 추출한 연구들도 있다. 한 연구는 미국의 복지개선 정책에 대한 주요 일간 신문과 뉴스 잡지의 기사를 분석해 '게임', '이슈' 등 선행 연구의 프레임을 발견했다(Lawrence, 2000). 미국 이민법에 관한 주요 일간 신문의 보도에서 '위험한 이민자', '실패한 이민 정책' 등 다수 프레임을 도출한 다른 연구는 기사 텍스트에 존재하는 은유, 유행어, 통계 등 프레임 기제와 문제 상황 등 선행 연구의 프레임을 동시에 사용했다(Quinsaat, 2014).

### 3) 의제의 개념

뉴스 연구 분야에서 프레임 못지않게 중요한 개념은 '의제(agenda)'로 프레임과 의제는 언론학에서 쌍벽을 이루는 대표적인 개념이다. 학술지 논문, 학위 논문, 도서 등 연구자들의 성과를 검색할 수 있는 '스칼라 구글 사이트(scholar.google.com)'의 검색창에 2019년 현재 'news frame'를 입력하면 3,830,000건의 학술 자료들이 나왔으며, 'news agenda'라고 입력하면 3,080,000건의 학술 자료들이 등장해 두 개념의 인기를 짐작할 수 있다. 이 사이트의 검색창에 '뉴스 프레임'과 '뉴스 의제'를 입력하면, 각각 4,770건과 3,380건의 학술 논문, 학위 논문, 도서 등이 나타났다. 의제는 의제 설정이라는 표현으로 언론 보도에서도 자주 등장하고 있어 학술 개념을 뛰어넘어 일반인에게도 인지도가 높은 편이다.

의제는 언론이 집중해서 보도하는 객체(object)로 공공 현안, 공인(public figure), 제도, 기업 등이 포함된다(Carroll & McCombs, 2003). 의제가 언론 보도에서 얼마나 부각되는가는 현저성(salience)의 개념과 연관되는데, 현저성은 의제 측정과도 밀접하게 관련된다. 현저성은 의제 설정 이론에서 가장 중요한 개념 중 하나인데(McCombs & Reynolds, 2009), 부각도(prominence) 등 세부 요소로 구성된다. 전통적 의제 설정 연구자들은 1970년대에 이미 "기존 의제에 대한 관심도를 측정하려면 그 의제를 언급하는 빈도와 해당 의제가 게재 위치에서 차지하는 부각도를 고려해야 한다"고 설명했다(McLeod, Becker, & Byrnes, 1974, p. 138). 다른 연구자는 의제의 현저성을 관심도(attention), 부각도

(prominence), 정서(valence)로 구분했다(Kiousis, 2004). 관심도는 언론이 어떤 현안에 관해 얼마나 많은 기사를 보도하는가를 뜻하며, 부각도는 게재 위치, 방송 시간처럼 물리적 측면에서 특정 기사가 다른 기사에 비해 더 중요하게 다뤄지는가를 의미한다. 정서는 기사가 긍정, 부정, 중립의 관점에서 보도되는 정도다. 이 의제의 현저성은 신문과 방송 뉴스에서 특정한 방향으로 통제된다. 가령, 일간 신문은 기사의 리드, 신문의 1면이나 후속 면, 제목의 크기, 기사 길이 등으로 의제의 현저성을 조정하며, 방송 뉴스는 짧은 방송 시간에 언급되는 것만으로도 의제 현저성을 보여준다(Carroll & McCombs, 2003).

언론이 집중 보도한 의제가 국민의 생각 속에 부각될수록 해당 의제의 중요성이 높아진다. '의제 설정(agenda setting)'이라는 개념은 의제 설정 연구자들이 아니라 여론의 개념을 제시한 리프만(Lippmann, 1922)에서 비롯했다. 그는 국민들이 직접 접할 수 없는 다양하고 복잡한 사회 현실을 이해하는 데에 언론 보도가 개입한다고 설명했다. 이 관점에서 볼 때, 국민의 여론은 기사에 담긴 유사 환경(pseudo-environment)의 특성을 담는다(McCombs & Reynolds, 2009). 따라서 의제 설정은 언론 보도가 국민이 특정 의제를 얼마나 중요하게 판단하는가에 영향을 미치는 과정이다(McCombs & Shaw, 1972). 1968년 미국 대통령 선거에서 유권자들이 주요 언론사들이 부각시킨 현안들을 중요한 의제로 인식한다는 연구 결과가 발표되면서 의제 설정이 학술적으로 등장했다(Weaver & Elliott, 1985). 이 결과는 국민들이 어떤 의제에 대해 생각할 것인가라는 인지 과정에 전통 언론 매체들이 관여한다는 점을 보여준다. 이 관여는 언론 매체가 강조하는 의제의 순위가 국민들이 중요하게 생각하는 의제의 순위에 반영되는 것으로 나타난다. 이는 의제의 현저성이 언론 보도에서 공중의 인지로 옮겨가는 과정이다(McCombs, 1977). 따라서 전통적 의제 설정은 국민들이 언론이 집중 보도하는 현안을 접하면서 사회의 중요한 의제를 배우는 사회 학습(social learning)의 하나다(Kiousis & McCombs, 2004).

의제 설정 연구 분야는 크게 세 가지로 나뉘며, 분석하는 개념 유형에 따라 다섯 단계로 구분된다. 신문, 방송사 등 상이한 언론사들 간에 의제 생산과 영향 관계를 다루는 매체 간 의제 설정(intermedia agenda setting), 전통적 분야로 언론의 의제가 국민의 의제에 영향을 미치는 공중 의제 설정(public agenda setting), 정부 의제와 언론 의제 간에 영향 관계를 다루는 정책 의제 설정(policy agenda setting)이 그것이다(Kosicki, 1993; McCombs & Shaw, 1993; Rogers, Dearing, & Bregman, 1993). 의제 설정의 개념적 발전이라는 관점에서는 다섯 단계가 존재한다(반현·McCombs, 2007; McCombs, 2004, 2005). 첫 번째 단계는 공중 의제 설정으로 언론의 의제 현저성이 국민의 의제 현저성에 개입하는 과정이다(McCombs & Shaw, 1972; Palmgreen & Clarke, 1977; Williams, Shapiro, & Cutbirth, 1983). 두 번째 단계는 의제 설정 과정에 개입하는 상황 조건(contingent condition)을 분석한다(Hill, 1985; Shaw & Martin, 1992; Wanta, 1997).

세 번째 단계는 언론의 속성 의제가 국민의 속성 의제에 영향을 미치는 이른바 '2차 의제 설정(second-level agenda setting)' 또는 '속성 의제 설정(attribute agenda setting)'이다(Golan & Wanta, 2001; King, 1997; McCombs, 1997). 객체인 의제는 복잡한 속성을 담고 있으며 이 속성

들은 의제의 이미지를 구성하는데(반현·McCombs, 2007), 의제의 특성을 담은 속성은 인지적(cognitive) 부분과 정서적(affective) 부분으로 나뉜다(McCombs & Reynolds, 2009). 예를 들어, 선거 기간에 언론이 보도한 후보자의 자질이나 구체적 현안들이 속성에 속한다. 객체인 의제는 언론이 특정 기간에 지속적으로 강조하면서 다루는 대상이다(McCombs & Shaw, 1972). 네 번째 단계는 언론이 생산하는 의제가 어디서 유래했는가를 분석하는 매체 간 의제 설정이다(Danielian & Reese, 1989; Ku, Kaid, & Pfau, 2003; Roberts & McCombs, 1994). 신문과 방송사 간, 또는 인터넷 언론사 간에 의제 영향 관계가 이에 해당한다. 매체 간 의제 설정은 특정 언론사가 집중 보도한 의제가 경쟁 언론사의 보도에서도 중요하게 나타나는 과정이다(McCombs & Shaw, 1993). 예를 들어, 주요 일간 신문이 보도한 의제가 다른 일간 신문이나 방송 뉴스의 의제에 개입하는 모습이 매체 간 의제 설정에 해당한다(Danielian & Reese, 1989). 다섯 번째 단계는 의제 설정의 마지막 과정으로, 언론의 의제가 국민의 인식, 생각, 여론, 행동 등에 개입하는 모습을 다루는 점화 효과(priming effects)다(Iyengar & Kinder, 1987; Iyengar & Simon, 1993; Miller & Krosnick, 2000).

최근에는 2차 의제 설정에서 더 발전해 3차 의제 설정(third-level agenda setting)을 제안하는 연구자들도 있다(Guo, Vu, & McCombs, 2012). '네트워크 의제 설정 모형(network agenda setting model)'으로 표현되는 이 의제 설정 효과는 개념의 연결망 구조와 개인의 연관 기억망(associative memory network)을 활용해 특정 개념들이 연관된 양상의 현저성이 언론 의제에서 공중 의제로 전이되면서 발생한다.

### 4) 뉴스 의제 추출 방식

의제는 신문, 방송사 등 언론이 관심을 갖고 일정 기간에 집중 보도한 현안, 공인, 제도 등이다(Carroll & McCombs, 2003). 기존 연구는 이 의제를 연구 보조원이나 분석가들이 기사문에서 내용 분석으로 추출했다. 이 방식은 기사문에서 의제를 발견하는 귀납적 접근이나 기존 의제의 비중을 측정하는 연역적 접근으로 나뉜다. 선행 연구는 기사문을 읽으면서 연방 예산 적자, 걸프 전쟁, 불황 등 현안을 추출했으며, 의제의 현저성을 기사의 빈도로 측정했다(Zhu, Watt, Snyder, Yan, & Jiang, 1993). 다른 연구는 방송 뉴스가 보도한 기사가 어떤 현안을 다뤘는가를 분석했으며, 일간 신문이 1면과 사설에 다룬 현안을 역시 내용 분석으로 파악했다(Williams et al., 1983). 이 방식으로 출현한 의제는 '핵에너지', '사회 문제', '국제 정책', '토론', '사회 권리', '국방', '인플레이션', '일자리' 등으로 추상적이며 기사의 주제(topic)와도 유사하다. 또 다른 연구는 선거 관련 기사들을 수집한 뒤에 내용 분석으로 다양한 현안을 파악해 이들을 '보안과 평화 과정'과 '국내 문제와 경제'라는 상위 의제로 분류하기도 했다(Sheafer & Weimann, 2005).

연역적 접근으로 사전에 의제를 결정하고 이 의제를 포함한 기사를 분류하는 방식도 있다. 한 선행 연구는 '경제'라는 의제를 정해 놓고 뉴스 텍스트가 경제 관련 내용을 다루는 정도를 분석했으며, 경제 의제의 현저성은 이 의제에 관한 기사의 빈도로 측정했다(Sheafer, 2007). 다른 연구도 '이민' 의제를 보도한 주요 대도시 일간 신문의 기사를 분석해 이 의제에 관한 기사의 수를 측정했다(Dunaway, Abrajano, & Branton,

2010). 또 다른 연구는 갤럽 여론 조사에서 '현재 국가적으로 가장 중요한 문제가 무엇이라고 생각합니까?'라는 질문에 대한 답을 분석해 '범죄', '마약', '에너지', '인플레이션', '환경오염', '가난', '인종 문제', '실업', '베트남', '워터게이트'라는 10개의 현안을 파악했다(Neuman, 1990). 이 연구는 '뉴욕 타임스 인덱스(New York Times Index)' 등 3개의 뉴스 데이터베이스에서 이 현안들과 관련된 기사 내용을 분석해 의제의 빈도를 파악했다.

정리하면, 뉴스 의제의 측정은 다음의 방식으로 진행돼 왔다. "언론 의제는 언론 보도의 내용을 분석해 마약과의 전쟁처럼 특정 의제에 관한 기사의 수를 파악하는 방식으로 이뤄진다. 기사의 수는 언론 의제에서 특정 현안의 상대적 현저성을 측정한다"(Dearing & Rogers, 1996, p. 18).[3] 디어링과 로저스가 쓴 책 'Agenda-setting'은 스칼라 구글 사이트(scholar.google.co.kr)에서 2019년 10월 현재 2,386회 인용될 정도로 의제 설정 연구자들 사이에서 인기가 높다. 따라서 선행 연구자들이 채택한 뉴스 의제의 추출은 기사문에 내재한 현안을 찾는 방식으로 정리할 수 있다. 연구자가 기사를 읽고 어떤 현안이 있는가를 판단하거나, 기존 연구가 제시한 의제 목록을 토대로 이 의제들이 얼마나 기사에 포함됐는가를 결정하는 일이 뉴스 의제 추출의 표준 방식이다.

---

3 이 인용문의 원문을 참고로 제시한다. "The media agenda is usually indexed by a content analysis of the news media to determine the number of news stories about an issue or issues of study (e.g., the War on Drugs). The number of news stories measures the relative salience of an issue of study on the media agenda."

## 5) 기존 뉴스 프레임과 의제 추출 방식의 한계점

지금까지 검토한 선행 연구의 뉴스 프레임과 뉴스 의제 추출 방식은 연구 보조원이나 연구원 등 인간 분석가(coder)가 수행하는 '인간 중심 접근(human-oriented approach)'이다. 이는 상당 기간에 훈련된 분석가가 기사문 일부나 전체를 숙독하면서 선행 연구가 제시한 프레임이나 의제를 발견하거나 새로운 유형을 찾는 방식이다. 이 접근은 체계적인 분석 지침과 사전 훈련, 선행 연구가 확인한 분석 근거 등을 동시에 고려하면서 진행하기 때문에 측정의 신뢰성과 타당성이 분명 존재한다. 그러나 동일한 텍스트를 다른 분석가가 조사했을 때 같은 결과가 나온다는 보장이 없는 점이 기존 연구들의 첫 번째 한계점이다. 이유는 뉴스 텍스트에서 프레임과 의제의 개념을 정의하고 파악하는데 인간 분석가의 주관성에 의존하기 때문이다. 주관적 분석의 대표적 예는 질적 연구가 있는데 이 경우에도 질적 분석 자체의 신뢰성은 검증해야 하는 중요한 부분이다. 질적 분석에서 신뢰성은 영어로 'trustworthiness'로 표현하는데, 결과가 진실한가를 따지는 '진실 가치(truth value)', 다른 경우에도 적용할 수 있는가를 보는 '적용가능성(applicability)', 동일한 환경에서 반복해 분석할 때 같은 결과를 얻는가를 평가하는 '일관성(consistency)', 결과가 분석가의 주관, 동기, 해석으로부터 나오기보다 분석 대상에서 비롯하는가를 보는 '중립성(neutrality)'으로 구성된다(Lincoln & Guba, 1985, p. 290).

뉴스 프레임과 뉴스 의제 추출 방식이 이 4개 기준을 얼마나 충족시키는가는 중요한 평가 사항이며 연구자들이 주목할 부분이다. 내용 분석(content analysis) 등 양적 분석으로 프레임과 의제를 발견하는 경우에 연구자들은 분석가 간에 신뢰도를 '스캇 파이(Scott's pi)', '코헨 카파(Cohen's Kappa)', '크리펜돌프 알파(Krippendorff's alpha)' 등 다양한 통계 지표로 측정해 제시한다. 그러나 이 신뢰도 지표가 다른 분석가들을 투입했을 때에도 동일한 수준이나 더 좋은 수준을 유지할 지는 명확하지 않다. 또한, 뉴스 텍스트에서 프레임을 찾는 선행 연구에는 크게 두 가지 문제점이 있다(van Atteveldt, 2008). 내용 분석으로 뉴스 텍스트에서 프레임을 발견하려고 할 경우, 이른바 '추상화의 격차(abstraction gap)'와 '복잡성의 격차(complexity gap)'라는 문제가 발생한다. 대다수 연구자들은 유사한 문제점을 분석 과정에서 인지했거나 경험했을 가능성이 있다. 이 때문에 사전 조사로 분석 유목과 절차를 수정하며 필요할 경우, 제3의 분석가를 투입해 분석 결과를 검증한다. 추상화의 격차는 분석가가 텍스트의 단어들에 주목하면서 추상적인 개념을 찾아내는 과정에서 주체나 현안 등 구체적 객체를 의미하는 단어들이 상위 차원에 있는 개념과 연결되는가를 판단해야 하는데서 발생한다. 다시 말해, 구체적 단어와 추상적 개념 간에 간극이 존재하기 때문에 가령, '남북 정상회담', '판문점 회담'이라는 단어들에서 '한반도 평화'라는 개념을 일관되게 추출하기는 쉽지 않다.

복잡성의 격차는 분석가들이 뉴스 텍스트에서 '경제적 결과'라는 프레임을 추출할 때, 뉴스 텍스트 구조의 복잡성에서 이 정형화된 개념을 측정해야 하는데서 일어난다. 관련 연구자들은 뉴스 텍스트의 구조를 비교적 다양한 방식으로 설명한다. 뉴스 텍스트는 이야기, 초록, 출처로 구성되며, 다시 이야기는 실제 예와 사건을 말하며 사건은 출처,

주체, 행위, 상황, 의견, 배경 등을 뜻한다(Bell, 1998). 유사한 맥락에서 뉴스 텍스트는 요약, 실제 예, 논평으로 이뤄지는데, 요약은 사건, 관계자, 장소, 시간 등을 담은 뉴스의 핵심 의미다. 실제 예는 사건, 설명, 결과와 반응을 담으며 논평은 언론사의 가치와 신념을 포함한다(van Dijk, 1983). 뉴스 텍스트는 구문 구조, 스크립트 구조, 의미 구조, 수사 구조로도 구성된다(Pan & Kosicki, 1993). 이처럼 복잡한 뉴스 텍스트에서 '경제적 결과'라는 개념을 찾기 위해서는 복잡한 기사 문장들을 측정 가능한 단위로 이해해야 한다. 추상화의 격차와 복잡성의 격차는 분석가들이 뉴스 텍스트를 분석할 때 추가로 해석해야 하는 부담으로 작용하며, 이 과정에서 추출한 프레임은 다른 유형의 연구에 그대로 활용할 수 없다(van Atteveldt, 2008). 다시 말해, 분석 유목 등 절차에 불명확한 부분이 있어 분석가가 해석해야 하는 부분이 너무 많을 경우 측정 신뢰도는 떨어진다(Zamith & Lewis, 2015).

뉴스 프레임과 뉴스 의제를 추출하는 기존 방식이 갖는 두 번째 한계점은 기사, 사설, 사진 캡션, 만평 등 뉴스 콘텐츠가 최근 대용량 규모로 축적되면서 '뉴스 빅데이터'라는 표현까지 등장하는 상황에 효율적으로 대응하지 못한다는 부분이다. 국내 신문사, 방송사, 인터넷 언론사, 지역 언론사 등이 생산한 뉴스 콘텐츠를 1년 간 수집할 경우 그 규모는 수백만 건을 넘을 정도로 많을 것이다. 이 대규모 콘텐츠를 인간 분석가가 조사한다는 것은 투입되는 비용과 시간, 분석가에 내재한 측정 오류의 통제 문제 등으로 거의 불가능하다. 대안으로 수백만 건의 뉴스 콘텐츠에서 무작위로 표본을 수집하는 방식이 있으나, 빅데이터 분석 도구가 활성화된 상황에서 모집단 전체를 조사하는 일은 가능하다. 문제는 연구자들이 프로그래밍 언어에 기반을 둔 빅데이터 분석을 적극 활용하지 못한다는 점이다. 이 새로운 방식은 언론학자뿐만 아니라, 컴퓨터 공학자, 데이터 분석가 등 다른 분야 전문가들이 협업할 때 효과를 발휘할 수 있다.

세 번째 한계점은 한 선행 연구에서 추출한 프레임이나 의제를 연구 환경과 주제가 다른 경우에 그대로 적용함으로써 지나친 일반화의 오류와 개념적 혼동이 일어난다는 것이다. 일반화는 분석 대상이 동일하며 연구 환경이 유사한 경우에 가능하지만, 프레임과 의제 연구는 국가 간, 매체 간, 연구 집단 간에 상이할 가능성이 높다. 특정 프레임이나 의제를 여러 상이한 연구에 폭넓게 사용하면서 정작 프레임과 의제가 무엇인가라는 부분은 생략되고 뉴스 텍스트에서 이들의 존재감과 공중에 미치는 영향만 부각되면서 개념적 혼동이 발생한다.

네 번째 한계점은 선행 연구자들이 뉴스 텍스트에서 가장 현저한 프레임이나 의제만 추출한다는 것이다. 한 기사에 상이한 프레임이나 의제가 존재하지만 비중이 가장 높은 것을 지배적 프레임 또는 지배적 의제로 도출함으로써 다른 프레임과 의제를 배제한다. 다른 연구자들은 언론이 다수의 프레임으로 보도하면서 '프레임 경쟁(frame competition)'이 발생한다고 설명한다(Chong & Druckman, 2007; Druckman, 2004). 이질적 프레임들이 경쟁하면서 특정 프레임이 사라지거나 확산되는 양상이 나타나는 프레임 경쟁은 흥미로운 개념이다(Borah, 2011). 의제의 경우도, 다양한 유형의 의제가 뉴스 시장에 유통되면서 생성, 발전, 소멸이라는 의제의 순환이 일어난다. 의제가 생성했다가 사라지는 주기를 보면, 의제로 부상하기 위해서는 사회 지표로 부각, 국민들의 감정적 동조 등 의제 환경이 조성돼야 하며, 정부, 의회, 언론 등 다양한 주체들이 의제에 대해 목소리를 내야하고, 언론과 정부 관계자 등이 의제를 합법화시키는 것이 필요하다(Cook & Skogan, 1990). 이 과정을 거쳐 의제가 제기한 문제를 해결하는 정책 개발이 가능하다. 한 의제의 순환 양상은 의제 성격에 따라 다른데, '일자리', '국제 문제', '준법' 의제는 10개 이상의 순환 모습을 보였으며, 10개월 이상 국민들의 인지 속에 존재했고 장기적으로 의제의 지속성은 하향 곡선을 보였다(McCombs & Zhu, 1995). 이 연구자들은 의제가 이처럼 부침이 많은 현상을 '의제 변동성(issue volatility)'으로 개념화했다.

따라서 프레임 경쟁과 의제 변동성을 고려할 때, 대용량 뉴스 텍스트에서 다양한 프레임과 의제를 치밀하게 추출해 유형화하는 작업이 필요하다. 해결책으로 인간 중심 접근에서 벗어나 '기계 중심 접근(machine-oriented approach)'을 적용하는 방식이 가능하다. 한국어와 영어 등 뉴스 텍스트에 특정화된 알고리즘을 활용해 명사, 형용사, 용어 등을 빠른 속도로 타당하게 파악하는 일은 현재 가능하며 실제 연구에도 활용된다. 가장 최근의 예로, 뉴스 연구자들은 일명 '김영란법'으로 불리는 '부정청탁 및 금품 등 수수의 금지에 관한 법률'이 2016년 7월 28일 합헌 판결을 받은 것과 관련한 국내 주요 일간 신문의 보도를 R 기반의 텍스트 마이닝으로 분석해 '내수 경제 위기', '접대/선물 변화', '적용대상 논란', '위헌/합헌 여부', '부작용' 등 11개의 하부 프레임과 이를 토대로 '경제 여파', '법안 쟁점', '부정적 영향', '청렴 사회'라는 상위 프레임을 추출했다(이찬주·임종섭, 2018). 이 같은 알고리즘 기반의 텍스트 분석 기법은 다양한 연구 주제에 활용할 수 있으며, 분석하는 변수의 특성이 복잡할 경우, 인간 중심 접근과 기계 중심 접근을 병행하는 방식도 효과적일 것이다. 병행할 경우, 한 연구자가 두 가지 접근에 상당한 지식과 경험이 있어야 하며, 그렇지 않을 경우에는 각 접근에 능통한 연구자들이 협업하는 방식도 대안이 될 수 있다.

# 제3장
# 자동 텍스트 분석

## 제3장
# 자동 텍스트 분석

### 1) 컴퓨터 기반의 텍스트 분석

프로그래밍 언어인 R과 파이썬이 인기를 끌면서 이를 활용해 신문 기사, 방송 기사, 소셜 미디어에 올라온 글, 기사 댓글, 블로그 등을 자동으로 분석해 주제, 프레임 등을 추출하고 통계 처리하는 기법이 최근에 등장했다. 대중적인 프로그래밍 언어 덕분에 연구자들, 대학원생들, 데이터 분석가들 사이에서 컴퓨터 기반의 자동 텍스트 분석에 대한 관심이 높지만, 이 분석의 역사는 상당히 오래됐다. 일부 연구자 집단에 국한되지만 1960년대부터 범주 분류와 단어 추출에 컴퓨터 프로그램이 쓰였다. 컴퓨터를 활용한 텍스트 분석은 1960년대 후반에 하버드 대학의 연구자들이 '제너럴 인콰리어(General Inquirer)'라는 컴퓨터 프로그램으로 범주에서 단어와 숙어를 분류한 뒤 이를 측정하면서부터 시작됐다(Popping, 2000). 그러나 1960년대와 1970년대에 단어 빈도 분석은 적용 과정에서 잘못 사용되면서 신뢰성을 잃었고 사회과학 학술지에서 텍스트 분석 연구의 비중이 감소했다.

그러다가 1990년대부터 텍스트에서 요약문을 자동으로 추출하는 방식이 개발되고 뉴스 기사에서 관련 문장을 파악하는 알고리즘이 발표되는 등 새로운 텍스트 분석 기법이 본격 등장했다(Popping, 2000). 예를 들어, 'ANES(automatic news extraction system)'라는 프로그램은 뉴스 통신사, 잡지, 신문 등에서 수집한 20,997건의 기사로부터 의미 단어(signature word) 목록을 만들기 위해 개별 단어의 가중치를 '*tf*×*idf*'[4] 라는 공식으로 기사에서 출현 빈도가 낮은 의미 있는 단어들을 파악해 기사 요약을 도출했다(Brandow, Mitze, & Rau, 1995). 이 프로그램으로 추출한 기사 요약에 대한 적절성 평가에서 250개 단어로 구성된 요약이 가장 좋은 평가를 받아 자동화 요약의 가능성을 보였다. 또한, 'STREAK' 프로그램은 수정 규칙으로 어휘, 구문, 의미 제한을 해석해 정보를 추가한 뒤에 중요한 사실을 담은 요약본을 만들었으며, 'PLANDOC' 프로그램은 구문 요소들을 결합해 사실을 수집하는 담화식 접근으로 특정 사실을 추가하고 배열해 요약본을 도출했다

---

4 연구자들은 $tf \times idf = \frac{\text{단어빈도}(term\ frequency)}{\text{문서빈도}(document\ frequency)}$, $\text{단어빈도} = log_2(\frac{\text{코퍼스의 단어수}}{\text{코퍼스에서 특정 단어의 빈도}})$, $\text{문서빈도} = \log_2(\frac{\text{문서의 단어수}}{\text{문서에서 특정 단어의 빈도}})$로 측정했다. $tf \times idf$는 현재 텍스트 마이닝 패키지인 tm과 quanteda에서 채택하는 공식이다. 이 개념은 코퍼스에서 출현 빈도가 낮은 단어에 높은 가중치를 부여해 문서에서 유일한(unique) 단어들을 파악한다. 다른 연구자들(Salton & Buckley, 1988)은 $tf \times idf = (\text{단어빈도}) \times (\log\frac{N}{n})$로 표현한다. $N$은 수집한 전체 문서의 수이며 $n$은 해당 단어가 출현한 문서의 수를 의미한다.

(McKeown, Robin & Kukich, 1995).

단어의 가중은 정보 검색의 효율성과 직결되는 문제로 재현율(recall)과 정밀도(precision)라는 두 개념이 검색 효율성을 측정한다. 재현율과 정밀도는 제 7장의 실제 분석에서 다시 기술한다. 재현율은 관련 항목을 검색한 비율로 정의되는데, '(검색된 관련 항목의 수) / (해당 자료에서 관련 항목의 총합)'으로 측정된다(Salton & Buckley, 1988). 관련된 정보 모두를 검색하면 분자의 값이 증가하기 때문에 재현율은 그만큼 증가한다. 정밀도는 검색한 항목 중 관련된 항목의 비율을 뜻하는데, '(검색 항목 중 관련된 항목 수) / (검색 항목의 총합)'으로 산출된다. 관련 없는 항목들을 제거할수록 분자의 값이 증가해 정밀도는 높아진다. 이 재현율과 정밀도의 조합은 단어 가중의 핵심 요소인 단어 빈도(term frequency)와 역문서빈도(inverse document frequency)와 연결된다. 개별 문서에서 자주 출현한 단어들은 재현율의 증가로 이어지며, 특정 문서에만 나타나는 단어들은 정밀도의 증가와 연결된다. 전통적 $tf \times idf$는 분석 벡터의 길이나 가중치를 고려하지 않아 길이가 짧은 텍스트를 분석할 때에는 타당도가 떨어지기 때문에 완전 가중 방법($tfc \times nfx$)[5]이나 사용하지 않은 텍스트에 대한 역빈도 가중($txc \times nfx$)[6]을 사용하는 것이 효과적이다(Salton & Buckley, 1988).

---

5 $tfc \times nfx$에서 $t$는 원 단어 빈도이며 $f$는 $log\frac{N}{n}$ 이고 $c$는 코사인 표준화$(1/\sqrt{\sum_{vt}(w_i^2)})$이다. $vt$는 *vector*를 뜻하고, $n$은 확대 표준화(augmented normalized) 단어 빈도 $(0.5 + 0.5\frac{tf}{\max tf})$이고 $x$는 1.0이다.

6 $txc \times nfx$는 원 단어 빈도에 1.0과 코사인 표준화를 곱한 뒤에 확대 표준화 단어 빈도와 역문서빈도, 1.0을 차례로 곱한 값이다.

이 선행 연구자들은 기업의 정보 기술 전문가나 컴퓨터 공학 분야의 학자들이어서, 이 같은 분석 기법들이 언론학 등 사회과학자들에게까지 널리 확산되지는 못한 상황이다. 흥미로운 점은 1990년대에 자동 텍스트 분석 프로그램들이 등장할 때 현재 사용자가 늘고 있는 파이썬과 R이 출시됐다는 사실이다. 파이썬은 반 로셈(Van Rossem)이 1991년에 선보인 프로그래밍 언어이며(Theuwissen, 2015), R은 뉴질랜드 통계학자인 로스 이하카(Ross Ihaka)와 로버츠 젠틀맨(Robert Gentleman)이 통계학자들을 겨냥해 만든 통계 프로그래밍 언어다(Ihaka & Gentleman, 1996). 두 언어 모두 '객체 중심형 언어(object-oriented language)'라는 공통점이 있어 한 쪽을 상당한 수준으로 습득하면 다른 쪽을 배우는 것이 수월하다. 온라인 학습 자료와 온라인 강좌 등이 국내외에 많아, R과 파이썬은 이제 일반인들도 원하는 수준에 맞게 배울 수 있다.

그러나 텍스트 분석 알고리즘과 이 알고리즘이 사용하는 통계 처리를 이해하기 위해서는 상당 기간에 걸친 훈련과 데이터 분석 경험이 필요하다. 이 과정은 몇 개월의 속성 교육으로 완수하기는 어렵고, 텍스트 수집과 분석, 적용되는 통계 개념을 공부하고 실행하는 방식을 반복할 때 일정 수준의 이해도가 쌓인다. 이 점에서 R과 파이썬의 대중화가 진행되지만, 심층적으로 이뤄지기는 쉽지 않다. R 전문가들은 R을 활용해 코드를 만드는 중급 실력을 확보하려면 1년 이상 매일 R로 분석하는 경험이 필요하다고 강조한다(Galili, 2015). 이는 숙달되고 독립적인 연구자가 되기 위해서 2년의 석사과정과 3~4년의 박사과정을 이수하고 몇 년간 학술 논문을 꾸준히 발표하는 노력을 요구하는 언론학 대학원의 교육 방침과도 유사하다. 독자들은 프로그래밍 언어로 텍스트를 자동 분석하는 일이 상당한 시행착오와 훈련이 필요하다는 점을 눈여겨 볼 필요가 있다.

뉴스 텍스트 분석의 주체가 '인간'인가 아니면 '프로그래밍 기계'인가라는 주제를 다음 장에서 논의한다.

## 2) 인간 분석가 대 기계 분석가

대용량 데이터와 소셜 미디어 데이터의 분석에 초점을 맞춘 'computational social science'에 이어 'computational communication science'라는 용어로 표현되는, 텍스트를 데이터로 이해하고 알고리즘으로 분석하는 흐름이 커뮤니케이션학 분야에 나타났다(Shah, Cappella, & Neuman, 2015). 알고리즘을 활용해 메시지를 분석하는 기법의 장점과 한계는 이미 2015년에 국외 학술지인 'Annals of the American Academy of Political and Social Science'에서 집중 논의됐다. 이 학술지에 실린 논의를 검토하기 전에 본 저자의 관점에서 언론학 분야에서 텍스트 분석을 자동화하는 의미를 제시하고자 한다.

이 장의 제목인 '인간 분석가 대 기계 분석가'는 데이터 처리, 특히 텍스트 의미 추출에 인간 분석가 대신에 프로그래밍 언어 기반의 알고리즘이 투입되는 현상을 상징적으로 요약한 문구다. 이 기계가 메시지를 처리하는 모습은 국내 언론사들의 뉴스 제작에도 이미 등장했다. 〈서울경제신문〉은 '서경뉴스봇(newsbot@sedaily.com)'이라는 증시분석 전문기자를 개발해 증시 시황에 관한 기사를 실시간으로 작성한다. 이 로봇 기자는 '뉴스봇 기자'라는 이름으로 기사를 생산한다. 〈전자신문〉은 'ET봇'이라는 로봇 기자가 작성하는 실시간 로봇 뉴스를 출고하는데 이 사이트(http://www.etnews.com/news/atnews.html)에 접속하면, 이 신문사 데이터베이스와 증시 정보를 비교해 작성한 'ET투자뉴스'라는 제목의 기사들을 볼 수 있으며, 분석 내용을 막대 그래프, 파이 차트, 표 등 시각화로 정리한 점이 눈에 띈다. 경제신문인 〈파이낸셜뉴스〉에서는 2016년 6월부터 로봇 기자인 'fnRASSI'가 주식시장 종목 시황을 실시간으로 '[fnRASSI](fnRASSI@fnnews.com)'라는 제목으로 내보낸다. 지역 일간 신문인 〈대구일보〉는 '에이프(ape)(ape@idaegu.com)'라는 로봇 기자로 프로야구 기사를 자동 생산한다. 3명의 개발자들이 2년 간 노력 끝에 출시한 이 로봇 기자는 2017년 10월 시범 운영한 뒤에 한 경기에 평균 20개의 기사를 1초 안에 제작하며, 사내 인력이 시스템 오류만 확인할 뿐, 인간의 개입 없이 기사를 자동 생산한다(윤수현, 2018).

〈매일경제신문〉은 2018년 6월 20일 '아이넷'이라는 로봇 기자를 출시해 '아이넷 AI 로봇 기자'라는 제목으로 관련 사이트(http://news.mk.co.kr/newsList.php?sc=40000249)에 전일 시황, 개장 시황, 수주 공시, 로봇 특징주, 증권사 보고서 요약 등의 기사를 제공한다. 〈헤럴드경제〉는 2017년 1월 5일부터 '히어로(HeRo)(hero@heraldcorp.com)' 로봇 기자를 선보여 '히어로 스탁와치'라는 제목으로 주가 시세와 종목 등 증시 시황과 관련한 기사를 생산한다. 경제 일간 신문인 〈이투데이〉에서도 '[e2BOT]'이라는 제목으로 'e2BOT(e2bot@etoday.co.kr)'라는 로봇 기자가 주식 시황과 공시 등 증시 관련 기사를 실시간으로 제작한다.

국내 언론사들이 채택하는 로봇 기자의 특징은 경제 일간 신문들이 주도한다는 점이다. 예외적으로 뉴스 통신사인 〈연합뉴스〉가 '사커봇'(https://soccerbot.yonhapnews.co.kr/)과 '올림픽봇(https://olympicbot.yonhapnews.co.kr/home)'이라는 로봇 기자를 내놓았다. 사커봇은 2017년 8월 등장해 '프리미어리그 로봇 뉴스'라는 항목에서 2017-2018년 영국 프리미어리그 경기에 관한 기사 380건을 제작했으며 현재는 서비스를 종료했다. 올림픽봇은 2018년 평창동계올림픽 경기와 관련한 기사를 제작했다. 이 로봇 기자는 사커봇보다 발전한 형태로 올림픽의 모든 종목을 분석해 1,190건의 기사를 자동 생산했으며 방송의 생중계처럼 실시간으로 관련 기사를 송출했다(서명덕, 2018).

국외 언론사들의 로봇 기자 활용은 더 활발하다. 〈워싱턴포스트〉가 2016년에 자체 개발한 '헬리오그래프(Heliograf)'라는 로봇 기자는 1년 간 상원 선거, 워싱턴 지역에 고등학교 미식축구 경기를 포함해 다양한 내용의 기사 850건을 제작했다(Moses, 2017). 중국의 〈서던메트로폴리스데일리(Southern Metropolis Daily)〉는 2017년 1월에 '시아오 난 로봇(Xiao Nan Robot)'이라는 로봇 기자를 출시해 중국 설날에 가장 수요가 많은 기차표에 관한 300자 분량의 기사를 제작했다(Chen, 2017). 〈신화통신(Xinhua News Agency)〉은 이보다 먼저 2015년에 '쿠아이비 시아오신(Kuaibi Xiaoxin)'이라는 로봇 기자를 선보였다.

〈뉴욕타임스〉는 2015년에 'Editor(http://nytlabs.com/projects/editor.html)'라는 인공지능의 텍스트 편집자를 개발해 기사 단어들에 부여된 의미 태그를 인지하고 기사에서 가장 중요한 부분을 파악해 신속하게 사실 확인을 한다(Underwood, 2018). 〈BBC〉는 'Juicer(http://bbcnewslabs.co.uk/projects/juicer/)'라는 의미 검색 로봇을 만들어 기자들이 트럼프 대통령과 관련한 최근 기사를 찾을 때 웹에서 관련 내용을 파악해 제공한다. 이 검색 로봇은 수집한 기사들에 의미 태그를 부여한 뒤에 조직, 장소, 사람, 사물이라는 4개 범주에 따라 이들을 구성한다. 〈로이터〉는 의미기술 회사인 'Graphiq'과 손잡고 다양한 상호작용의 시각화 서비스를 제공한다. 〈AP〉는 2013년에 인공지능으로 스포츠와 기업 수익 공시와 관련한 기사를 작성했으며 데이터 검색 분석 회사인 'NewsWhip(https://www.newswhip.com/)'의 도구를 활용해 트위터, 페이스북 등 소셜 미디어에서 유통되는 기사의 추세를 파악한다. 〈가디언(Guardian)〉은 2016년에 '챗봇(Chatbot)'을 페이스북 계정에 출시해 독자들이 미국, 영국, 호주판 가디언에서 관심 있는 기사들을 선택하면 페이스북 메신저로 이를 매일 제공한다. 이 로봇은 이용자가 인사하면 가입 여부와 기사 수신 여부를 묻고, '제목(headlines)', '가장 인기 있는(most popular)'이라고 답하면 5개의 관련 기사들을 제공한다.

국내 언론인들은 로봇 기자가 1~5년차 기자가 담당하는 증권, 날씨, 스포츠 등에 관한 스트레이트 기사를 제작하는 수준이어서, 기존 기자들이 심층 기사를 쓰도록 도와주고 데이터에 오류가 없는 한 오보가 발생하지 않는다며 좋게 평가했다(금준경, 2017). 반면에 일부 언론인들은 스트레이트 기사만 쓰는 기자들에게 위협이 될 수 있으며, 로봇 기자가 스트레이트 기사를 전담하면 이를 해 보지 않은 기자들은 심층 기사를 쓸 수 없다고 평가했다.

뉴스 제작에 알고리즘 기반의 기계 방식이 활발하게 적용되는 상황은 언론학 분야에서는 아직 활성화되지 못했다. 이유는 로봇 기자는 개발자가 담당하고 취재 기자가 개입하지 않지만 언론학자들이 알고리즘 기반의 분석을 수행하려면 연구자의 직접적인 이해와 경험이 필요하기 때문일 것이다. 하지만, 뉴스 현장과 언론학 분야에서 뉴스 제작이나 분석에 인간 중심 접근을 벗어나 기계 중심 접근이 적용되고 있는 것은 분명하다. 이 흐름이 특정 상황에서 임시로 일어나는 유행이 아니라 사회 변화를 가져올 잠재력이 있다는 점은 학계 연구자들의 대응에서 감지된다. 컴퓨터 공학에서 시작된 프로그래밍 기반의 자동 분석이 통계학, 정보 과학, 경영학, 경제학 등 사회과학으로 퍼지면서, 일명 'computational social science'라는 용어까지 등장했다. 국내 공학 연구자들과 교육학 연구자들은 'computational'을 '계산'(김갑수, 2013; 정명균, 1994)이나 '전산'(나종걸 외, 2014; 이대현·윤도영, 2011)으로 사용하는데, 이 표현들은 사회 과학자들이 알고리즘 기반의 분석을 하는 행위를 정확하게 포착하지 못하는 문제가 있다. 이 때문에 일부 교육학 연구자들은 'computational thinking'처럼 영어명을 사용하거나(김병조·전용주·김지현·홍창의·김태영, 2014), '컴퓨팅적 사고'처럼 영어 발음을 그대로 쓴다(정해용, 2014).

'computational'은 '계산적인'과 '컴퓨터적인'이라는 의미를 동시에 포함하는데, '계산적인'은 이해관계를 따진다는 의미가 있어 적절한 용어는 아니다(김병조 외, 2014). 컴퓨팅적 사고를 목표로 하는 교과목은 컴퓨팅의 사회 영향력, 사람과 컴퓨팅의 관계 등의 컴퓨팅 연결성, 컴퓨팅 창작물 개발, 컴퓨팅을 통한 데이터, 정보, 지식 창출, 모형 개발 등의 추상화, 문제와 창작물 분석, 결과물 공유와 소통, 협업으로 구분된다(정해용, 2014). 이를 보면 'computational'의 의미는 각종 문제를 컴퓨터가 제공하는 알고리즘으로 접근하는 모습이라고 하겠다. 본 저자는 선행 연구(임종섭, 2015b)가 'computational journalism'을 '컴퓨터 기술 저널리즘'으로 사용한 점을 고려해, 'computational'을 '컴퓨터 기술'로 번역해 사용한다.

### 3) 컴퓨터 기술 커뮤니케이션 과학(computational communication science)

데이터를 지식으로 전환하는 과정은 다양한 학제 간에 접근, 공유, 사용을 허용하는 사회 활동이며 시민들이 집단 지성으로 참여해 데이터를 제공하는 점에서, 사회과학은 '사회 컴퓨팅(social computing)'의 시대에 적극 참여할 필요가 있다(Heese, Moser, & Riley, 2015). 특히, 알고리즘을 이용해 대용량 데이터를 통합하고 분석하는 기법은 사회과학에 새로운 지식을 창출할 수 있으며, 이 맥락에서 사회과학 연구자들은 이론, 논문 발표, 데이터 공유, 지적 재산권, 지식 축적, 공적 책임 등의 역할을 다시 고찰한다. 이 흐름에서 국외 연구자들은 'computational social science'라는 새로운 개념을 제안하는데, '컴퓨터 기술 사회과학'이라는 이 영역은 네 가지 특성을 포함한다(Shah et al., 2015). 첫째, 컴퓨터 기술 사회과학은 테라바이트(terabyte, $10^{12}$ 바이트)나 페타바이트(petabyte, $10^{15}$ 바이트) 등 대용량 크기로 측정되는 대규모의 복잡한 데이터를 사용한다. 둘째, 이 분야는 자연스럽게 발생하는 디지털 매체 정보원과 전자 데이터베이스를 사용한다. 자연스럽게 발생한다는 것은 설문 조사나 실험 등 전통적 사회과학 방법과는 달리 연구자의 개입이나 사회 소망성 편향(social desirability bias)이 일어나지 않는다는 뜻이다. 셋째, 이 분야는 데이터로부터 유형과 추론을 발견하기 위해 알고리즘 기법을 활용한다. 넷째, 이 분야는 여론, 공중 보건, 정치 문제, 사회 운동 등 다양한 영역에 사회 이론을 적용한다.

이 선행 연구자들은 소셜 미디어와 각종 디지털 매체 등으로부터 발생하는 복잡한 데이터를 분석하기 위해 사회과학자들이 수학, 통계학, 공학, 컴퓨터 공학, 정보 과학 분야의 전문가와 협력하고 업계와 정부가 개발한 도구를 사용하는 모습을 '초학문 간 연구 활동(transdisciplinary work)'으로 규정했다. 이질적인 연구자들이 상호 작용하는 모습을 다학문(multidisciplinary), 학제간(interdisciplinary), 초학문(transdisciplinary)이라는 표현으로 기술할 수 있는데, 인간 분석가와 기계 분석가가 공존하려면 학문 영역을 뛰어넘어 이해와 지식의 폭을 확장하는 노력이 중요하다. 이 점에서 커뮤니케이션 학자들은 텍스트 데이터를 알고리즘으로 분석하고 여러 학문 분야의 다른 해석과 접근을 통합하는 일의 중심에 있으며, 이 일은 '컴퓨터 기술 커뮤니케이션 과학(computational communication science)'으로 표현할 수 있다(Shah et al., 2015).

이처럼 대규모 텍스트에 대한 알고리즘 기반의 분석 기법이 사회과학 지식을 만드는데 기여할 수 있다면, 이를 어떤 방식으로 이해하고 실제 연구에 어떻게 접목시킬 것이라는 문제가 존재한다. 인간과 알고리즘이라는 기계의 결합을 제시하는 연구자들도 있다. 예를 들어, 텍스트에서 변수가 쉽게 파악되고 텍스트 분석이 용이할 때에는 알고리즘 기반의 분석이 효과적이며, 변수가 복잡하고 분석 대상을 디지털로 전환하기 어려운 상황에는 인간 분석가의 내용 분석이 적절한 만큼, 양자를 잘 병행하는 접근이 바람직하다(Zamith & Lewis, 2015).

이 선행 연구자들은 ① 분석 절차와 분석 양식, ② 모집단과 표본의 특정화, ③ 분석가들 간에 신뢰도 측정, ④ 콘텐츠 분석 네 가지 영역에서 인간 분석가와 기계 분석가가 다르다고 설명했다. 분석 절차와 분석 양식에서 알고리즘 기반의 기계 분석가는 분명하게 특정화된 모형을 개발하고, 이 모형 코드로 단어 목록과 이들이 텍스트에서 나타나는 확률값을 계산하고 분류하기 때문에 절차에 모호성이 없다. 기계 분석가는 각 절차를 코드로 분명하게 제시하기 때문에 반복측정과 투명성을 촉진하며, 동일한 사전이나 모형을 사용하면 결과를 쉽게 비교할 수 있는 장점이 있다. 전통적 내용 분석을 수행하는 인간 분석가는 분석 과정에서 구두로 설명이 이뤄지며 이 중에 일부만 분석 절차에 포함된다. 기계 분석가는 인간 분석가와는 달리 분석 코드를 반복해 수정함으로써, 추출 단어들의 분류가 만족스럽게 되는 개념 타당성을 확보할 수 있다. 기계 분석가는 분석지가 필요 없어 데이터 입력 오류를 제거하고 데이터를 구조화된 데이터베이스에 자동으로 추가해 통계 처리를 할 수 있다(Zamith & Lewis, 2015).

모집단과 표본의 특정화에서 기계 분석가는 분석의 용이함을 위해 표본을 사용하는 인간 분석가와는 달리 모집단이나 센서스(census)를 대변할 정도로 대용량 데이터를 사용한다. 기계 분석가는 코드로 인간 분석가보다 더 체계적으로 모집단을 파악할 수 있고, 분석 문서에서 계속 등장하는 오류를 파악해 수정할 수도 있다.

분석가들 간에 신뢰도 측정과 관련해, 인간 분석가는 '스캇 파이

(Scott's pi)', '코헨 카파(Cohen's Kappa)' 등 통계 지표로 다수 분석가들이 조사한 결과가 동일한 정도를 평가해 분석 절차의 신뢰성을 평가한다. 기계 분석가는 기계 결정주의 관점이어서 완벽한 신뢰도로 분석 절차를 수행하기 때문에 분석가들 간에 신뢰도를 측정할 필요가 없다. 기계 분석가의 타당성(validity)을 평가하는 방식도 있는데, 연구자들은 정확한 분석 결정을 담은 인간 분석 자료, 일명 '황금 기준(gold standard)'에 기계 분석 결과를 비교한다. 또한 기계 분석가는 분석 알고리즘을 경쟁 알고리즘과 비교하기도 한다. 이 절차는 인간 분석가에서는 찾아 볼 수 없으며, 인간 분석가가 사용한 절차의 타당성을 세밀한 기준과 비교하는 시도는 드물다.

콘텐츠 분석에서 기계 분석가는 인간 분석가가 수개월 걸릴 분석을 몇 분 또는 몇 시간 안에 수행할 수 있으며, 이 과정은 컴퓨터 사양을 높임으로써 더 빨라진다. 신속한 분석 속도는 인간 분석가와 매우 대조되는 부분이다. 따라서 기존 내용 분석가들이 이처럼 알고리즘 기반의 사회과학 환경에서 연구를 진행하려면 접근 방식의 수정이 불가피하다(Zamith & Lewis, 2015). 연구자들의 분석 방법도 수정해야 하고 컴퓨터 공학과 공대 연구자들과의 협업도 필요하며, 대학원 교육을 알고리즘 기반의 최신 기술을 교육시키는 방향으로 바꿀 필요가 있다(Shah et al., 2015).

연구자의 입장에서 볼 때 텍스트를 프로그래밍 언어로 분석해 의미를 추출하는 접근이 타당하다는 논리에는 근거가 있다. 텍스트를 알고리즘으로 자동 분석해 텍스트에 내재한 사회 구조나 조직 구조를 발견하는 방식은 두 가지 가정을 전제한다(Diesner & Carley, 2005). 첫 번째 가정은 텍스트가 개념들의 연결망과 개념들의 연결로 구성된다는 점이다. 개념은 생각, 사람, 자원, 조직, 사건 등 다양하다. 두 번째 가정은 사람 등 개념의 요소들은 집단이나 조직의 구조에서 핵심 개체들이며, 추출한 연결망은 집단, 조직, 사회를 구성하는 개체들과 이들 간에 관계를 담은 사회 구조를 재현한다는 점이다. 컴퓨터 프로그래밍을 활용한 텍스트 분석은 단어와 주제 간에 관계를 파악하는 지도 분석(map analysis)(Diesner & Carley, 2004), 중심 단어 연결망(networks of centering words)(Corman, Kuhn, Mcphee & Dooley, 2002), 의미 연결망(semantic networks)(Monge & Contractor, 2001; Popping, 2003; Russell & Reimer, 2018), 개념 연결망(networks of concepts)(Popping, 2000), 단어 연결망(networks of words)(Danowski & Riopelle, 2017)이라는 용어들을 사용한다. 예를 들어, 연결망 텍스트 분석(NTA: network text analysis)은 자동화 수준, 동사나 명사 등에 초점, 개념 일반화 수준 등 여러 차원에서 진행되지만, 개념들의 관계망은 텍스트 구조, 의미, 저자의 관점 등을 드러내며 텍스트에 내재한 집단, 조직, 사회의 구조를 발견할 수 있는 통로다(Diesner & Carley, 2005). 텍스트를 정신 모형(mental model)을 재현하는 개념 연결망으로 분석함으로써 연구자들은 개념들이 연결망에서 차지하는 위치라는 관점에서 텍스트를 평가한다(Carley, 1997). 이는 연결되고 위치를 맺는 특성을 조사함으로써 텍스트 저자가 효과적으로 소통하기 위해 사용하는 개념들의 유형을 파악할 수 있다는 주장이다.

더 나아가, 알고리즘 기반의 텍스트 분석은 지도 기계 학습(supervised machine learning)이나 비지도 기계 학습(unsupervised machine learning)으로 수행된다. 실제로 많은 사회 과학자들은 지도 기계 학습

(supervised machine learning)으로 매체의 콘텐츠를 분석하며, 의제 설정 연구에도 이 기법이 나타난다(Burscher, Vliegenthart, & de Vreese, 2015). 이 선행 연구자들은 지도 기계 학습이 사용하는 데이터가 모든 언론사와 시점, 분석 문서 유형 등을 잘 대표할 때 분류의 정확성이 증가하고, 데이터의 대표성이 떨어지면 사전 기반의 분석이 적절하지만 이 분류는 일반적이라고 설명한다. 그렇다면 알고리즘을 활용해 텍스트에서 의미나 유형을 발견하는 텍스트 마이닝의 개념은 무엇이며 어떤 방식으로 진행되는가를 살펴볼 필요가 있다.

# 제4장

# 텍스트 마이닝

제4장

# 텍스트 마이닝

저자는 여러 프로그래밍 언어 중에 R을 활용해 텍스트 마이닝(text mining)을 수행하기 때문에 이 프로그래밍 언어의 개념과 설치 과정, 학습 도구들을 소개한다.[7]

## 1) 프로그래밍 언어 R의 개념

R은 뉴질랜드 오클랜드대학(University of Auckland) 통계학과의 로

7 분석에 필요한 코딩의 개념을 이론적 관점에서 설명하고 실제 코드의 의미를 단계별로 제시했다. 독자들의 다양한 관심을 고려해 통계 공식이나 개념을 풀어서 설명하는 방식을 취했으며, 공식은 본문과 주석에 제시했다. 더 자세한 내용은 참고문헌에 나온 논문이나 도서를 검토하기를 바란다.

스 이하가(Ross Ihaka)[8]와 로버츠 젠틀맨(Robert Gentleman) 두 교수가 통계학자를 위해 개발한 프로그래밍 언어다(Ihaka & Gentleman, 1996).[9] 두 통계학자는 'Scheme'과 'S'라는 프로그래밍 언어 특성을 바탕으로 R을 세상에 내놓았는데, 흥미롭게도 두 학자의 이름 첫 글자가 R이다.

R의 작동 방식은 여러 관점에서 논할 수 있으나, 압축하면 〈그림 3〉으로 설명할 수 있다.

〈그림 3〉 R 프로그래밍 언어의 작동 환경

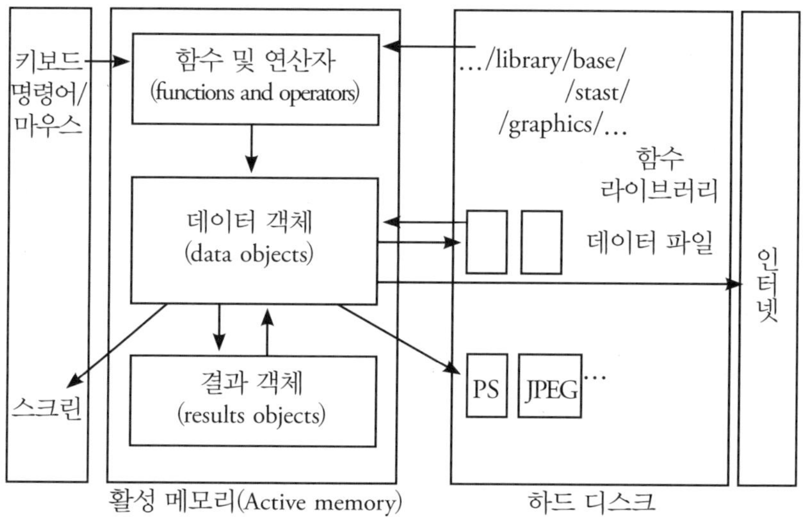


주: Paradis (2005)의 4쪽 Figuer 1을 재구성한 것임.

---

8 이 연구자 이름의 발음은 'https://www.howtopronounce.com/ross-ihaka/'를 참고했다.

9 로스 이하가는 2017년 은퇴했으며, 로버츠 젠틀맨은 2009년 '진테크(Genentech)'라는 생명기술회사로 전직한 뒤에 다시 2015년에 '23andMe'라는 회사 부사장으로 자리를 옮겼다. R 개발에 관한 흥미로운 정보는 2018년 11월 R-bloggers 사이트에 실린 'EARL Houston: Interview with Robert Gentleman'(https://www.r-bloggers.com/earl-houston-interview-with-robert-gentleman/) 인터뷰 기사를 참고하기를 바란다.

R은 객체 중심의 프로그래밍 언어(object-oriented language)라는 점을 기억할 필요가 있다. R 환경에서 취급하는 각종 함수, 연산자, 데이터, 결과물 등은 모두 객체에 해당하며, 분석 과정에서 이들은 활성 메모리에 임시로 저장된다. 이런 특성 때문에 R의 사용 화면을 종료하거나 갑자기 컴퓨터가 꺼질 경우, 작업 환경(environment)에 불러온 데이터, 분석 패키지 등 모든 객체는 사라진다. 또한 R에 분석 패키지를 설치하려면 인터넷이 연결돼 있어야 한다는 점도 기억할 필요가 있다.

R은 사용자가 입력한 코드를 해석해 이해가 안 되면 다양한 오류를 제시하는 구조다. 따라서 이 오류를 해결하지 못하면, 다음 단계로 넘어갈 수 없다. R을 익숙하게 다루기 위해서는 이 오류가 뜻하는 내용을 파악해 코드를 정확하게 작성하는 과정이 중요하다.

## 2) R 설치

R은 'RGui'와 'RStudio'로 구성되며, RGui를 먼저 설치하고 RStudio를 설치해야 RStudio를 사용할 수 있다. RStudio 없이 RGui만 이용해도 되지만 RStudio의 사용자 환경이 데이터 분석에 최적화돼 있다. RGui 설치는 두 단계로 진행된다. 먼저, 아래의 CRAN 홈페이지에 접속한다.

```
https://cran.r-project.org/mirrors.html
```

CRAN은 'Comprehensive R Archive Network'의 약자로 R 설치, 관련 패키지, 유용한 학습 내용을 제공하는 공간이다.

둘째, 이 사이트는 국가별로 R을 내려 받을 수 있는 접속 홈페이지를 제시한다. 아래와 같이 'Korea'를 찾아 하나를 선택하고 이후 단계는 설치 화면에 있는 설명을 따르면 된다.

| Korea | |
|---|---|
| https://cran.seoul.go.kr/ | Bigdata Campus, Seoul Metropolitan Goverment |
| http://healthstat.snu.ac.kr/CRAN/ | Graduate School of Public Health, Seoul National University, Seoul |
| https://cran.biodisk.org/ | The Genome Institute of UNIST (Ulsan National Institute of Science and Technology) |
| http://cran.biodisk.org/ | The Genome Institute of UNIST (Ulsan National Institute of Science and Technology) |

RStudio 설치도 두 단계로 진행된다. 첫째, 아래의 RStudio 홈페이지에 접속한다.

| https://www.rstudio.com/products/rstudio/download/ |
|---|

둘째, 화면의 가장 왼쪽에 'RStudio Desktop Open Source License FREE'라고 표시된 항목에서 'DOWNLOAD'를 눌러 RStudio를 자신의 컴퓨터에 설치한다. 이제, R이 제공하는 흥미로운 분석과 시각화 등을 직접 코드로 입력해 경험할 수 있다.

R을 내려 받은 사이트 주소(https://cran.seoul.go.kr/)의 왼쪽 공간에는 R에 관한 정보와 코딩 기술을 프로그래밍 관점에서 습득할 수 있는 내용이 있다. CRAN 사이트만 잘 활용해도 R을 체계적으로 이해할 수 있다. 다만, 단순한 읽기로는 부족하고 읽기와 R의 활용을 동시에 진행해야만 이 사이트에서 설명하는 내용들을 파악할 수 있다. CRAN 사이트가 제공하는 항목들 중에 'About R'이라는 부분은 R 소개와 R의 최신판 등을 소개한 'R Homepage'가 있으며, 'The R Journal(https://journal.r-project.org/archive/2019-1/)'은 다양한 관련 논문을 제공하는데, 현재

2019년 6월 11권 1호에 실린 학술 논문들을 볼 수 있다.

'R Developer Page'는 R의 코드 개발과 개선 등 각종 프로그래밍과 관련된 내용을 포함한다. 'Software' 항목의 'Packages'는 2019년 현재 CRAN에 수록된 15,125개의 패키지들을 출판 시점과 이름에 따라 표로 제시한다.[10] 'Documentation' 항목은 R에 관한 입문(An introduction to R), 데이터 입력과 전송(R Data Import/Export), R 설치(R Installation and Administration), 패키지 개발(Writing R Extensions), R 언어의 개념(The R language definition), R의 구조(R Internals), R 관련 검색어(The R Reference Index)를 PDF과 HTML 형태로 제공한다. 이 설명서들은 프로그래밍 언어에 대한 이해가 전혀 없을 경우 해독하기가 쉽지 않지만, R의 기초 개념을 파악하고 일정 기간에 걸쳐 R을 사용한 독자들에게는 도움이 된다. 'R FAQ' 항목은 R의 개념, 설치, R과 S 언어의 차이점, R 프로그래밍 언어에 관한 질문, 데이터 마이닝에 관한 질문 등 다양한 질문에 대한 답을 제시한다.

### 3) 기계 학습으로 텍스트 분석: 지도 학습(supervised learning) 대 비주도 학습(unsupervised learning)

10 R로 데이터를 분석할 때 사용하는 각종 통계 패키지들은 CRAN뿐만 아니라 'GitHub' 사이트에 공개되는 경우도 많다. 2019년 현재 'https://github.com/search?q=package'를 접속하면 R 기반의 패키지가 30,536건이 있으며 자바스크립트(28,809건), 파이썬(24,946건) 자바(21,491건) 등 관련 프로그래밍 언어 기반의 패키지들이 수록되어 있다. 따라서 GitHub 사이트에만 공개된 패키지는 이 사이트에 접속해 내려 받아야 한다.

어떤 문제를 해결하기 위해 최상의 알고리즘을 배우는 경우, $y = f(x)$의 함수 관계를 생각할 수 있다. $y$는 $x$함수의 결과이며, $y$라는 실제 값을 바탕으로 $x$를 훈련시키는 과정이 '지도 학습(supervised learning)'이다. 다시 말해, $y$가 지도하면서 이 함수 모형이 갖는 예측을 학습한다는 의미다. 반면에 $y$값을 모르거나 이를 무시한 채, 데이터에서 무엇인가를 배우려는 과정이 '비주도 학습(unsupervised learning)'인데, 데이터에 내재한 유형을 파악하고 지도 학습 기법을 개선하기 위해 이 유형을 토대로 데이터를 변환시킬 수 있다(Lesmeister, 2017). 군집 분석(cluster analysis)이 비주도 학습에 해당한다. 텍스트 마이닝을 이야기하기 전에

〈그림 4〉 기계 학습의 분석 흐름

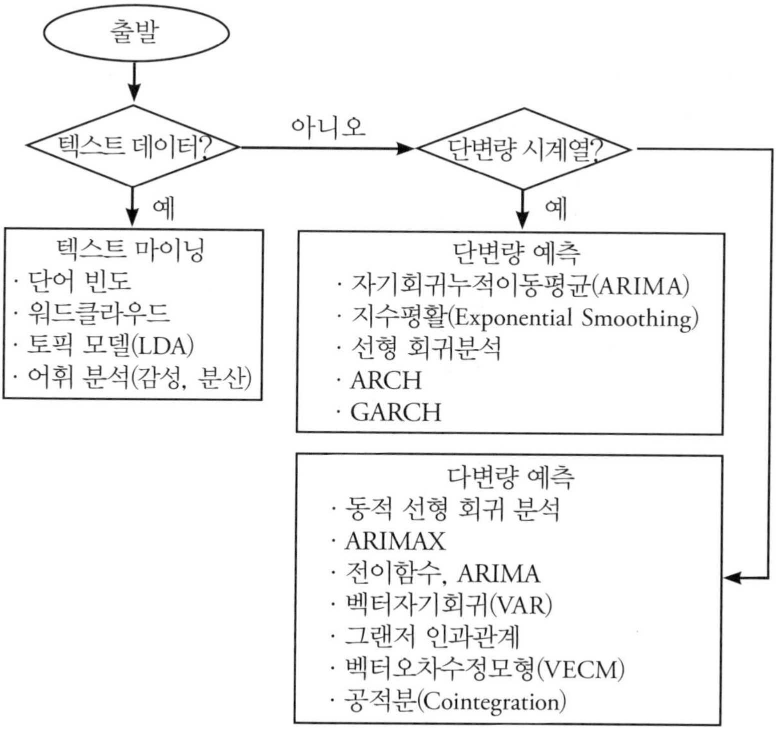

알고리즘 기반의 데이터 분석에서 알아야 할 주제는 데이터 성격과 분석 목적에 따른 구체적 과정이다. 선행 연구자는 상당히 유용한 분석 과정을 〈그림 4〉로 보여준다(Lesmeister, 2017, pp. 18-21).

데이터가 텍스트인 경우는 텍스트 마이닝을 선택해 단어 빈도, 워드클라우드, LDA와 같은 토픽 모델, 어휘 분석 등을 실시한다. 데이터가 단변량 시계열인 경우는 ARIMA 등 분석 기법을 쓰며 다변량 시계열 데이터는 그랜저 인과 관계나 VAR 등을 적용한다. 이처럼 데이터의 성격을 먼저 파악하고 이에 맞는 적절한 통계 기법을 선택해 R로 분석하는 것이다. 독자들은 수집한 데이터에 성급하게 통계 기법을 적용하기보다는 데이터가 통계 기법에 맞는가를 확인한 뒤에 다음 단계로 진행해야 한다.

선행 연구자들(Burscher, Odijk, Vliegenthart, de Rijke, & de Vreese, 2014)은 지도 기계 학습(SML: supervised machine learning)으로 1995년부터 2011년까지 네덜란드의 3개 일간 신문의 1면 기사들에서 뉴스 프레임을 자동으로 추출했다. 지도 기계 학습은 인간 분석가의 분석을 재현하는데, 이 과정은 관심 유목을 추출한 문서들을 훈련 자료로 활용하는 3단계로 나타난다(Burscher et al., 2014, p. 192). 첫 번째 단계는 훈련 자료의 문서들을 프로그래밍으로 분석할 수 있도록 전환한다. 예를 들어, 각 문서는 단어 빈도 등 계량적인 문서 요소를 담은 특성 벡터(feature vector)로 구성된다. 두 번째 단계는 이 모든 특성 벡터를 사용해 관심 유목을 자동으로 추출하기 위해 분류기(classifier)를 훈련시킨다. SML 알고리즘은 각 유목에 해당하는 문서의 특성들을 통계적으로 분석해 다른 문서들을 유목에 따라 분류하는 예측 모형을 도출한다. 세 번째 단계는 이 분류 모형을 훈련 자료가 아닌 검증 문서들(test documents)을 분석하는데 적용한다.

이 선행 연구자들은 3개 일간 신문의 기사 11,074건 중에서 13%의 기사들을 인간 분석가가 분석하도록 해 갈등, 경제 결과, 인간 흥미, 도덕성 4개 프레임을 추출한 뒤에 선형 SVM(Support Vector Machines), 다항 SVM 분류기(Polynomial SVM classifier), Perceptron 알고리즘을 결합해 이 훈련 기사에서 프레임을 도출했다. 훈련 기사의 수가 100, 200, 500, 1,000, 2,000, 3,000, 4,000 등으로 증가할수록 '경제 결과' 프레임을 추출하는 정확도가 급격히 좋아지는 것으로 나타났다.

이처럼 문서 분류나 문서 유목화는 기존 문서를 내용에 따라 특정 유목에 배치하는 작업을 뜻하며, 이를 수행하기 위해서는 분류 모형 또는 분류기가 분석 자료를 사용해 학습하는 과정이 필요하다(Pollak, Coesemans, Daelemans, & Lavrač, 2011). 이 학습 과정은 지도 학습과 비지도 학습으로 나뉘는데, 분류기가 특정한 분류 규칙에 따라 사전에 개발된 유목들을 새로운 문서에 자동 배치하는 텍스트 마이닝 기법은 지도 학습이다. 한 연구는 JRip, PRISM, J48[11] 의사 결정 규칙(decision rule) 학습 알고리즘으로 지역 일간 신문과 미국과 유럽 등 서구 일간

---

11 JRip 의사결정 규칙 학습 알고리즘은 기존 데이터 속성(class)에 속하는 사례들을 선택해 이 속성에 해당하는 모든 자료를 분류하는 규칙들을 찾아낸다. 각 규칙은 해당 데이터 속성을 가장 잘 대변하는 단어나 2개 단어 조합(bigrams), 3개 단어 조합(trigrams) 등과 연동해 자동으로 형성된다. 이 과정은 데이터 속성에도 반복된다. PRISM 알고리즘은 각 데이터 속성에 대해 정확도에서 규칙의 성공을 측정하는데, 정확도가 100% 이하의 규칙은 틀린 것으로 간주한다. J48 알고리즘은 각 단어, 2개 단어 조합, 3개 단어 조합에 호응하는 노드들과 선택한 단어의 발생 여부에 따른 각도들(arcs)로 구성된 의사결정 나무를 생성한다(Pollak et al., 2011).

신문이 보도한 케냐 문제 기사문을 분석해 지역 신문과 서구 신문으로 분류되는 특성들을 파악했다(Pollak et al., 2011). 지역 일간 신문과 서구 일간 신문 등 데이터 속성의 가장 가까운 지점으로부터 가장 멀리 떨어져 있는 초평면(hyperplane)을 만들어 분류기를 구축하는 지지 벡터 기계(Support Vector Machine)도 지도 학습에 속한다.

비지도 학습은 외부 정보에 의존하지 않고 문서의 군집화를 실시해 새로운 문서 유목을 찾아낸다. K-평균(K-Means) 군집화처럼 군집화(clustering)는 유사도에 따라 문서들을 문서 군집으로 분류하는 비지도 학습에 해당한다. 본 저서가 이후 제시할 제 7장의 의미 연결망과 제 8장의 군집 분석도 비지도 학습의 예다.

### 4) 텍스트 마이닝 개념

우리 주변에는 다양한 형태의 텍스트가 넘쳐난다. 한국어, 영어, 다른 외국어로 기록된 언어 집합체가 텍스트로 존재하며, 이 속에는 의미, 프레임(frame), 의제(agenda), 주제(topic), 감정(sentiment) 등 유용한 개념들이 있다. 독자들이 매일 사용하는 스마트폰 문자부터 카카오톡 메시지, 밴드, 페이스북, 트위터 등에 있는 게시글, 블로그 글, 기사 댓글, 기사문, 대통령 연설문, 정치 후보자의 공약 내용, 정부와 국회의 정책 자료나 보도 자료 등 텍스트에 해당하는 예는 쉽게 볼 수 있다.

저자가 2018년 7월 구글 스칼라 사이트(scholar.google.co.kr)에 '텍스트 마이닝'을 입력한 결과, 국내 관련 논문들과 책들로 81,100건이 검색됐다. 반면에 영어로 'text mining'을 입력하니 2,900,000건의 논문들과 책들이 확인됐고 'text mining'과 'machine learning'을 함께 입력했을 때, 1,340,000건의 논문들과 책들이 검색됐다. 이 결과는 하나의 단면이지만, 분명한 사실은 아직까지 국내에서 텍스트 마이닝에 관한 학술적 관심이 국외에 비해 인문학과 사회과학 전 분야에 확산되지 않았다는 점이다. 물론 국내 연구자들이 참여한 영어 논문이나 영어 학술 도서가 있으나, 텍스트 마이닝을 다룬 국내외 연구 성과에 존재하는 양적 격차를 좁히기에는 제한적일 것이다.

텍스트 마이닝은 기계 학습의 하나로 기사, 댓글 등 비구조화된 정보를 처리하는 알고리즘 기반의 분석 기법이다. 기계 학습은 알고리즘이 주도하는 비주도 기계 학습(unsupervised machine learning)과 인간이 초기에 분석 방향을 설정하는 주도 기계 학습(supervised machine learning)으로 구분된다. 정보 과학, 전산 언어학, 컴퓨터 공학 등의 연구자들이 텍스트 마이닝의 실체를 체계적으로 설명하고 있지만, 저자는 언론학의 관점에서 이를 색다르게 바라보고자 한다. 두 명의 국외 이론가들의 시각이 텍스트 마이닝을 언론학 측면에서 이해하는 데에 시사점을 준다.

행위자 네트워크 이론(actor–network theory)으로 기존 사회학의 이분법 접근을 비판한 프랑스 사회학자 부르노 라투어(Bruno Latour)가 제시한 다음 글귀는 상당히 흥미롭다. 밑줄은 저자가 강조하기 위해 추가한 부분이다.

"우리는 거시적인 존재가 미시적인 존재를 포함하는 것이 아니라 미시적 존재는 동일한 척도로 비교할 수 없는 단자들에서 증식되어 나온다고 생각해야 한다. 작은 것이 큰 것을 품는다. 또는 오히려 큰 것은 자신이 출현했고 결국 돌아갈 작은 것에 어느 순간에 다시 잠길 수 있다" (Latour, 2007, p. 243).[12]

밑줄 친 부분을 해석하면, 작은 단위가 중요하며 큰 것을 내포하는 동시에 작은 것에서 중요한 의미가 발현한다는 얘기다. 이는 언론 기사에서 적게 나타나는 단어가 갖는 의미에 주목하고 매우 많이 나타나는 단어들의 의미는 낮게 평가하는 텍스트 마이닝 기법과 맞닿아 있다.

프랑스 인류학자 겸 사회학자인 피에르 부르디외(Pierre Bourdieu)는 다음의 글귀에서 이론과 데이터 처리가 밀접하게 연결된다고 지적한다.

"이론과 연구, 양적 방법과 질적 방법, 통계 처리와 민속지학적 관찰, 구조 파악과 개인 구성 간에 대립이 얼마나 인위적인가. 이 양자 대립은 공허하고 추상적인 이론주의와 실증주의의 잘못된 엄격한 관찰을 합리화할 뿐이다.... 데이터 수집, 또는 정확히 말하면 데이터 생산의 실제 준비와 실행은 객체의 이론화와 밀접하게 연관돼 직원이나 설문회사 관계자, 연구 보조원에게 맡길 기술적 업무가 아니다"(Bourdieu & Wacquant, 1992, pp. 27–29).[13]

---

12 인용문의 원문을 참고로 제시한다. "We should not consider that the macro encompasses the micro, but that the micro is made of a proliferation of incommensurable entities – what he calls 'monads' … The small holds the big. Or rather the big could at any moment drown again in the small from which it emerged and to which it will return"

13 원문을 참고로 제시한다. "How artificial the ordinary oppositions between theory and research, between quantitative and qualitative methods, between statistical recording and ethnographic observation, between the grasping of structures and the construction of individuals can be. These alternatives have no function other than to provide a justification for this vacuous and resounding abstractions of theoreticism and for the falsely rigorous observations of positivism……The practical organization

밑줄 친 부분은 텍스트 마이닝으로 기사에서 의제, 주제, 프레임 등 흥미로운 개념을 발견하는 일이 이론적 개념을 개발하는 과정이라는 점을 뒷받침한다. 과연 알고리즘을 활용한 텍스트 마이닝이 이론적 개념을 추출하는 타당한 기법인가라는 의문은 현재 축적되어 있는 기계 학습의 연구 성과를 제대로 평가하지 못하는 실수를 범할 수 있다. 데이터 수집과 분석의 과정이 이처럼 이론과 촘촘하게 연결된 상황에서 인간 중심의 분석 기법은 대용량 데이터를 다루지 못하는 한계를 갖는다.

많은 연구자들이 자신들의 연구 영역과 관심에 따라 제시하는 텍스트 마이닝에 관한 개념들을 살펴본다. 먼저, 텍스트 마이닝은 알고리즘 기반을 강조하는 '지적 텍스트 분석(intelligent text analysis)'(Hearst, 1999), 텍스트 자체에 주목하는 '텍스트 데이터 마이닝(text data mining)'(Hearst, 1999; Yeh, Hirshman, & Morgan, 2003)으로 불리기도 한다. 전산 언어학자들은 말뭉치(corpus)에서 유용한 유형을 발견하기 위해 통계 처리를 수행하는데, 이 과정이 텍스트 데이터 마이닝에 해당한다. 좀 더 엄밀하게 텍스트 마이닝과 데이터 마이닝을 구분할 수 있다. 데이터 마이닝은 구조화된 계량화 자료를 처리하는 반면에 텍스트 마이닝은 이메일, 문서, HTML 파일 등 비구조화 또는 반구조화된 자료를 분석한다(Gupta & Lehal, 2009).

텍스트 마이닝은 텍스트에서 구조화된 정보를 추출하는 기법으

and carrying out of data collection –or, to be accurate, data production –are so intimately bound up with the theoretical construction of the object that they cannot be reduced to "technical" tasks left to hired underlings, survey bureaucracies, or research assistants."

로 텍스트의 주제를 관련 개념으로 유형화하는 '텍스트에서 지식 발견(knowledge discovery in text)'으로 불리기도 한다(Feldman & Dagan, 1995). 유사한 맥락에서, 텍스트 마이닝은 비구조화된 텍스트에서 흥미롭고 중요한 정보와 지식을 추출하는 과정이다(Pons-Porrata, Berlanga-Llavori, & Ruiz-Shulcloper, 2007). 또한, 텍스트 마이닝은 데이터 마이닝, 언어학, 전산 통계학, 컴퓨터 공학 등 이질적 학문 분야가 결합된 다학제 기법으로 텍스트 분류, 텍스트 군집 분석, 존재와 분류(ontology and taxonomy) 생성, 문서 요약과 잠재 말뭉치 분석 등 다양하다(Feinerer, Hornik, & Meyer, 2008). 다학제 관점에서 보면, 텍스트 마이닝은 데이터 마이닝, 기계 학습, 통계, 자연어 처리에 쓰이는 알고리즘을 활용해 문서에서 의미를 추출하는 기법으로 소셜 미디어 검색, 추천 시스템, 감정 분석, 스팸 메일 분류, 여론 조사 등 광범위하게 활용된다(Patel, 2017).

텍스트 마이닝이 여러 학문을 결합한 분야라는 관점은 다른 연구자들 사이에서도 발견된다. 텍스트 마이닝은 데이터 마이닝, 기계 학습, 자연어 처리, 정보 검색(information retrieval), 지식 관리의 기법을 사용해 정보 과잉 문제를 해결하는 분야다(Feldman & Sanger, 2007). 텍스트 마이닝을 학부와 대학원 수업에서 가르친 저자 입장에서 볼 때, 텍스트 마이닝은 3개의 서로 다른 지식이 융합해 세상을 이해하려는 체계적 과정이다. 3개 지식은 컴퓨터 공학 기반의 프로그래밍 언어, 확률 이론(probability theory)과 행렬 이론 기반의 통계학 지식, 의미 발견을 위한 해석적 노력과 출중한 글쓰기 실력이다. 첫 번째 지식은 R이나 파이썬으로 분석 코드를 개발할 줄 아는 중급 이상의 프로그래밍 언어에 대한 이해와 경험이다. 두 번째 지식은 확률, 행렬, 미적분 등 관련 통계학 학습과 분석 경험으로, 각종 계산 공식과 통계 기호로 텍스트 마이닝을 다룬 학술 논문을 이해한다. 세 번째 지식은 언론학 관점이 개입하는 부분으로 군집 분석, 의미 연결망 분석 등으로 도출한 결과에서 흥미로운 개념을 추출하고 해석하는 능력과 이를 쉽게 풀어내는 글쓰기 실력이다.

## 5) 텍스트 마이닝 절차

연구자들은 기계 학습을 기반으로 텍스트를 분석하는 과정을 개념도로 제시하는 경향이 있다. 구체적으로 보면, 텍스트 마이닝의 하나인 군집 분석을 기반으로 기사에서 주제 추출의 과정을 다섯 단계로 파악할 수 있다(Pons-Porrata, Berlanga-Llavori, & Ruiz-Shulcloper, 2007, p. 756). 첫 번째는 '문서 수집(document collection)' 단계다. 문서는 기사, 댓글, 문자, 책 내용, 논문, 블로그, 소셜 미디어에 게시된 글 등 우리 주변에 기록된 단어들의 집합체다. 뉴스 홈페이지 등 웹사이트에 각종 기사가 존재하는데, 이를 '웹 스크래핑(web scraping)' 알고리즘으로 분석가의 컴퓨터로 불러온다. 웹 스크래핑 기법은 제 5장에서 설명하는 만큼, 관련 코드를 활용하면 된다.

두 번째는 '문서 처리(document processing)' 단계로 일명 '전처리(pre-processing)' 절차로 기사에서 단어(token)를 추출하고 축약어와 명사를 파악하고 불용어(stopwords) 사전으로 관사, 전치사, 강조하는 부사 등 의미가 없는 단어들을 삭제한다. 이 과정에서 품사 표시(part-of-speech tag)도 함께 이뤄진다. 세 번째는 '문서 재현(document representation)' 단계로 기사에 등장하는 육하원칙(5W 1H: 누가(who), 언제(when), 어디서(where), 무엇을(what), 왜(why), 어떻게(how))의 특성을 감안해 단어를 추출한다. 이 특성들은 의미를 형성하는 요소들로 '누가'와 '무엇을'은 주체(protagonist), '언제'는 시간, '어디에'는 공간 등으로 구분한다. 네 번째는 위계적 군집 분석 단계로 문서의 유사도 측정(similarity measure)을 사용하는데, 대표적으로 코사인 측정(cosine measure)[14]이 있다. 이후에 추출한 주제와 소주제 등을 정리한다.

유사한 맥락에서 텍스트 마이닝의 절차는 '문서 수집', '문서 검색과 처리', '문서 분석', '정보시스템관리', '지식'이라는 다섯 단계로 설명할 수 있다(Gupta & Lehal, 2009, p. 61). 흥미로운 점은 '문서 분석' 과정이 원하는 정보를 추출할 때까지 코드를 수정하고 다시 진행하는 '반복 과정(iterative process)'이라는 것이다. 추출한 정보는 정보시스템관리로 분류해 시스템 사용자에게 풍부한 지식을 제공한다.

텍스트 마이닝의 핵심 절차는 문서 분석 이전에 의미가 없는 불용어들을 삭제하는 전처리, 유형화, 추세 확인, 연관 규칙 등의 분석, 결과의 시각화로 이뤄진다(Feldman & Sanger, 2007). 또는 텍스트 마이닝은 선택, 개념화, 관계, 의미 추출이라는 4개 단계로 진행된다(Hunter, 2014a). 선택 단계에서 분석 알고리즘은 텍스트에서 가장 많이 출현하

---

14 $S_T(d^i, d^j) = \cos(T^i, T^j) = \dfrac{\sum_{k=1}^{n} w_k^i \cdot w_k^j}{\sqrt{\sum_{k=1}^{n} (w_k^i)^2}\sqrt{\sum_{k=1}^{n} (w_k^j)^2}}$, $T^i$와 $T^j$는 벡터이며 $w_k^i$와 $w_k^j$는 각 벡터를 구성하는 요소를 뜻함

는 단어들을 파악하고 숫자, 부호 등 불필요한 단어들을 삭제한다. 개념화 단계에서 관련 코드는 추출한 단어들을 어근(stem) 등 개념에 연동시킨다. 관계 단계에서 분석 알고리즘은 단어들이 함께 나타나는 공출현 행렬을 분석해 개념들이 연결된 양상을 제시한다. 의미 추출 단계에서는 인간 분석가가 단어 연결망을 보면서 개념의 수를 파악한다(Hunter, 2014a). 선행 연구자들은 뉴스 텍스트에서 프레임을 발견하기 위해, 빈도를 기준으로 단어들을 파악한 뒤에 전치사, 접속사 등 불필요한 단어들을 걸러낸다(Jiang, Barnett, & Taylor, 2016). 이 단계를 거친 뒤에 개념들의 공출현 행렬을 구성하는데, 공출현의 의미는 개념 A가 내포된 문서를 무작위로 뽑았을 때, 개념 B가 해당 문서에 있을 확률이다(van Atteveldt, 2008). 연구자가 별도 유목 없이 개방된 자세로 데이터를 분석하는 근거이론방법(grounded theory method)처럼, 미리 예단하지 않고 자동화된 알고리즘으로 텍스트 분석이 진행된다(Yu, Jannasch-Pennell, & DiGangi, 2011). 또한 근거이론방법은 유사한 범주들을 병합하고 수정하며 새로운 범주를 추가하는 등 반복하는 절차를 수행하는데, 텍스트 마이닝 과정도 알고리즘이 도출한 유형과 결과를 분석가가 판단하고 다시 알고리즘을 수정해 최적의 결과를 도출한다.

텍스트 마이닝과 질적 방법인 근거이론방법이 공통점이 있다는 점은 눈여겨 볼 대목이다. 다시 말해, 기계 분석가가 인간 분석가가 수행하는 질적 접근에 담긴 개방적 분석과 반복적 절차를 채택한다. 이는 알고리즘을 이용한 자동 분석이 갖는 장점과 잠재력을 보여주는 부분으로 인공 지능형 분석 기법이 도입된다면 연구자가 개입하지 않은 '진정한 자동 분석'이 가능할 수 있다. 인간 분석가는 피로, 지루함, 감정

상태, 부주의 등 각종 통제하기 어려운 요인들에 노출될 가능성이 있지만, 기계 분석가는 인간 분석가보다 일관되고 검증 가능한 결과를 도출할 수 있다(Yu et al., 2011). 이 단계가 더 발전한다면 최종 결과물의 해석과 타당성의 판단을 연구자가 담당하고 데이터 수집, 분석, 결과 기술까지 알고리즘으로 진행할 수 있다. 하지만, 연구의 완성도와 가치를 높이기 위해서는 연구자와 기계 분석가 간에 상호작용과 협업은 연구 과정 전반에서 유지돼야 한다.

# 제5장

# 웹 스크래핑(scraping)

제5장

# 웹 스크래핑(scraping)

말뭉치 언어학자들은 포털 등 온라인 공간에서 기사문을 가져오기 위해 특정 알고리즘을 개발해 적용한다. 예를 들어, 선행 연구자들은 〈네이버〉의 사건/사고 기사를 파이썬의 'beautifulsoup'이라는 알고리즘을 활용해 수집 기간을 설정하고 정규식(regular expression)과 관련 코드로 5만여 개의 기사 제목을 추출했다(유희재 외, 2016). 이 연구자들은 자신들이 개발한 알고리즘을 〈그림 5〉처럼 도식화했다(유희재 외, 2016, 25쪽).

이 알고리즘은 〈네이버〉의 해당 페이지를 'base_url'로 지정한 뒤에 'for loop' 코드로 기간 설정을 반복해 관련 URL(Uniform Resource Locator)을 수집하도록 했다. 이후 'beautifulsoup'의 'soup.find' 함수로 기사 제목에 해당하는 HTML 코드인 'list_body newsflash_body'를 입력해 제목을 읽어 들인 뒤에 기사 제목이 '〈dt〉〈/dt〉'로 특정화되어 있는 부분을 '〈dt〉(.*?)〈/dt〉'라는 정규식으로 지정했다. 이후 필요하지 않은 부분들을 삭제한 뒤에 '*.txt'로 해당 기사들을 저장했다.

〈그림 5〉 웹 스크래핑 알고리즘의 예

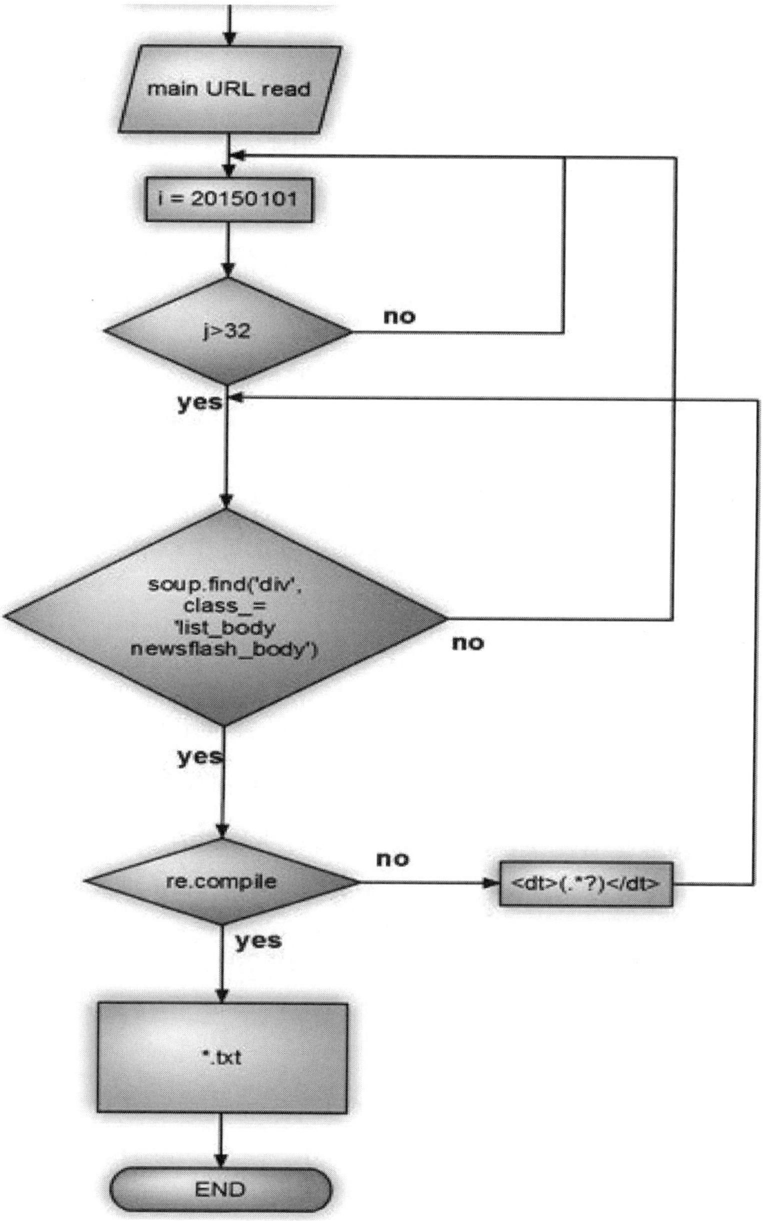

여기서 강조할 부분은 온라인에서 콘텐츠를 가져오는 과정이 '웹 스크래핑(web scraping)'인지 '웹 크롤링(web crawling)'인지를 명확하게 구분하는 일이다. 웹 스크래핑은 일정 부분 웹 크롤링을 포함해 두 개념 간에 혼란이 일어난다. 웹 크롤링은 구글, 야후 등 포털이 특정 웹 사이트들을 접속해 관련 정보를 읽어 들인 뒤에 검색 결과의 항목(list)을 구축할 때 사용되는 기법으로 '웹 스파이더(web spider)'나 '봇(bot)'으로도 불린다(Pro Web Scraping, 2018). 간단하게 보면, 웹 크롤링은 'URL'이라는 하이퍼링크(hyperlink)를 반복해 찾아오는 과정이다. 반면에 웹 스크래핑은 웹 문서에 자동으로 접속해 관련 정보를 수집하는 과정으로 주가 자료, 기업 자료 등 구체적인 데이터를 확보하기 위해 특정 웹 사이트를 찾는다. 특히, 웹 스크래핑은 웹 크롤링이 하지 않는 자바스크립트 실행, 데이터 전환, 데이터베이스 저장 등을 수행한다(Pro Web Scraping, 2018).

정리하면, 웹 스크래핑을 하기 위해서는 먼저 웹 크롤링으로 접속할 웹 주소(URL)를 확보해야 한다. 이후에 웹 스크래핑으로 각 URL에 공개된 문서나 관련 정보 등을 수집한다. 이후 제시하는 R 코드는 이 웹 스크래핑을 위한 것임을 밝힌다. 본 저서가 뉴스 기사에서 프레임과 의제를 자동으로 추출하는 알고리즘을 논의하고 있기 때문에 자세한 코드를 제시하고, 이 코드가 갖는 의미를 설명한다.

## 1) 뉴스 사이트에서 기사 가져오기

신문사, 방송사, 인터넷 언론사 등의 뉴스 사이트에 공개된 기사를 자동으로 RStudio 환경에 가져오는 일은 뉴스 기사에서 프레임과 의제를 자동으로 뽑기 위한 첫 단계다. 이 과정이 작동이 안 되면 뉴스 기사의 자동 분석은 불가능하기 때문에, 연구자들은 이 과정에 투입되는 코드의 정확성과 효율성에 세심한 주의를 기울여야 한다.

먼저, 필요한 R 패키지들을 설치하기 전에 뉴스 기사 화면의 요소들(elements)을 찾아주는 구글 프로그램인 'SelectorGadget'를 크롬(Chrome) 웹 브라우저에 추가하는 것이 필요하다. 이 프로그램은 구글 사이트에 검색하거나 다음 링크를 사용하면 된다.

SelectorGadget 사이트:

https://chrome.google.com/webstore/detail/selectorgadget/mhjhnkcfbdhnjickkkdbjoemdmbfginb

```
x <- c("rvest", "xml2", "dplyr", "pbapply")
install.packages(x); lapply(x, require, character.only = T)
```

필요한 패키지들은 네 가지로 'rvest'와 'xml2' 패키지는 HTML(Hypertext Markup Language) 양식으로 되어 있는 기사의 제목, 부제목, 본문 등을 불러올 때 사용되는 패키지다. 'dplyr' 패키지는 '%>%'라는 파이프(pipe) 기능을 제공하는데, 이 파이프 기능은 여러 코드를 한 줄로 연결해 작성하게끔 해준다. 프로그래밍 관점에서 보면, 이 파이프는 코드의 왼쪽에 있는 객체를 오른 쪽에 있는 객체와 연결시키는 다리 역할을 한다. 'pbapply' 패키지는 코드 분석의 진행 상황을 퍼센트로 보여줘 완료까지 걸리는 시간을 알 수 있다.

'lapply(x, require, character.only = T)' 코드는 4개 패키지를 한꺼번에 RStudio에 장착하도록 해준다. 'lapply' 함수는 'require'라는 함수를 'x'에 적용시켜 그 결과를 'list'라는 데이터로 보여준다. 다시 말해 4개의 패키지를 제대로 장착했다면 'TRUE'가 4개로 나타나는데, 아래처럼 결과가 나온다. 만약에 'FALSE'가 등장할 경우에는 해당 패키지가 어떤 오류로 장착되지 않았다는 의미다.

```
[[1]]
[1] TRUE

[[2]]
[1] TRUE

[[3]]
[1] TRUE

[[4]]
[1] TRUE
```

RStudio로 데이터를 불러와 분석할 때 또 하나 신경을 쓸 부분은 작업 공간(working directory)을 지정하는 일이다. 이 작업 공간은 불러올 파일이 존재하는 곳이며 분석 결과를 저장하는 곳이다. 이 작업 공간은 분석가가 데이터 분석을 실시한 모든 결과와 관련 자료를 보관하는 곳으로 이해할 수 있다.

```
setwd("C:\\Users\\limj\\Desktop\\scraping"); getwd()
```

본 저자는 독자의 이해를 돕기 위해 작업 환경의 예로 저자 노트북의 바탕화면(Desktop)에 'scraping'이라는 이름의 저장소를 만들었다. 작업 환경 주소 중에 눈여겨 볼 부분은 두 가지인데, "C:₩₩Users₩₩limj₩₩Desktop₩₩scraping"에서 큰따옴표와 '₩₩'로 나타나는 백슬

래시(backslash)가 그것이다. R 환경에서 모든 문자(character)는 큰따옴표(" ")나 작은따옴표(' ')로 묶어서 표기해야 한다. 그렇지 않을 경우, 아래 예처럼 오류가 발생한다.

```
example <- c(chosun)
Error: object 'chosun' not found
```

'chosun'이라는 문자를 따옴표로 구분하지 않았기 때문에 R은 이것을 이전에 생성된 객체(object)로 이해하고 해석한다. 그러나 이 객체가 R 환경(environment)에 존재하지 않기 때문에 해당 객체를 찾을 수 없다는 오류 메시지를 보낸다. 앞서 기술한 것처럼, R 환경은 분석이 진행되는 동안에만 관련 데이터와 변수, 결과 등 객체들을 임시로 보관하기 때문에, 이 객체들을 영구히 저장하려면 외부 공간으로 이동시켜야 한다. 이 때문에 작업 공간을 미리 설정했다.

분석 패키지와 작업 공간 지정 등 기본 준비가 끝난 만큼, 이제 뉴스 사이트에서 검색한 기사들을 R 환경으로 불러오는 방법을 알아본다. 〈조선일보〉의 기사 검색 창에 '제주난민'이라고 입력했을 때 나온 결과를 보면, 'Prev **1** 2 3 4 5 6 7 8 9 10 Next'처럼 나타난다. 각 번호는 각 검색 결과의 화면을 뜻하는데, 해당 화면의 URL을 메모장이나 ' notepad'에 붙여 보면 다음처럼 나타난다.

```
http://search.chosun.com/search/news.search?query=%EC%A0%9C%EC
%A3%BC%EB%82%9C%EB%AF%BC&pageno=0&orderby=news&naviarr
aystr=&kind=&cont1=&cont2=&cont5=&categoryname=&categoryd2=&c_
scope=more_news&sdate=&edate=&premium=

http://search.chosun.com/search/news.search?query=%EC%A0%9C%EC%
A3%BC%EB%82%9C%EB%AF%BC&pageno=2&orderby=news&naviarray
str=&kind
```

```
=&cont1=&cont2=&cont5=&categoryname=&categoryd2=&c_scope=pagi
ng&sdate=&edate=&premium=

http://search.chosun.com/search/news.search?query=%EC%A0%9C%EC%
A3%BC%EB%82%9C%EB%AF%BC&pageno=3&orderby=news&naviarray
str=&kind=&cont1=&cont2=&cont5=&categoryname=&categoryd2=&c_sc
ope=paging&sdate=&edate=&premium=

http://search.chosun.com/search/news.search?query=%EC%A0%9C%EC%
A3%BC%EB%82%9C%EB%AF%BC&pageno=4&orderby=news&naviarray
str=&kind=&cont1=&cont2=&cont5=&categoryname=&categoryd2=&c_sc
ope=paging&sdate=&edate=&premium=

http://search.chosun.com/search/news.search?query=%EC%A0%9C%EC%
A3%BC%EB%82%9C%EB%AF%BC&pageno=5&orderby=news&naviarray
str=&kind=&cont1=&cont2=&cont5=&categoryname=&categoryd2=&c_sc
ope=paging&sdate=&edate=&premium=
```

이 단계는 기사 스크래핑을 위한 가장 기본적이면서 중요한 부분이다. 상당히 복잡해 보이는 URL이지만 자세히 보면, 'pageno ='이라는 부분에 연결된 숫자가 달라질 뿐 나머지 주소는 모두 같다는 사실을 알 수 있다. 의심이 되는 독자들은 위의 URL 주소를 꼼꼼하게 비교해 보기를 바란다. 첫 번째 URL은 'pageno = 0'이고 두 번째 URL은 'pageno = 2'로 돼 있으며, 세 번째 URL은 'pageno = 3'이고 네 번째 URL과 다섯 번째 URL은 각각 'pageno = 4'와 'pageno = 5'로 설정돼 있다.

첫 번째 URL을 'chosun_url0'이라는 이름으로 지정해 별도 변수로 만들었다. 이후 URL과는 달리 'pageno = 0' 부분이 '0'으로 돼 있기 때문이다.

```
chosun_url0 <- "http://search.chosun.com/search/news.search?query=%E
C%A0%9C%EC%A3%BC%EB%82%9C%EB%AF%BC&pageno=0&orderb
y=news&naviarraystr=&kind=&cont1=&cont2=&cont5=&categoryname=&c
ategoryd2=&c_scope=more_news&sdate=&edate=&premium="
```

두 번째 검색 화면부터 다섯 번째 검색 화면까지를 한꺼번에 확보하기 위해서는 'paste0()' 함수와 'seq(2, 5, by = 1)'이라는 일련의 번호를 만드는 함수를 이용해 코드를 만든다. 'paste0()' 함수는 'paste(..., sep = " ", collapse)'라는 함수와 동일한 의미이면서 좀 더 빠르게 문자 등 데이터를 처리한다. 이 함수들은 여러 문자들을 하나로 묶는 기능이 있다. 'sep = " "'는 이 문자 단위들을 구분하는 방식을 설정하며, 'collapse = " "'는 개별 요소로 도출된 문자 벡터를 하나로 묶을 때 적용하는 방식을 지정하는데, " "은 공백 간격으로 하나의 문자를 만든다는 뜻이다.

이 과정을 거쳐 두 번째 검색 화면부터 다섯 번째 검색 화면의 URL 코드 중에 변화하는 부분을 'seq(2, 5, by = 1)'로 표시하고 나머지 부분들은 '큰따옴표(" ")'로 구분해 묶어 준 뒤에 아래 코드처럼 실행하면 된다.

```
chosun_url1<- paste0("http://search.chosun.com/search/news.search?que
ry=%EC%A0%9C%EC%A3%BC%EB%82%9C%EB%AF%BC&pageno=",
seq(2, 5, by = 1), "&orderby=news&naviarraystr=&kind=&cont1=&cont2=&c
ont5=&categoryname=&categoryd2=&c_scope=paging&sdate=&edate=&
premium=")
```

'chosun_url1'을 부르면 4개의 검색 화면 URL이 생성된다. 각 URL이 실제 작동되는지를 확인하려면 개별 URL을 웹 브라우저 창에 복사해 실행하면 된다.

```
chosun_url1
[1]
 "http://search.chosun.com/search/news.search?query=%EC%A0%9C%EC
%A3%BC%EB%82%9C%EB%AF%BC&pageno=2&orderby=news&naviarr
aystr=&kind=&cont1=&cont2=&cont5=&categoryname=&categoryd2=&c_
scope=paging&sdate=&edate=&premium="
[2]
"http://search.chosun.com/search/news.search?query=%EC%A0%9C%EC
%A3%BC%EB%82%9C%EB%AF%BC&pageno=3&orderby=news&naviarr
aystr=&kind=&cont1=&cont2=&cont5=&categoryname=&categoryd2=&c_
scope=paging&sdate=&edate=&premium="
```

```
[3]
"http://search.chosun.com/search/news.search?query=%EC%A0%9C%E
C%A3%BC%EB%82%9C%EB%AF%BC&pageno=4&orderby=news&nav
iarraystr=&kind=&cont1=&cont2=&cont5=&categoryname=&categoryd2=
&c_scope=paging&sdate=&edate=&premium="
[4]
"http://search.chosun.com/search/news.search?query=%EC%A0%9C%E
C%A3%BC%EB%82%9C%EB%AF%BC&pageno=5&orderby=news&navi
arraystr=&kind=&cont1=&cont2=&cont5=&categoryname=&categoryd2=
&c_scope=paging&sdate=&edate=&premium="
```

검색 화면의 URL이 확보된 만큼, 필요한 부분은 각 화면에 수록된 기사 URL을 파악하는 것이다. 이 작업은 구글의 'SelectorGadget' 프로그램을 활용해 HTML의 관련 요소들에 접속해 기사 URL을 특정하는 방식으로 진행된다. 이 단계는 HTML 언어의 특성에 대한 깊은 이해를 요구하지는 않으며, 어떤 요소들이 어떻게 연결되고 이 요소들의 기본 의미가 무엇인가를 파악하면 된다. 기사 URL을 확보하기 위한 실제 코드는 아래와 같다. 본 저자는 구글 브라우저를 사용하는데, 수집한 검색 화면을 열어 보면, 오른쪽 상단에 'SelectorGadget'라는 아이콘을 볼 수 있다. 이 아이콘을 활성화시켜 마우스를 기사 제목에 놓으면 'dt a'라는 요소가 뜬다. 이 기사 제목에 마우스를 놓고 마우스 오른쪽 버튼을 누르면 하단에 '검사(N), Ctrl + Shift + I'라는 문구를 볼 수 있다. 이를 누르면 기사 제목에 해당하는 HTML 요소들이 자세하게 등장한다.

예를 들어, 기사 제목에 지칭하는 HTML 요소로 영문 코드와 웹주소가 있다. '〈dt〉, 〈ahref="http://news.chosun.com/site/data/html_dir/2018/12/28/2018122801556.html" target="_blank" class=""〉라는 태그(tag)와 URL이 바로 그것이다. 〈dt〉는 구체적 기술에 등장하는 용어나 이름을 정의하는 태그이며, 〈a〉는 하이퍼링크를 정의하는 태그이

고 ⟨href⟩는 속성(attribute)으로 실제 URL을 보여준다. 태그와 세부 요소들에 관한 개념 정의는 'https://www.w3schools.com/'에서 상세하게 확인할 수 있다.

```
# using Chrome's SelectorGadget
url_scrape <- function(x){
  page <- read_html(x)
  links <- page %>% html_nodes("dt a") %>% html_attr("href") %>% unique()
  }
```

'read_html' 함수는 'xml2' 패키지가 제공하는 함수로 HTML이나 XML 문서를 읽어 들인다. 'html_nodes'와 'html_attr' 함수는 'rvest' 패키지의 함수들인데, 첫 번째 함수는 HTML 문서에서 노드들을 선택하는 기능이 있어, 노드에 해당하는 'dt a'를 관련 요소로 추가한다. 이 노드는 HTML 요소 중에 태그에 해당한다. 두 번째 함수는 HTML 문서에서 속성, 태그 등을 추출하기 때문에 URL 속성을 뜻하는 'href'을 입력한다. 'unique()' 함수는 중복되는 부분을 제외한 결과만 보여준다.

이 세부 요소들을 하나의 함수(function)로 만들어 'url_scrape'라는 이름으로 지정했다. 이 함수를 이전에 만든 'chosun_url0'에 적용한 결과를 'all_urls'로 설정했다. 'pblapply'는 'pbapply' 패키지가 제공하는 함수로 'lapply' 함수가 실행되는 상황을 막대 모양으로 보여준다. 이 진행 상황은 아래처럼 '|++++...+++|'라는 부분으로 나타난다.

```
all_urls <- pblapply(chosun_url0, url_scrape)
|++++++++++++++++++++++++++++++++++++++++++++++++++|
100% elapsed = 00s
class(all_urls); all_urls <- unlist(all_urls); length(all_urls); all_urls
```

'all_urls'의 데이터 속성이 'list'이기에 이를 문자인 'character'로 풀어줘야 하는데, 'unlist(all_urls)' 함수가 이를 처리한다. 문자 형태인 URL

의 개수를 'length(all_urls)'로 확인하면 '10'이라는 것을 알 수 있다. 다시 말해 10개의 URL이 생성됐다는 뜻이며, 'all_urls'라고 부르면 아래와 같은 결과가 나타난다.

```
[1] "http://news.chosun.com/site/data/html_dir/2018/12/28/2018122801556.html"
[2] "http://news.chosun.com/site/data/html_dir/2018/12/17/2018121701580.html"
[3] "http://news.chosun.com/site/data/html_dir/2018/12/14/2018121401034.html"
[4] "http://news.chosun.com/site/data/html_dir/2018/12/24/2018122400203.html"
[5] "http://news.chosun.com/site/data/html_dir/2018/12/14/2018121401589.html"
[6] "http://news.chosun.com/site/data/html_dir/2018/12/14/2018121401049.html"
[7] "http://news.chosun.com/site/data/html_dir/2018/11/05/2018110501111.html"
[8] "http://news.chosun.com/site/data/html_dir/2019/01/11/2019011101613.html"
[9] "http://news.chosun.com/site/data/html_dir/2018/11/26/2018112602018.html"
[10] "http://news.chosun.com/site/data/html_dir/2018/11/04/2018110402670.html"
```

이 10개의 기사 URL이 정확한가를 확인하는 일이 중요하기 때문에, 독자들은 이 URL을 웹 브라우저 창에 복사해 실행해 보기를 바란다. 본 저자가 확인한 결과, 10개 URL은 모두 정확하게 기사 화면으로 연결됐다.

다음 단계로 10개 기사 URL에서 기사 제목과 기사 본문을 수집한다. 이 과정은 앞서 기사 URL을 확보하는 방식과 동일하다. 'SelectorGadget'을 활용해 각 기사 화면에서 제목에 해당하는 HTML 요소(h1#news_title_text_id)와 기사 본문에 해당하는 HTML 요소(div.par)를 코드로 구성해 아래처럼 진행하면 기사문을 확보할 수 있다.

```
story_scrape <- function(x){
  page <- read_html(x)
  Sys.sleep(1)
  headline <- page %>% html_nodes("h1#news_title_text_id") %>% html_
  text() %>% unique()
  body <- page %>% html_nodes("div.par") %>% html_text() %>% unique()
  story <- paste0(headline, body)
  return(story)
}
```

이 때 'Sys.sleep(1)'이라는 코드는 HTML 문서들을 읽은 뒤에 1초간 정지하라는 의미다. 이유는 읽어 들일 문서들이 너무 많은 경우에 이를 완료할 때까지 기다리는 시간을 주기 위해서다. 1초 뒤에 다음 코드가 실행된다. 'html_text()'는 HTML에서 문서를 추출하는 함수다. 생성한 함수의 이름을 'story_scrape'로 지정한 뒤에 아래 코드를 실행하면 〈조선일보〉의 '제주난민' 관련 기사들을 추출할 수 있다.

```
all_story <- pblapply(all_urls, story_scrape); all_story2 <- do.call(rbind, all_story)
write.table(all_story2, "chosun.txt")
```

'rbind'는 'all_story'의 데이터 속성이 'list'이기 때문에 이들을 열로 합치는 함수다. 이 함수를 'all_story'에 적용하기 위해 'do.call' 함수를 실행하고 이 결과를 외부 작업 공간에 'chosun.txt'라는 파일명으로 내보내기 위해 'write.table()' 함수를 사용한다. 그 결과, 아래처럼, 첫 번째 검색 화면에 나온 10개의 기사 전문을 수집할 수 있다.

```
"V1" "V2" "V3" "V4" "V5" "V6"
"1" "[주간조선] 영리병원, 난민… 제주도는 왜 시민단체 성지됐나성탄절을 하루 앞둔 지난 12월 24일 오후 6시 제주시 제주시청 앞. 이날 이곳에서는 '의료영리화 저지 및 의료공공성 강화를 위한 제주도민운동본부' 주최로 '영리병원 철회, 원희룡 퇴진 2차 촛불집회'가 열렸다. (중략)
"2" "사회적 가치 대두된 한 해… 젠더·환경 이슈도 뜨거웠다'사회적경제' '사회적 가치' '사회적 책임'…. 올해는 '사회적'이란 단어에 유독 힘이 실린 한 해였다. (중략)
"3" "[속보]제주출입국·외국인청 ₩"예멘인 2명 난민 인정"제주에서 난민 지위를 신청한 예멘인들에 대한 최종 심사 결과 2명이 난민으로 인정됐다. (중략)
"4" "탈북자 500명 구한 '중국인 쉰들러', 한국서 난민 인정탈북자 수백 명을 중국에서 동남아 제3국으로 안내한 중국인이 한국에서 난민으로 인정받았다. (중략)
"5" "인권위원장, 법무부 난민 심사 공개 비판…₩"부정 여론 무마 위해 일률 결정₩"최영애 국가인권위원회 위원장이 14일 법무부의 제주도 예멘 난민 심사 결과를 공개 비판했다. (중략)
"6" "제주서 '예멘 난민' 2명 첫 인정… 412명은 인도적 체류허가제주도 예멘 난민 신청자 가운데 2명이 처음으로 '난민' 인정을 받았다. (중략)
"7" "졸리 만난 정우성 ₩"韓 反난민 정서 다소 과장된 것일뿐₩"유엔난민기구(UNHCR) 특사로 깜짝 방한한 할리우드 배우 앤젤리나 졸리를 만난 배우 정우성이 난
```

민 문제와 관련, ₩"한국 사회에 반(反)난민 정서가 있는 건 사실이지만 다소 과장되게 보이는 는 것일 뿐₩"이라며 '소신 발언'을 이어갔다. (중략)
"8" "[아무튼, 주말] 나는 평범한 사람… 그런데 '중독'이 됐다'박해받았던 1200명 유대인의 잊을 수 없는 생명의 은인.' 예루살렘에 묻힌 오스카 쉰들러(1908~1974)의 묘비명은 이렇다. (중략)
"8" "[아무튼, 주말] 나는 평범한 사람… 그런데 '중독'이 됐다'박해받았던 1200명 유대인의 잊을 수 없는 생명의 은인.' 예루살렘에 묻힌 오스카 쉰들러(1908~1974)의 묘비명은 이렇다. (중략)
"10" "앤젤리나 졸리, 난민 특사로 방한… ₩"한국 정부 노력에 감사₩"유엔난민기구(UNHCR) 특사로 방한(訪韓)한 할리우드 배우 앤젤리나 졸리(43)가 ₩"난민들이 집으로 돌아갈 때까지 이들을 도와야 한다₩"며 제주도 예멘 난민과 관련한 한국 정부의 노력에 감사를 표했다." (중략)

이 텍스트 파일을 'f <- list.files(pattern = "*.txt")'라는 코드를 사용해 다시 RStudio 환경으로 불러 들여 분석하면 된다. 'list.files(pattern = "*.txt")'는 작업 공간에 있는 모든 텍스트 파일(.txt)들을 보여주는데, 텍스트 파일들이 여러 개 있을 경우, [1], [2], [3] 등 파일 수만큼 해당하는 파일을 제시한다. 이 중에 두 번째가 찾는 파일이라면 'f[2]'로 불러오면 된다.

다음에는 'API(application programming interface)'로 뉴스 사이트에서 기사를 가져 오는 방법을 알아본다.

## 2) API로 기사 가져오기

API는 RStudio에 코드를 입력해 뉴스 사이트가 제공하는 기사들에 접속하는 시도를 허용하는 일종의 열쇠라고 이해하면 된다. 예를 들어, API는 RStudio의 코드와 〈뉴욕타임스(New York Times)〉의 기사 검색 화면이 서로 호응하도록 해주는 연결 장치다. 보통 뉴스 사이트의 API는 일련의 번호 형태를 띤다. 〈뉴욕타임스〉의 API를 얻으려면, 이 사이트의 해당 주소(https://developer.nytimes.com/get-started)에 접속해 회원 가입을 하고 순서대로 진행하면 된다. 아래에 실제 화면을 그대로 옮겨 놓았는데, 네 단계를 모두 진행하면 대문자, 소문자, 숫자의 조합으로 된 API를 받을 수 있다. 주의할 점으로 뉴스 사이트가 홈페이지 개편 등으로 API를 받는 방식을 계속 바꾸기 때문에, 새로운 방식을 확인하는 게 필요하다. 〈뉴욕타임스〉도 이전의 API 접속 화면과 2019년 현재의 접속 화면을 다르게 설정했다.

Get started using the APIs in four steps:
Create an Account
If you don't already have an account create one:

1. Click **Sign In**.
1. Click **Create account** and follow prompts to register.

Sign In
To sign in to the portal:

1. Click **Sign In**.
1. Enter your email address and password.
1. Click **Sign In**.

Register apps
To register an app:

1. Select **My Apps** from the user drop-down.
1. Click + **New App** to create a new app.
1. Enter a name and description for the app in the New App dialog
1. Click **Create**.
1. Click the **APIs** tab.
1. Click the access toggle to enable or disable access to an API product from the app.

Access the API keys

1. Select **My Apps** from th user drop-down.
1. Click the app in the list.
1. View the API key on the **App Details** tab.
1. Confirm that the status of the API key is Approved..

아래 코드는 실제 API로 〈뉴욕타임스〉 사이트에서 2018년 3월 1일부터 5월 21일까지 보도된 북한 관련 기사를 수집하는 절차를 보여준다. 먼저 파일들을 저장할 작업 공간을 설정한다.

```
setwd("C:\\Users\\limj\\Desktop\\NYT"); getwd()
x <- c("httr", "jsonlite", "purrr", "xml2", "rvest", "pbapply", "dplyr", "plyr");
install.packages(x); length(x); lapply(x, require, character.only = T)
```

이후, RStudio에 설치할 관련 패키지들을 문자 벡터(character vector)로 지정해 설치한 뒤에 한꺼번에 불러 온다. 설치한 패키지의 수는 'length(x)'로 확인할 수 있는데, 여기서는 '8'이다.

다음 단계로 〈뉴욕타임스〉가 제공하는 API를 별도의 텍스트 파일로 저장해 불러와 검색어에 해당하는 기사들을 수집한다. API를 텍스트 파일로 저장하는 이유는 이 API는 개인마다 고유한 식별 정보이기 때문에 노출되는 것을 막기 위해서다. 작업 공간에 저장된 API 파일을 'readLines("nyt_apikey.txt")'처럼 읽어 들여 'NYT_key'라고 명명했다.

```
NYT_key <- readLines("nyt_apikey.txt")
search_term <- "north+korea"; begin_date <- "20180301"; end_date <-
"20180521"
```

검색어는 'north+korea'이고 검색 기간을 시작일(20180301)과 종료일(20180521)로 설정해 총 3개의 변수를 만들었다. 이 변수들을 아래 URL에 입력하면 검색 화면에 접속한다.

```
base_url <- paste0("https://api.nytimes.com/svc/search/v2/articlesearch.
json?q=",
                  search_term, "&begin_date=", begin_date, "&end_date=",
                  end_date,
                  "&facet_filter=true&api-key=", NYT_key, sep = "")
base_url
initialQuery <- fromJSON(base_url); initialQuery$response$meta$hits[1]/10 - 1
```

〈뉴욕타임스〉는 하나의 검색 화면에 10개의 기사들을 제시하기 때문에 몇 개의 검색 화면을 선택할 것인가를 결정해야 한다. 'initialQuery$response$meta$hits[1]'을 실행하면, '743'이라고 나타나며 743개의 관련 기사가 있다는 의미인데, 이 뉴스 사이트의 검색 창에 동일한 검색 기간으로 'north korea'라고 입력하면 743개의 결과가 나오는 점을 확인할 수 있다. 따라서 화면 당 10개씩 기사가 있기 때문에 모두 74개의 검색 화면을 도출할 수 있다.

```
maxPages <- round((initialQuery$response$meta$hits[1]/10) - 1); maxPages
  pages <- list()
  for (i in 0:maxPages) {
  nyt_Search <- fromJSON(paste0(base_url, "&page=", i), flatten = TRUE) %>%
  data.frame()
  message("Retrieving page", i)
  pages[[i+1]] <- nyt_Search

  Sys.sleep(5)
}
```

위의 코드를 실행하면 아래와 같이 0번째 검색 화면부터 73번째 검색 화면까지 출력된다. 각 검색 화면은 10개의 〈뉴욕타임스〉 기사들을 제시한다.

```
Retrieving page0
Retrieving page1
Retrieving page2
Retrieving page3
Retrieving page4
(...중략...)
Retrieving page69
Retrieving page70
Retrieving page71
Retrieving page72
Retrieving page73
```

'Sys.sleep(5)'는 코드가 실행될 동안 5초간 기다리라는 의미다. 예를 들어, 'Sys.sleep(1)'로 설정하고 코드를 실행하면 'Error in open.connection(con, "rb") : HTTP error 429.'라는 오류가 뜬다. 이는 해당 페이지를 불러오다가 연결이 끊겼다는 뜻으로 코드가 실행될 때 정지

시간을 5초 정도로 늘리면 이 오류를 해결할 수 있다.

```
all_NYTSearch <- rbind_pages(pages); class(all_NYTSearch)
all_NYTSearch2 <- subset(all_NYTSearch, response.docs.source == "The New York Times" & all_NYTSearch$response.docs.document_type == "article")
table(all_NYTSearch$response.docs.document_type)
all_NYTurl <- all_NYTSearch2$response.docs.web_url; length(all_NYTurl)
```

검색 화면을 하나의 열로 합치면 데이터의 속성(class)이 '데이터 프레임(data.frame)'으로 나타나는데, 데이터 프레임은 명목(categorical), 구간(interval), 비(ratio) 등 언론학자들이 많이 다루는 SPSS의 데이터처럼 다양한 성격의 변수들로 구성된 구조다. 변수들 중에서 'The New York Times'가 보도한 기사인 'article'를 'subset' 함수에 입력해 수집한다. 'table(all_NYTSearch$response.docs.source,

all_NYTSearch$response.docs.document_type)'를 실행하면 다음의 유형이 나타난다.

| | article | audio | multimedia |
|---|---|---|---|
| AP | 0 | 0 | 2 |
| International New York Times | 5 | 0 | 0 |
| The New York Times | 691 | 4 | 38 |

따라서 AP 등 뉴스 통신사의 보도를 제외하고 〈뉴욕타임스〉가 보도한 북한 관련 기사는 691건이며, 이 기사문을 확보하는 방식은 앞서 기술한 'SelectorGadget' 절차에 따라 진행하면 된다. 구체적 코드는 아래와 같다.

```
url_scrape <- function(x){
  page <- read_html(x)
  Sys.sleep(1)
story <- page %>% html_nodes("h1, span.balanceHeadline,
      div.css-1fanzo5.StoryBodyCompanionColumn")%>% html_text() %>%
      unique()
  story <- paste(story, collapse = " ")
  return(story)
```

```
}

all_story <- pblapply(all_NYTurl[1:3], url_scrape); all_story2 <- do.call(rbind, all_story)
write.table(all_story2, "NorthKorea.NYT.txt")
```

기사의 양이 많아 첫 번째부터 세 번째 기사만 예시로 가져왔으며, 아래 내용은 기사 예문 중에 첫 부분만 보여준다.

```
"V1"
"1" "Ending the Dead End in North Korea I almost died in North Korea, once, and I don't mean during my diplomatic trip in 2014 to free two Americans imprisoned there. (중략)
"2" "North Korea Defections To the Editor:"Defecting From North Korea, Vowing: 'We Are Ready to Die' " (front page, March 26) is a reminder of the unparalleled brutality of the North Korean regime, even as its supreme leader, Kim Jong-un, appears to seek diplomatic glasnost with South Korea, the United States and perhaps China. (중략)
"3" "Will American Travelers Be Able to Return to North Korea? In September, the United States banned American travelers from visiting North Korea. (중략)
```

뉴스 텍스트와 댓글을 포털에서 가져오는 방식도 중요한 자료 수집의 하나다. 다음 장에서 이를 자세히 살펴본다.

## 3) 포털에서 기사나 댓글 가져오기

현재 〈네이버〉는 기사나 댓글 수집을 차단해 스크래핑 코드로 이들을 확보하기는 어렵다. 이전에는 'N2H4'라는 패키지로 네이버 기사나 댓글을 수집할 수 있었으나, 외부 접근을 막아 별도로 구매 요청을 하는 방법이 대안이다. 이 대신에 〈다음〉에 게재된 영화 평에 대한 댓글을 수집하는 방법을 알아본다.

```
setwd("C:\\Users\\limj\\Desktop\\daum"); getwd()
x <- c("httr", "xml2", "rvest", "pbapply", "dplyr", "plyr"); install.packages(x)
lapply(x, require, character.only = T)
```

이전과 동일하게 작업 공간을 설정하고 관련 패키지들을 설치해 RStudio에 불러온다. 이 코드들은 반복되고 있어, 이제 독자들은 이 단계의 코딩에 어느 정도 익숙할 것이다.

〈다음〉의 관련 영화 댓글 사이트에 접속해 18개의 댓글 검색 화면을 담은 URL을 설정한다. 이 방식은 앞서 기술한 것과 거의 같은 논리를 바탕으로 한다. 이 코드가 잘 구성됐는가를 확인하기 위해 'comment.url'를 불러와 18개의 검색 화면이 뜨는 점을 점검한다.

```
comment.url <- paste0("http://movie.daum.net/moviedb/grade?movieId=112
942&type=netizen&page=", seq(1, 18, by = 1))
comment.url
```

이어서, 'SelectorGadget'으로 댓글 내용에 해당하는 HTML 요소를 파악한다. 해당 요소는 'p.desc_review'라는 노드다. 이를 'comment'로 불러보면, 마침표 등 문장 부호와 숫자, '₩n|₩r|₩t' 처럼 불필요한 부분들이 댓글 텍스트와 함께 나타난다. 이들을 정규식의 기능이 있는 'gsub' 함수로 제거한다. 또한 댓글 내용 중에 공백(" ")만 있는 경우가 있어 이를 삭제해야 한다. 이 작업은 'comment[which(comment != " ")]'로 처리하면 된다. 'which' 함수는 괄호 안에 있는 논리 표현이 해당하는 위치를 보여준다. 이 경우에 '!= " " '라는 논리 표현은 공백이 아니라는 뜻이다. 따라서 위의 코드는 공백이 없는 댓글 내용의 위치를 파악해 이들을 'comment'라는 변수로 지정한다는 의미다.

```
comment.scrape <- function(x){
    page <- read_html(x)
    Sys.sleep(1)
    comment <- page %>% html_nodes("p.desc_review") %>% html_text()
    %>% unique()
    comment <- gsub("([[:punct:]])|(\n|\r|\t)|([[:digit:]]))", "", comment)
    comment <- comment[which(comment != " ")]
    return(comment)
}
all.comment <-pblapply(comment.url, comment.scrape); comment.Daum
<- do.call(rbind, all.comment); write.table(comment.Daum, "comment.txt")
```

나머지 절차는 이전의 뉴스 사이트에서 기사 수집과 동일하게 진행하면 된다. 마지막으로 작업 공간에 저장한 'comment.txt'라는 파일을 열면, 18개 화면에 수록된 댓글 내용이 아래처럼 수집됐다.

```
"V1" "V2" "V3" "V4" "V5" "V6" "V7" "V8" "V9" "V10"
"1" " 너무 재미있게봤어요 기대한거만큼 집중해서 보게되네용♥" (중략)
"2" " 돼지의 눈에는 돼지만 보이고 부처의 눈에는 부처만 보인다" (중략)
"3" " 하울짝퉁에 키키 베이스 잡고대충만든 카피믹스 졸작연출설정 개판성우 매칭및 연
    기 개판구냥심심해서 용돈좀 벌자고 만든것임" (중략)
"4" " 너무 전형적이고 뻔한 연출" " 영화는 물론이고 OST가 끝내줬다" (중략)
"5" " 처음부터 끝까지 참으로 뜬금없다 장면 장면 어디선가 본듯하다 빨강머리앤 이상
    한 나라의 앨리스 해리포터 찰리와 초콜릿공장 등등의 장면을 정당히 버무려 놓으듯
    이야기는 옛날옛적에 로 시작하는 엉성한 줄거리의 엄마들의 급조한 이야기 정도 수
    준" (중략)
"6" " 음 애매해요 색감그림은 완벽할 정도인데 스토리가 30쯤 은 부족하다고 생각됩니
    다 그래도 스토리 상관없이 보신다면 추천하고 싶은 영화" (중략)
"7" " 나는좋았어요애들은그나마재미있다해서다행이었지만애니보고졸아보긴첨이네요"
    (중략)
"8" " 역시 이 감독노잼 졸음을 참으며 영화를 봐야하다니" (중략)
"9" " 넷이서 보러갔다세명이 잠들었다 엔딩을 아무도 못봤다 " (중략)
"10" " 올해 일본만화영화를 이것포함 3편을 보았다그런데 이것은 재미도 영상미도 내용
    도 노잼이다" (중략)
"11" " 센과 치히로의 행방불명 짬뽕이것저것 섞어놓은 느낌정말 재미없음만화보다 졸기
    는 처음 ——" (중략)
"12" " 역대 작품들과 어깨나란히하기엔 유치함 어쩔수없다생각한다 " (중략)
"13" " 잠와요ㅠ" " 한때 감동과 재미를 함께 주던 지브리 애니 이젠 안녕" (중략)
"14" " 초반에는 재밌었는데 하는 행동이 너무 뻔하고 주인공이 너무 산만해서 별로였다
    하지만 후반에는 스토리가 신선해서 괜찮았다 이영화는 죽도 밥도 안된듯한 느낌이
```

였다" (중략)
"15" " 애니를 좋아하는 사람으로 보다가 졸린적은 처음 카피같은 퀄러티 떨어지는 그림체 스토리도 그닥 어리버리 " (중략)
"16" " 비추" " 큰기대안하고봤는데 오랜만에 순수함을 일깨워주는 영화였어요 동심도 찾고 선명하고 아름다운 영상과 색감도 정말 좋았습니다ㅎㅎ다음 작품도 기대할게용♡♡" " (중략)
"17" " ㅠㅠ 진짜 보는내내 감성이 몽글몽글 이런 애니메이션 많이 만들어주세요" (중략)
"18" " 영상미가 좋았고 기대했던 것보다 스토리가 탄탄했어요 연령대를 아우르고 볼 수 있는 영화 같아요 가벼운 스토리인데 가볍지 않게 여운이 남는 영화" (중략)

이제 독자들은 이번 장에서 논의한 다양한 기사와 댓글의 수집 코드를 응용해 언론사 사이트에 공개된 텍스트를 효율적으로 가져올 수 있다. 주의할 점은 언론사 사이트마다 HTML의 구성 방식이 상이할 때가 있어, 본 장에서 다룬 코드를 충분히 이해하지 않고 단순히 복사해 사용할 경우, 여러 오류 메시지를 경험할 수 있다. 이 오류의 원인을 시간을 갖고 이해하고 파악하려는 노력이 중요할 것이다.

# 제6장

# 단어 공출현망
(word co-occurrence network)

제6장
# 단어 공출현망(word co-occurrence network)

## 1) 단어 공출현의 개념

지식은 개념으로 구성되는데, 의미가 유사한 단어들이 묶이면서 하나의 개념을 형성하고 다시 개념들은 다양한 관계를 거쳐 다른 개념들과 연결돼 복잡한 시각적 망을 형성한다(Bodenreider, 2004). 개념들 간에 관계는 상징적, 연관적, 통계적, 위계적 관계로 구분되는데, 상징적 관계는 개념들이 묶여 나타나는 상징성이며 연관적 관계는 '무엇의 위치'나 '무엇에 의해 초래된'처럼 두 개념 간에 연관성을 뜻한다. 통계적 관계는 단어들의 공출현에서 나타나며, 위계적 관계는 '무엇의 한 종류다'나 '무엇의 한 부분'처럼 상위 개념에 종속되는 양상을 뜻한다. 이 4개 관계에서 개념들 간에 관계를 추출할 수 있다(Bodenreider, 2004).

유사한 단어들 사이에 관계를 따져서 이 단어들에 숨어 있는 개념들을 발견하는 일이 의미 연결망과 군집 분석의 기본 목적이며, 이 점에서 의미 연결망과 군집 분석의 기초가 되는 공출현 행렬의 의미를 깊게 이해할 필요가 있다. 공출현 행렬에 관한 학술 논의를 보면, '단어 공출현망(word co-occurrence network)' 또는 '단어 공위치망(word collocation network)'이라는 개념과 '단어 구문의존망(word syntactic dependency network)'이라는 개념이 존재한다.

먼저, 단어의 공출현망이라는 개념을 살펴본다. 단어 공출현망 또는 단어 공위치망은 데이터베이스에서 개념들이 서로 근접할 때, 이들이 연결돼 나타나는 망이다(Veling & van der Weerd, 1999). 선행 연구는 단어의 공출현을 문장을 만드는 과정에서 2개 단어가 인접하는 양상으로 정의한다(Liu & Cong, 2013). 예를 들어, '미국 대통령이 한국에 국빈 방문을 했다'라는 문장에서 5개의 인접 단어 조합이 나타난다. '미국 대통령이', '대통령이 한국에', '한국에 국빈', '국빈 방문을', '방문을 했다'가 그것이다. 단어 공출현망은 2개 단어가 최소한 하나의 문장에서 인접할 경우, 2개의 정점(vertices)인 '$u$'와 '$v$'가 간선(edge)인 '$e$'로 연결되는데, 이 공출현망은 '$G = (V, E)$'로 표현된다. $V$는 텍스트에서 모든 단어들을 뜻하며, $E$는 문장 구성에서 모든 인접한 단어들의 관계를 의미한다. 단어 공출현망은 텍스트에서 관계를 자동으로 분명하게 추출하는 이점이 있다. 뉴스 기사에서 추출하는 단어 공출현망은 2개 단어들이 최소한 하나의 문장에서 연달아 나타날 경우, 노드에 해당하는 이 단어들은 간선으로 연결된다(Liang, et al., 2009).

단어 공출현망은 말뭉치인 코퍼스(corpus)에서 구축할 수 있는데,

한 문장에서 가까운 단어들은 구문론적으로 연관되며, 단어들이 코퍼스에서 'D'보다 작거나 같은 거리로 최소한 한 번 이상 나타나면 이 단어들은 연결된 것으로 파악된다(Cancho, 2005). *D*는 선행하고 후행하는 단어 수(window)의 크기로 한 문장에서 단어 *x*와 단어 *y*의 거리는 *x*와 *y* 사이에 있는 단어 수에 1을 더하는 일차원의 유클리디언 거리(Euclidean distance)다.

단어 공출현망과 관련된 공출현 행렬은 문서의 문장에서 함께 나타나는 단어들의 빈도를 측정해 도출하는데, 문서에서 출현한 단어 수가 *N*인 경우, $N \times N$ 대칭 행렬(symmetric matrix)로 나타난다(Matsuo & Ishizuka, 2003). 공출현 행렬의 의미는 다음과 같다. 특정 단어 $w$가 자주 출현하는 단어들인 $G$와는 상관없이 문장에서 등장한다면, $w$와 $G$의 공출현 분포는 무조건부 분포(unconditional distribution)와 유사하다. $w$가 $g \in G$와 의미 관계를 형성한다면, $w$와 $g$의 공출현 확률은 기대보다 크며 분포는 특정한 방향으로 나타날 것이다(Matsuo & Ishizuka, 2003). 이 특정한 방향으로 나타나는 분포의 통계적 유의성은 기대 빈도(expected frequency)와 관측 빈도(observed frequency)의 차이를 평가하는 '카이제곱 검정($x^2$ test)'으로 진단한다. 공식은 아래처럼 표현된다.

$$\chi^2(w) = \sum_{g \in G} \frac{(freq(w, g) - n_w p_g)^2}{n_w p_g}$$

$freq(w, g)$는 $w$와 $g$의 공출현 빈도이며, $n_w$는 $w$와 $G$의 공출현 빈도 총합이며, $p_g$는 출현 빈도가 높은 $g \in G$의 무조건부 확률이며 기대 확률로 정의된다. 그러나 텍스트의 문장 길이는 제 각각이어서 긴 문장에서 특정 단어가 다른 단어들과 공출현할 가능성이 높은 반면에 짧은 문

장에서는 이 가능성이 낮다. 문장 길이를 고려하면, $n_w$는 $w$가 나타나는 문장들의 전체 단어 수이고, $p_g$는 $g$가 출현한 문장들의 총 단어 수의 합을 텍스트의 전체 단어 수로 나눈 확률로 수정해 정의하는 게 중요하다(Matsuo & Ishizuka, 2003).

이럴 경우, 위 공식의 분자는 공출현의 기대 빈도와 측정 빈도의 차이를 뜻하며 분모는 공출현의 기대 빈도다. 카이제곱 값이 클수록, $w$가 문장이나 문단 등 동일한 분석 단위에서 $g$와 같이 나타나며, 카이제곱 값이 큰 단어일수록 중요한 단어다. 하지만 카이제곱 값이 큰 단어일지라도 '미래', '내부적' 등 별로 중요하지 않은 경우가 있기 때문에 위의 공식은 이를 반영해 아래와 같이 수정된다.

$$\chi'^2(w) = \chi^2(w) - \max_{g \in G}\left\{\frac{(freq(w,g) - n_w p_g)^2}{n_w p_g}\right\}$$

이 수정된 카이검정 값으로 공출현한 단어들의 중요도를 평가한다는 점은 주목할 만한 접근이다. 90% 가량의 단어 구문론적 관계는 단어 수(window)의 크기가 2이하에서 일어나지만, 단어 공출현망은 단어 관계를 아주 정확하게 짚어내지 못하고 대략적으로 추정하는 한계점이 있다(Cancho, 2005). 이 점에서 단어 구문의존망이라는 대안 개념이 있다. 한 문장에서 연결된 단어들은 핵심 단어에서 수식어인 단어로 향하는 반원(arc)으로 연결됨으로써 구문론적으로 의존 관계로 표시된다(Cancho, 2005). $\langle d \rangle$는 문장에서 구문론적으로 연결된 단어들 사이의 평균 유클리디언 거리로 정의되며, 이 거리 값을 최소화하거나 작은 값으로 제한함으로써 구문의존 관계를 통계학적으로 분석한다. 문장에 나타나는 의존성은 의존 요소(dependent)와 지배자(governor)가 정점을 형성하고 이들 간에 연결이 간선으로 표현되며, 이 의존성은 비대칭의 관계다(Liu, 2008).

단어 공출현을 비판하는 연구자들은 공출현 분석은 인간이 학습과 경험으로 습득한 현실에 관한 지식이 부족하며, 맥락에 의존하는 의미의 변화를 충분히 감지하지 못한다고 지적한다(French & Labiouse, 2002, p. 1). 하지만, 단어의 공출현 자체가 모든 의미를 파악하기는 어렵지만, 뜻이 유사한 단어들은 비슷한 맥락에서 나타나는 경향이 있기 때문에, 단어의 공출현 값은 의미 재현의 기초를 제공할 수 있다(Bullinaria & Levy, 2007). 인간은 특정하게 결합된 단어들을 읽고 들음으로써 단어들의 의미를 파악하기 때문에 단어 공출현은 의미를 재현하는데 적절한 토대다(Corman et al., 2002).

이런 점에서 텍스트에서 개념들의 연결망을 추출해 '메타 행렬(meta-matrix)'로 분류하는 방식은 공출현과 의미 연결망, 군집에서 범주를 찾아내는 방식의 타당성을 뒷받침한다. 메타 행렬은 특정 시점에서 구조의 상태를 사람, 자원, 업무 등 개체들(entities)과 이들 간에 관계로 재현한 결과이며, 정보 처리와 지식 관리, PCANS[15] 접근, 조직 운영 연구, 사회 관계망 분석 기법을 토대로 한다(Diesner & Carley, 2005, p. 85). 이 메타 행렬은 〈표 1〉처럼 개념화할 수 있다.

15 PCANS 모형에 따르면, 조직은 개인, 업무, 자원이라는 3개 영역으로 구성되며, 이 영역들의 관계는 Precedence (P), Commitment of resources (C), Assignment of personnel to tasks (A), Network (N), Sill (S) 5개로 표현된다(Krackhardt & Carley, 1998).

〈표 1〉 메타 행렬의 개념화

| 메타 행렬 개체 | 사람 | 지식/자원 | 사건/업무 | 단체/조직 |
|---|---|---|---|---|
| 행위자 | 사회 관계망 | 지식 관계망/<br>자원 관계망 | 참가 관계망/<br>할당 관계망 | 회원 관계망 |
| 지식/자원 | | 정보 관계망/<br>대체 관계망 | 수요 관계망 | 조직 역량 |
| 사건/업무 | | | 시간 순서/업무<br>흐름/선례 | 제도적 지지나<br>공격 |
| 조직 | | | | 조직간 관계망 |

〈표 1〉은 조직이나 사회 시스템을 분석할 때 적용되지만, 메타 행렬의 개체들을 고안해내는 방식은 텍스트 분석과 결합해 유용한 결과를 도출할 수 있다. 네트워크 텍스트 분석(NTA: network text analysis)은 이 메타 행렬 모형을 접목시켜 개념 파악, 개체 파악, 개념 분류, 개념의 연결망 분석, 시각화와 분석이라는 5개 단계로 텍스트에서 개념을 발견할 수 있다(Diesner & Carley, 2005, p. 87). 실제 기사문에서 행위자(actor), 지식(**knowledge**), 자원(***resource***), 사건/업무(***event/task***), 조직(***groups***), 행위(***actions***) 등 메타 행렬의 개체들을 자세히 확인할 수 있다. 각 개체를 구별하기 위해 밑줄을 치거나 굵게 하거나 기울여 표시했다. 예를 들어, 2003년 〈월스트리트저널(Wall Street Journal)〉이 보도한 인도네시아의 'JI(Jemaah Islamiyah)'라는 테러집단에 관한 기사에서 이 개체들을 다음과 같이 파악했다.

"Often referred to as the "smiling bomber," he worked as a mechanic in Indonesia and is ***accused*** of ***acquiring*** *bomb-making material* for several of *Jemaah Islamiyah's* terrorist strikes." "The investigators ***says*** that when Mr. Amrozi ***woke up***, "He was very easygoing. He said 'What' s going on?—and then he ***laughed***. He ***laughs*** all the time"(Carley, Diesner, Reminga, & Tsvetovat, 2004, p. 4).

이처럼 역동적인 메타 연결망(meta-network)은 관련 단어들의 공출현을 토대로 등장하며, 기사문에서 단어들이 공출현하는 정도는 의미 연결망의 간선으로 나타난다(Pfeffer & Carley, 2012). 또한, 가중치와 방향성이 있는 단어 공출현망에서 노드는 단어들인데, 두 단어가 서로 인접해 있으면 방향성이 있는 간선으로 연결되며, 이 방향은 선행하는 단어에서 후행하는 단어로 연결되며 간선의 가중치는 텍스트에서 출현한 두 단어 간에 연결된 빈도를 뜻한다(Gao, Liang, Shi, & Huang, 2014).

## 2) KoNLP와 tm으로 단어 추출

### (1) 전처리(preprocessing)와 전처리 순서

뉴스 기사문을 프로그래밍 언어로 분석하기 전에 반드시 수행할 절차는 '전처리(preprocessing)'인데, 이 절차는 기사문에서 의미가 없거나 불필요한 단어, 숫자, 문장 부호 등을 제거한다. 지도 학습 방식으로 텍스트 마이닝을 실시하는 연구자들은 구체적 목적을 고려해 전처리를 수행한다(Denny & Spirling, 2017; Manning, Raghavan, & Schütze, 2008). 첫째, 전처리는 예측 과정에 투입되는 어휘의 규모와 복잡성을 줄임으로써, 텍스트에서 단어 간에 관계를 학습하는데 걸리는 계산 시간을 대폭 단축시킨다. 예를 들어, 1만 개의 단어들보다는 100개 단어들로 구성된 데이터를 학습하는 시간이 훨씬 짧다. 둘째, 전처리는 관련성이 없는, 일명 '오류(noise)'에 해당하는 단어들을 제거한다. 도움이 안 되는 단어가 포함될 경우 새로운 문서를 잘못 분류하는 과적합(overfitting)의 문제가 일어난다. 셋째, 전처리는 예측 변수의 숫자를 줄이는 동시에 중요한 단어들만 추리기 때문에 의미를 해석하기가 상당히 수월하다.

기사문 전처리의 구체적 예로, 기사문에서 신문사 이름, 기자 이름, 기사 송고 또는 게재 날짜, 사진 기자 이름, 기자 이메일 주소, 기사 유형 등 메타 정보(meta information)를 삭제하는 과정이 필요하다(Pollak et al., 2011). 이를 거치면 기사 제목(headline), 부제목(subheadline), 기사 본문, 사진 설명(caption) 등 분석 대상인 텍스트만 남게 된다.

전처리를 진행할 때 고려할 또 하나의 중요한 사항은 쉼표, 마침표, 느낌표 등 문장 부호와 숫자, 각종 문자표(예: ○, ◇, △, ◎, 『 』, 【 】, 〈 〉) 등의 제거, 대문자를 소문자로 전환, 어근으로 통일(lemmatization 또는 stemming) 등의 항목 중에서 어떤 것을 먼저 처리하는가이다. 특정 전처리 방식을 선택하는 데에 이론적 근거나 본질적인 지식이 있어야 하며, 전처리 방식이나 전처리 순서의 상이함은 연구 결과에 영향을 미칠 수 있다(Denny & Spirling, 2017). 전처리 과정이 갖는 함의를 충분히 인식하지 못할 경우, 연구자 자신의 가설이나 예상에 맞는 결과만 도출하는, 이른바 확증편향(confirmation bias)과 같은 'cherry picking'의 오류를 범한다. 체리 수집(cherry picking)은 자신의 입장을 지지하는 증거만 선택하고 반대되는 증거를 배제하는 '불충분 증거의 오류(fallacy of incomplete evidence)'에 해당한다(Bennett, 2012).

### (2) KoNLP과 tm 결합으로 기사문 분석

한글 기사에서 명사 등 특정 단어를 추출하려면 'KoNLP'와 'tm' 패키지를 사용할 수 있다. 아래에 자세한 코드로 그 절차를 설명한다.

```
setwd("C:\\Users\\limj\\Desktop\\analysis"); getwd()
x <- c("KoNLP", "tm", "NLP", "rvest", "xml2", "dplyr", "pbapply", "stringr",
        "wordcloud", "wordcloud2", "parallel", "doParallel"); install.
        packages(x);
lapply(x, require, character.only = TRUE)

hani_realestate_url <- paste0("http://search.hani.co.kr/Search?command=q
uery&keyword=%EB%B6%80%EB%8F%99%EC%82%B0+%EC%A0%95%
EC%B1%85&media=news&sort=d&period=all&datefrom=2000.01.01&datet
o=2019.02.18&pageseq=", seq(0, 49, by = 1))
hani_realestate_url
```

제 5장에서 설명한 대로 작업 공간을 설정해 RStudio에 불러온 뒤에 관련 패키지들을 문자 벡터(vector)인 'x'로 지정한다. 이 변수로 패키지들을 설치한 뒤에, 'lapply' 함수로 RStudio에 동시에 장착한다. 그 다음으로 〈한겨레〉 사이트에서 '부동산 정책'이라는 검색어를 입력해 첫 검색 화면부터 50번째 검색 화면까지 실린 500건의 기사들을 분석 자료로 사용한다. 아래 코드는 검색 화면의 URL이 담은 500건의 기사 URL을 추출하는 과정을 보여준다. 자세한 내용은 제 5장에서 논의한 절차와 같다.

```
url_scrape <- function(x){
page <- read_html(x)
links <- page %>% html_nodes("dt a") %>% html_attr("href") %>% unique()
}

all_urls <- pblapply(hani_realestate_url, url_scrape); class(all_urls)
all_urls <- unlist(all_urls); length(all_urls); all_urls

story_scrape <- function(x){
```

```
page <- read_html(x)
Sys.sleep(1)
headline <- page %>% html_nodes("span.title") %>% html_text() %>%
unique()
body <- page %>% html_nodes("div.text, div.subtitle") %>% html_text()
%>% unique()
body <- gsub("(\r|\n|\t)|(기자)|(@)|(hani.co.kr)", "", body, perl = TRUE)
story <- paste0(headline, body)
return(story)
}

all_story <- pblapply(all_urls, story_scrape); all_story2 <- do.call(rbind, all_
story)
write.table(all_story2, "hani.txt")
```

추가로 눈여겨 볼 부분은 'body <- gsub("(₩r|₩n|₩t)|(기자)|(@)|(hani.co.kr)", "", body, perl = TRUE)'라는 코드다. 이 코드는 〈한겨레〉 기사문에서 '₩r', '₩n', '₩t', '기자', '@', 'hani.co.kr'이라는 불필요한 요소들을 제거하기 위한 것이다. 이 코드를 실행한 뒤에 'body' 변수를 불러와 실제로 이 요소들이 제대로 제거됐는지를 확인해야 한다. 10개의 기사 URL에서 기사 제목, 부제목, 본문을 수집해 'hani.txt'로 저장해 작업 공간에 배치했다. 이 텍스트 파일을 'KoNLP'와 'tm' 패키지로 분석해 명사 등을 추출한다. 이를 위해 작업 공간에 있는 모든 텍스트 파일을 확인한 뒤에 해당 파일을 'f'로 지정한다. 물론 파일 이름을 독자가 원하는 방식으로 지정할 수 있다. 본 저서에서 'f[1]'이 해당 파일이지만 독자마다 작업 공간에 다른 텍스트 파일들이 있다면, 불러올 파일 이름은 'f[3]' 등으로 다를 것이다.

```
f <- list.files(pattern = "*.txt"); f <- f[1]
f2 <- unlist(unname(sapply(f, readLines))); length(f2)

useNIADic() # 983012 words dictionary was built.
useSejongDic() # 370957 words dictionary was built.
```

```
useSystemDic() # 283949 words dictionary was built.
```

'f2 <- unlist(unname(sapply(f, readLines)))' 코드는 'hani.txt' 파일로 저장된 〈한겨레〉의 부동산 정책에 관한 기사들의 각 줄을 읽어 들인다. 'sapply' 함수는 'f' 변수에 'readLines'라는 함수를 각각 적용시킨다는 뜻이며, 이 과정에서 수록된 각 텍스트 이름을 제거하기 위해 'unname'이라는 함수가 필요하다. 이렇게 해서 도출한 데이터의 성격이 'list'이기 때문에 'unlist' 함수로 이를 '문자(character)'로 바꿔준다.

이제, 분석할 문서가 RStudio 환경에 들어왔기 때문에 이를 분석하면 된다. 'KoNLP'는 3개의 사전을 보유하는데, 이중에서 가장 많은 어휘를 수록한 'useNIADic()'이라는 사전을 장착해 사용한다.

```
rm(list = ls())
```

위 코드에서 3개의 'KoNLP' 사전들을 불러왔기 때문에 이들을 제거하고 'useNIADic()'만 장착하기 위해 현재까지 RStudio 환경에 만든 모든 객체(object)들을 삭제한다. 이 때, 불러온 패키지들, 작업 공간 설정, 각종 코드로 만든 변수들이 사라진다. 따라서 처음부터 다시 코드를 실행하면 된다.

```
f2 <- gsub("[[:punct:]]", "", f2, perl = TRUE, useBytes = TRUE)
f2 <- gsub("[[:digit:]]", "", f2, perl = TRUE, useBytes = TRUE)
f2 <- gsub("[[:alpha:]]", "", f2, perl = TRUE, useBytes = TRUE)
f2 <- gsub("(')|(')", "", f2, perl = TRUE, useBytes = TRUE)
f2 <- gsub("(")|(")", "", f2, perl = TRUE, useBytes = TRUE)
f2 <- gsub("(…)", "", f2, perl = TRUE, useBytes = TRUE)
f2 <- f2[which(f2 != "")]; f2 <- f2[which(f2 != " ")]
length(f2)
[1] 500
```

불러온 텍스트를 'f2'로 저장했는데, 이 텍스트에서 각종 문장 부호, 숫자, 영어 표기 등을 제거하기 위해 'gsub'라는 정규식 함수를 사용한다. 특히, 한글 텍스트에만 있는 큰따옴표("")나 작은따옴표(")는 직접 코드로 입력해 제거해야 한다. 한글 텍스트이기 때문에 간혹 결과가 깨지는 현상을 막기 위해 'useBytes = TRUE'라고 지정한다. 이는 텍스트를 문자가 아니라 바이트로 읽어 들인다는 뜻이다. 'perl = TRUE'는 'perl' 언어에 장착된 정규식 표현을 승계해 사용하겠다는 의미다. 'f2 <- f2[which(f2 != "")]'와 'f2 <- f2[which(f2 != " ")]'는 전처리를 하고 난 뒤에 공백만 남는 요소들을 삭제하기 위한 코드다. 전처리가 잘 됐다면 전체 텍스트 수는 기사 수인 500개이어야 하며, 이는 'length(f2)'로 확인할 수 있다.

```
words <- function(x){
x <- as.character(x)
x2 <- sapply(x, SimplePos09, USE.NAMES = T)
x3 <- lapply(x2, function(x) {paste(extractNoun(x), collapse = " ")})
x3 <- unlist(x3)
x4 <- str_extract(x3, pattern = "([가-힣]++[?= N]|([가-힣]++[?!= NN]))")
x5 <- x4[which(x4 != " ")]
x6 <- Filter(function(x) {nchar(x) >= 3}, x5)
}
```

'KoNLP' 패키지에서 명사를 조사 없이 정확하게 추출하기 위해 'SimplePos09' 함수와 'extractNoun' 함수를 결합해 'words'와 같은 별도 함수를 만들어야 한다. 이 과정에서 'stringr' 패키지가 제공하는 'str_extract' 함수로 명사(N) 태그에 해당하는 것을 선택하고 수사(NN)는 제외하는 코드를 추가한다. 'x4 <- str_extract(x3, pattern = "([가-힣]++[?= N]|([가-힣]++[?!= NN]))")'이 해당 코드다. '[가-힣]+)/([N])'에서 '가-힣'은 모든 한글 자음과 모음으로 구성된 단어들을 뜻하며,

'N'은 'KAIST 품사 태그셋'의 기호 중 하나로 보통명사, 고유명사, 대명사, 수사 등 '체언'을 의미한다. 추출한 명사 항목 중에 공백으로 된 경우를 'x5 <- x4[which(x4 != " ")]'로 처리한다. 이후에 공백을 포함해 글자수가 3개 이상인 경우만 선별하기 위해 'x6 <- Filter(function(x) {nchar(x) >= 3}, x5)' 코드를 추가한다. 가령, '것 '으로 된 명사의 글자 수는 1개가 아니라 공백을 포함해 2개이기 때문에 기준점을 3개로 한 것이다.

'tm' 패키지의 'VCorpus' 함수로 'f2' 변수를 코퍼스로 전환하는데, 이 때 'f2' 변수가 문자이기 때문에 'VectorSource'라는 함수를 먼저 사용한다. 'corp'의 크기는 3.9 메가바이트(megabytes)로 비교적 큰 분량이다.

```
corp <- VCorpus(VectorSource(f2))
cluster <- makeCluster(detectCores(logical = TRUE) - 1)
clusterEvalQ(cluster, {
  library(tm)
  library(KoNLP)
})
clusterExport(cluster, c("corp", "words"))
system.time(dtm <- DocumentTermMatrix(corp, control = list(tokenize = words,
                                                 weighting = function(x)
                                                weightTfIdf(x,  normalize = F),
                                                wordLengths = c(2, Inf))))
stopCluster(cluster)
```

'KoNLP' 패키지는 대용량 한글 텍스트를 처리하는데 적합하지 않은 분석 도구이어서 본 저자가 수집한 500개 기사들을 한꺼번에 처리할 경우, 상당한 시간이 걸린다. 이를 우회하기 위해 병렬 처리(parallel processing) 기법을 적용하는 것이 필요하다. 'parallel'과 'doParallel' 패키지를 사용해 병렬 처리로 문서단어행렬을 도출하는 방법을 시도했다. 병렬 처리의 구체적 맥락과 절차에 대한 자세한 설명은 본 저서의 범주를 뛰어 넘는 주제다. 다만, 기본 개념과 해당 코드의 의미를 설명한다.

직렬 처리(serial processing)는 함수 'f1'이 진행되고 나서 'f2', 'f3' 등 다른 함수들이 차례대로 진행되는 방식이지만, 병렬 처리는 컴퓨터의 모든 처리 과정이 동시에 시작되고 각 과정은 스스로 끝나는 방식이다(Errickson, 2017). 예를 들어, 한 대의 컴퓨터에 'n'개의 모형을 실행하고 각 실행이 's' 초가 걸린다면, 총 실행 시간은 'n×s'이다. 동원된 컴퓨터 수가 'k'이고 'k 〈 n'인 경우, 전체 실행 시간은 'n×s/k'이다. 현재 노트북이나 데스크톱 컴퓨터는 '복합 코어(multicore)'라는 프로세서(processor)를 갖추고 있는데, 이는 몇 대의 컴퓨터를 실행하는 과정과 같다. 여기서 고려할 사항은 모든 데이터 전산 처리가 병렬로 가능한 것은 아니라는 점이다. 함수 'f2'가 함수 'f1'의 결과에 의존하는 경우에는 병렬 처리가 의미가 없다(Errickson, 2017). 또한 각 함수들이 따로 빠르게 처리된다면, 이들을 병렬로 처리할 실익은 별로 없는 셈이다.

'코어(core)'는 컴퓨터의 단일 프로세서를 뜻하며 'i7'같은 현대 프로세서는 다중 코어를 장착한다. '클러스터(cluster)'는 코어를 탑재한 일련의 객체나 코어의 집합체를 의미하고, '과정(process)'은 개별 R 실행 버전이며 각 코어는 하나의 과정을 실행한다. 윈도우 환경에서 병렬 처리는 각 코어마다 새로운 R 버전을 실행하는 '소켓(socket)' 방식을 채택한다. 'detectCores' 함수는 컴퓨터의 코어 수를 확인하며 'makeCluster' 함수는 클러스터를 시작한다.

'clusterEvalQ' 함수는 분석 패키지와 변수들을 각 병렬 처리에 옮기는 기능을 수행하는데, 생성된 클러스터와 명령어를 실행한다. 'clusterExport' 함수는 RStudio 환경에 생성한 관련 변수들 등 객체를 각 병렬 처리에서 처리하도록 한다. 'stopCluster(cluster)'는 병렬 처리를 종료하라는 코드로 이를 입력하지 않을 경우, 병렬 처리가 계속 진행돼 컴퓨터에 부담을 줄 수 있다. 다시 말해, 이 코드는 병렬 처리하는 RStudio 환경을 종료시킨다.

병렬 처리에 투입할 'corp'라는 객체를 문서단어행렬을 도출하는 'DocumentTermMatrix' 함수에 투입한다. 또한 병렬 처리에 지정할 'words' 함수를 세부 내용으로 지정하고 가중치로 'weightTfIdf'를 사용한다. 이 가중치는 'Tfidf'는 'term frequency – inverse document frequency'의 약자로 제 3장에 나온 $tf \times idf$와 같은 개념이다. 이는 분석하는 텍스트에서 빈도가 높으며 덜 중요한 단어들에 가중치를 적게 주고, 빈도가 상대적으로 낮으나 중요한 의미를 내포하는 단어들에 가중치를 높게 줘 의미 없는 단어들의 비중을 최소화한다. 단어 수도 조정이 가능한데, 'wordLengths'로 2개 이상에서 무한대로 설정했다. 본 저자의 'i7' 코어를 장착한 노트북에 이 코드를 실행해 'dtm' 행렬을 도출하는데 걸린 시간은 33분 6초였다.

```
inspect(dtm)
<<DocumentTermMatrix (documents: 500, terms: 13487)>>
Non-/sparse entries : 78445/6665055
Sparsity            : 99%
Maximal term length : 10
Weighting           : term frequency - inverse document frequency (tf-idf)

(dtm2 <– removeSparseTerms(dtm, .99))
<<DocumentTermMatrix (documents: 500, terms: 2483)>>
Non-/sparse entries : 59900/1181600
Sparsity            : 95%
Maximal term length : 9
Weighting           : term frequency - inverse document frequency (tf-idf)

(dtm3 <– removeSparseTerms(dtm2, .95))
<<DocumentTermMatrix (documents: 500, terms: 631)>>
```

```
Non-/sparse entries : 38750/276750
Sparsity            : 88%
Maximal term length : 7
Weighting           : term frequency - inverse document frequency (tf-idf)

(dtm4 <- removeSparseTerms(dtm3, .88))
<<DocumentTermMatrix (documents: 500, terms: 217)>>
Non-/sparse entries : 23029/85471
Sparsity            : 79%
Maximal term length : 6
Weighting           : term frequency - inverse document frequency (tf-idf)

(dtm5 <- removeSparseTerms(dtm4, .82))
<<DocumentTermMatrix (documents: 500, terms: 108)>>
Non-/sparse entries : 15030/38970
Sparsity            : 72%
Maximal term length : 6
Weighting             term frequency - inverse document frequency (tf-idf)
```

'tm' 패키지에는 문서단어행렬에서 빈도가 0인 경우를 제거하는 'removeSparseTerms' 함수가 있어 분석 대상이 되는 단어 수를 대폭 줄일 수 있다. 최초 문서단어행렬의 'Sparsity'가 99%이고 단어 수는 13,487개로 상당히 많기 때문에, 이를 줄이기 위해 빈도가 0인 경우를 제거한다. 'Sparsity' 값으로 '.95', '.88', '.82'를 차례로 입력한 결과, 단어 수가 최종적으로 108개로 감소했다. 이 정도의 규모이면 단어들을 단어 구름(wordcloud)으로 시각화하기가 쉽다.

```
m <- as.matrix(dtm5); v <- sort(colSums(m), decreasing = T)
df <- data.frame(word = names(v), freq = v, check.names = T)
display.brewer.all(); pal <- brewer.pal(7, "Pastel1"); windowsFonts(style =
windowsFont("함초롬바탕"))
```

시각화를 위해서는 데이터 프레임을 만들어야 하는데, 이를 위해 'dtm5'를 행렬 데이터로 바꿔서 각 열의 합을 기준으로 내림차순으로 정렬시킨다. 첫 번째 코드는 이 과정을 실행한다. 이후에 정렬시킨 'v'

데이터를 데이터 프레임으로 변환시키고 시각화 색상을 결정하기 위해 'display.brewer.all()'을 열어 '7, "Pastel1"'을 선택하고 글자 양식은 '함초롬바탕'으로 설정했다. 이 색상과 양식은 독자들이 원하는 대로 바꿀 수 있다.

```
wordcloud(df$word, freq = df$freq, scale = c(2, 0.1), rot.per = .25, min.freq
= 200, random.order = F, random.color = T, colors = pal, family = "style")
```

전통적 형식의 'wordcloud' 함수를 사용해 단어 구름을 시각화하는 코드다. 'scale = c(1.8, 0.1)'은 단어 크기의 최대치와 최소치다. 'rot.per = .25, min.freq = 200'은 회전할 단어 비율을 전체의 25%로 한다는 것이며, 시각화로 보여줄 단어의 최소 빈도는 200으로 설정했다. 최소 빈도는 데이터 프레임(df)에서 확인하고 결정할 수 있다. 단어 구름에 나타나는 단어의 배열순서는 무작위로 설정하지 않았으나, 단어 색깔은 무작위로 나타나도록 조정했다. 단어 글자 양식은 '함초롬바탕'으로 지정했다.

〈그림 6〉 KoNLP, tm, wordcloud로 도출한 단어 구름

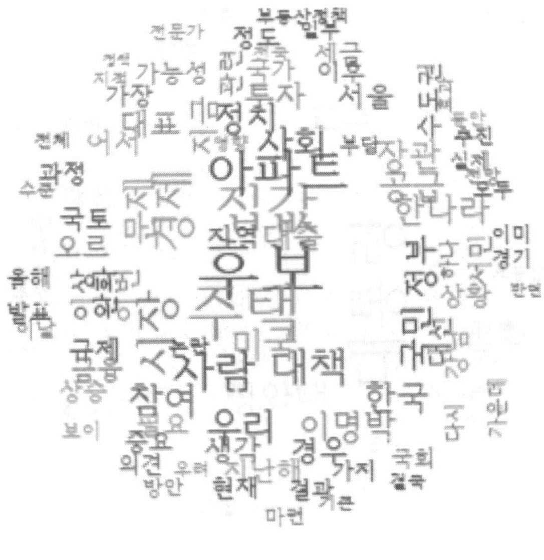

〈그림 6〉에서 '후보', '주택', '아파트', '집값', '경제', '사람', '시장', '대책', '사회' 등 단어들이 부각된 점을 알 수 있다. 이 단어들의 배열을 보기 쉽게 만들려면 'wordcloud2'라는 비교적 최신 함수를 사용하면 된다.

```
wordcloud2(df, size = .25, shape = "circle", minRotation = -pi/4,
maxRotation = pi/4, rotateRatio = .4, ellipticity = .8, color = "random-light",
backgroundColor = "white", figPath = NULL)
dev.off()
```

단어 크기는 '.25'로 하고 단어 구름의 모양(shape)은 원형으로 설정했으며, 회전값의 최소(minRotation)와 최대(maxRotation)를 지정하고 단어의 회전 확률(rotateRatio)을 '.4'로 하고 단어 구름 모양의 납작한 정도(ellipticity)를 '.8'로 했다. 색상은 'random−light'로 하고, 배경 색상은 하얀 색으로 설정하고 별도 그림(figPath)은 사용하지 않도록 했다. 이 별도 그림은 분석가가 선호하는 모양이 있을 경우, 이 모양을 경로로 불러와 사용할 때 쓰는 요소다. 분석 결과, 다음의 단어 구름을 도출했다. 'dev.off()'를 실행하면 나타난 단어 구름 등 시각화가 RStudio 화면에서 사라진다. 일종의 전원 스위치를 끄는 셈이다.

〈그림 7〉을 보면, 이전의 단어 구름에 비해 단어들의 출현과 밀집이 더 선명한 것을 알 수 있다. '대통령', '집값', '아파트', '시장', '후보', '주택', '경제', '대책', '참여', '국민', '청와대' 등 단어들이 중심에 위치하면서 부각되어 있다. 그만큼, 이 단어들이 〈한겨레〉 기사들에서 자주 출현했으며 중요하게 취급됐다고 풀이할 수 있다.

〈그림 7〉 KoNLP, tm, wordcloud2로 도출한 단어 구름

## 3) quanteda로 단어 추출

앞서 사용한 〈한겨레〉의 부동산 정책에 관한 500건 기사를 이번에는 'quanteda' 패키지로 분석해 의미 있는 단어들을 추출해 본다. 이 패키지는 'KoNLP'와는 다르게 명사와 조사를 같이 뽑는 게 특징이다. 가령, '정부', '정부가', '정부의'처럼 문맥에 따라 명사와 조사가 달라지는 양상을 그대로 포착한다는 점이 이 패키지의 특징이다. 이는 문장 부호, 숫자, 문자표 등을 제외하고는 조사들을 제거할 필요가 없다는 뜻이다. 이 같은 효율성 때문에 선행 연구자들이 이 패키지를 분석에 자주 적용하고 있으며, 이 패키지에 대한 자세한 코딩 절차를 설명하는 논문까지 나와 있다. 유럽 연구자들은 이 패키지로 영어 텍스트의 전처리, 의미 단위(token)를 추출하는 'tokenization', 이를 통한 문서

단어행렬 도출, TF−IDF 가중처리 등을 실시한 뒤에 훈련 데이터를 분석해 새로운 데이터를 예측하는 주도 기계 학습 등의 과정을 제시했다(Welbers, van Atteveldt, & Benoit, 2017). 또한 이 연구자들은 'quanteda' 패키지와 'topicmodels' 패키지를 결합해 텍스트에서 주제(topic)를 파악하는 비주도 기계 학습의 코드도 선보였다.

```
x <- c("quanteda", "wordcloud2"); install.packages(x); lapply(x, require,
character.only = T)
f <- list.files(pattern = "*.txt"); f2 <- readLines(f)
```

관련 패키지를 설치한 뒤에 이를 불러 오는 절차는 이전 분석과 동일하며, 텍스트 파일이 하나이기 때문에 'readLines(f)' 코드로 해당 기사 텍스트를 읽어온다.

```
f2 <- gsub("[[:punct:]]", "", f2, perl = TRUE, useBytes = TRUE)
f2 <- gsub("[[:digit:]]", "", f2, perl = TRUE, useBytes = TRUE)
f2 <- gsub("[[:alpha:]]", "", f2, perl = TRUE, useBytes = TRUE)
f2 <- gsub("(')|(')", "", f2, perl = TRUE, useBytes = TRUE)
f2 <- gsub("(")|(")", "", f2, perl = TRUE, useBytes = TRUE)
f2 <- gsub("(…)", "", f2, perl = TRUE, useBytes = TRUE)
f2 <- gsub("(■)|(②)","", f2, perl = TRUE, useBytes = TRUE)
f2 <- gsub("(◎)", "", f2, perl = TRUE, useBytes = TRUE)
f2 <- gsub("(①)", "", f2, perl = TRUE, useBytes = TRUE)
f2 <- gsub("(故)", "", f2, perl = TRUE, useBytes = TRUE)
f2 <- f2[which(f2 != "")]; f2 <- f2[which(f2 != " ")]
length(f2)
[1] 500
```

위의 코드는 〈한겨레〉 기사문에 있는 각종 부호, 숫자, 영어 표기, 한자, 공백 등을 전처리한다. 이 결과, 총 500건의 기사가 나오는 것을 확인할 수 있다. 이 절차는 앞선 'KoNLP'와 'tm'과 동일하다.

```
fcorpus <- corpus(f2); dfmatrix <- dfm(fcorpus, verbose = FALSE,
                        tolower = TRUE, remove_numbers = TRUE,
                        remove_punct = TRUE, remove_symbols = TRUE,
                        remove_separators = TRUE)
Encoding(dfmatrix@Dimnames$features) <- "UTF-8"; dfmatrix@
Dimnames$features
```

이어, 'quanteda' 패키지에서는 'corpus'라는 함수로 말뭉치인 코퍼스를 만들며, 이를 'fcorpus'라는 이름의 변수로 지정한다. 'dfm' 함수는 '문서특성행렬(document–feature matrix)'을 산출하는데, 이 안에 소문자로 변환이나 숫자, 부호, 상징, 각종 구분표 등의 삭제와 같은 다양한 명령어를 추가한다. 'verbose = TRUE'는 해당 코드가 실행한 과정을 아래처럼 메시지로 출력하라는 의미다.

```
Creating a dfm from a corpus input...
   ... lowercasing
   ... found 500 documents, 75,281 features
   ... created a 500 x 75,281 sparse dfm
   ... complete.
Elapsed time: 0.7 seconds.
```

'Encoding(dfmatrix@Dimnames$features) <– "UTF–8"' 코드는 한글 단어들이 깨져서 나타나는 것을 처리한다. 'UTF–8'은 'Universal Coded Character Set Transformation Format – 8 bit'의 약자로 ASCII(American Standard Code for Information Interchange) 문자는 '0xxxxxxx'의 형태로 표시되고 나머지는 '110xxxxx', '1110xxxx', '10xxxxxx' 등의 형태로 문자를 1바이트에서 4바이트까지 사용해 표시한다. 이 인코딩의 결과는 'dfmatrix@Dimnames$features'로 확인할 수 있다.

```
dfmatrix2 <- dfm_tfidf(dfmatrix)
dfmatrix2_top200 <- dfm_select(dfmatrix2, pattern =
names(topfeatures(dfmatrix, 200)), min_nchar = 2L); length(dfmatrix2_
top200@Dimnames$features) [1] 158
dfmatrix2_top200_2 <- dfmatrix2_top200[, -c(2:3, 5, 7:11, 13, 15:19, 21,
23:24, 29:31, 33:34, 39:40, 43:46, 50:54, 57:71, 73:80, 83:84, 86:99, 101:102,
104, 106:109, 111, 116:117, 119, 121:123, 126:128, 130, 132:135, 137:138,
143, 146:148, 153, 156, 158)]
dfmatrix2_top200_2@Dimnames$features
 [1] "정책에"   "문제를"   "정책을"   "정책"   "국민의" "부동산"   "한국"
 [8] "주택"    "정부의"   "의원은"   "정책이" "지난해" "문재인"   "정부는"
[15] "문제"    "정부"     "아파트"   "서울"   "교수는" "중요한"   "투기"
[22] "노무현"   "정책은"   "종부세"   "집값"   "집을"   "집값이"   "가능성이"
[29] "사람이"   "수도권"   "정부가"   "새로운" "박근혜" "정책의"   "문제가"
[36] "대통령"   "주택을"   "대책"     "청와대" "대출"   "규제"     "대통령은"
[43] "정치적"   "공급"     "시장"     "한미"   "미국"   "경제"     "대통령의"
[50] "이명박"   "대통령이" "참여정부" "문제는" "대선"   "재건축"
```

'tfidf'로 단어의 빈도를 가중처리한 뒤에 'dfm_select' 함수로 빈도 상위 200개의 단어들을 추출한다. 이 부분이 'quanteda' 패키지의 장점으로 그만큼 대용량의 텍스트를 빠르게 처리할 수 있으며, 이는 'KoNLP' 패키지와 주된 차이점 중 하나다. 이어서 '대한', '이상', '위해', '한다는', '것으로', '보면', '가장' 등 의미가 별로 없는 단어들을 삭제한다. 그 결과, 55개의 중요한 단어들을 위에서와 같이 확보할 수 있다.

```
fcm2 <- fcm(dfmatrix2_top200_2); fcm3 <- fcm2 / rowSums(fcm2)
colSums(as.matrix(is.nan(fcm3@x))) [1] 0
```

'fcm' 함수는 '특성공출현행렬(feature co-occurrence matrix)'을 도출하는데, 이 행렬은 단어 구름, 의미 연결망, 군집 등에 토대 자료로 사용돼 기사에 내재한 주제나 프레임 등을 추출할 수 있다. 이 행렬에서 각 행의 개별 셀(cell) 값을 해당 행의 셀 값 합으로 나눠 해당 단어가 출현할 확률을 구한다. 이 행렬을 도출하는 과정에서 종종 숫자가 아닌 경우가 있기 때문에, 이를 점검하기 위해 'colSums(as.matrix(is.nan(fcm3@x)))'라는 코드를 사용한다. 결과가 '0'으로 나오면 셀의 값이 숫자가 아닌 경우가 없다는 뜻이다.

```
m <- as.matrix(fcm3); v <- sort(colSums(m), decreasing = T)
df <- data.frame(word = names(v), freq = v, check.names = T)
display.brewer.all(); pal <- brewer.pal(7, "Pastel1"); windowsFonts(style =
windowsFont("함초롬바탕"))
wordcloud2(df, size = .25, shape = "circle", minRotation = -pi/4,
           maxRotation = -pi/4, rotateRatio = .4, ellipticity = .8,
           color = "random-light", backgroundColor = "white", figPath = NULL)
```

〈그림 8〉 quanteda와 wordcloud2로 도출한 단어 구름

이후 절차는 앞에서 기술한 단어 구름을 도출하는 것과 동일하다. 〈그림 8〉에서 'quanteda' 패키지로 도출한 단어 구름을 보면, '대통령이', '이명박', '경제', '재건축', '문제는', '참여정부', '대선' 등의 단어들이 부각되어 있는 것을 볼 수 있다. 이는 앞선 'KoNLP'와 'tm' 패키지로 분석한 결과와는 다소 다른 모습이다. 이렇게 상이한 패키지들로 동일한

기사문을 분석하면, 결과를 교차로 검증하는 이점이 있으며 이 과정에서 최적의 의미를 찾을 수 있다. 여기서 고려할 사항은 분석 패키지마다 사용하는 알고리즘이 다르기 때문에 동일한 텍스트라도 결과가 달라진다는 점이다. 이는 마치 다른 연구 방법들로 동일한 현상을 분석할 때 도출하는 결과가 다른 것과 유사하다. 그러나 상이해 보이는 결과들을 비교하는 과정에서 이면에 내재한 공통 개념이나 틀을 발견할 수 있다.

# 제7장

# 의미 연결망과 뉴스 프레임 추출

## 제7장
# 의미 연결망과 뉴스 프레임 추출

### 1) 의미 연결망의 개념

행위자, 현안, 추상적 가치 등 개념들 간에 관계를 텍스트에서 추출하고 이 개념들의 공출현 정도를 바탕으로 관계망을 구성해 프레임을 추출하는 방식이 있다(van Atteveldt, 2008). 예를 들어, '무슬림'과 '이민'이라는 개념들의 연관성이 .40이라면, 이는 무슬림에 관한 기사를 무작위로 추출할 때 이 기사가 이민에 관한 것일 가능성이 40%라는 것이다. 이처럼 개념들의 연관성을 텍스트의 단어들에서 도출하는 방식은 의미 연결망(meaning network)이라는 큰 범주에 속한다. 의미 연결망의 개념과 세부 항목들은 본 저서가 제안하는 R 기반의 프레임과 의제 추출을 이해하는데 중요한 이론적 토대가 된다.

R에 관한 논문이 1996년 발표됐으나, 대중화되기 시작한 것은

RStudio가 무료로 공개된 2009년이라고 하겠다. 개발자들이 만든 RStudio 회사는 2009년에 RStudio를 공개하고 2011년부터 이를 대중에 배포했다(RStudio, 2018). 본 저서가 RStudio에 분석 패키지들을 설치해 의미 연결망(semantic network)[16]을 구축하고 이 망에서 프레임과 의제를 발견하기 때문에 포괄적 관점에서 의미 연결망(meaning network)을 이론적으로 고찰하는 노력이 필요하다. 1998년에 이미 미국 커뮤니케이션학자(Doerfel, 1998)가 의미 연결망(meaning network)의 세부 논의를 아래와 같이 제시했다.

〈표 2〉 의미 연결망(meaning network)의 3개 범주

| 연결망 유형 | 의미의 조작적 정의 | 분석가의 데이터 개입 수준 |
|---|---|---|
| 의미 연결망 (semantic network) | 단어 빈도와 단어 간 연관 | 최소 – 분석에 기존 유목 미사용 |
| 해석 연결망 (interpretation network) | 전통적 내용 분석 | 중간 – 연구자의 데이터 읽기, 사전 유목 사용 |
| 태도 연결망 (attitudinal network) | 설문 문항 | 최대 – 폐쇄형 문항의 인지 척도 사용 |

주: 선행 연구(Doerfel, 1998, p. 24)의 표 2를 재구성한 것임

〈표 2〉를 보면, 첫 번째 유형인 의미 연결망을 분석하는 연구는 텍스트에서 단어들 간에 연관을 조사하고, 이 단어들에서 발생하는 연관에서 텍스트에 내재한 의미를 발견한다(Doerfel, 1998). 의미 연결망에서 간선(edge)은 2개 노드인 '*i*'와 '*j*'가 중첩된 단어를 사용함으로써 의미를 공유하는 정도를 뜻한다. 그래프 이론(graph theory)에서 보면, 연결망은

16 'meaning network'의 하위 범주로 'semantic network'이 있는데 두 용어를 한글로 옮길 경우 모두 의미 연결망이 되기 때문에 영어명을 병기해 '의미 연결망(meaning network)'과 '의미 연결망(semantic network)'으로 기술했으며, 별도 영어 표기가 없는 경우는 'semantic network'를 뜻한다.

그래프이며 연결망의 객체는 노드(node)이고 노드들 간에 관계나 연결은 간선이다(van Atteveldt, 2008).

해석 연결망 분석가는 전통적 내용 분석으로 텍스트의 의미를 요약하는데, 해석 연결망에서 간선은 2개 노드인 '*i*'와 '*j*'의 단어를 분석가들이 해석해 추론한 의미를 두 노드가 공유하는 정도를 의미한다. 태도 연결망 분석가는 분석가가 직접 만든 서열 척도(ordinal scale)의 폐쇄형 문항에 답한 내용을 조사하며, 태도 연결망에서 간선은 2개 노드인 '*i*'와 '*j*'가 태도 척도에 유사하게 답한 정도를 뜻한다.

의미 연결망 분석은 계량 절차를 토대로 자동화된 질적 분석을 수행하는데, 이 분석은 사람들이 일련의 단어들을 선형으로 처리하며, 맥락을 토대로 단어들을 연관시킬 때에 인지적 시간이 필요하다는 점에 주목한다(Danowski, 1993). 따라서 가장 효과적인 메시지는 수용자가 메시지를 읽거나 들으면서 마음으로 단어들 간에 연결망을 최적화하는 경우다. 유사한 맥락에서 볼 때, 의미 연결망에서 가장 영향력이 있는 노드들과 연동된 단어들은 텍스트의 핵심 주제와 밀접하게 관련되는 것으로 나타났다(Hunter, 2014b, p. 75). 또한 연결망 복잡성(network complexity)을 연결망에서 개념들의 빈도와 개념들 간에 조합의 빈도로 측정했을 때, 외부 평가가 좋은 텍스트일수록 연결망 복잡성이 큰 것으로 나타났다. 가령, 아카데미상을 받은 대본이나 후보작의 연결망 복잡성이 그렇지 못한 대본보다 큰 것으로 조사됐다(Hunter, 2014b). 또한 의미 연결망 분석가는 결과를 다른 정보와 연동시켜 활용할 수 있는데, 예를 들어, 시장 점유율을 보여주는 고객 평가 자료는 고객들이 라디오 방송국을 평가할 때 사용하는 단어들의 빈도와 상관된다(Danowski,

1993). 이처럼 의미 연결망 분석은 특정 문제를 다루는 단어들과 표현들 간에 관계를 계량화해서 이 문서를 관통하는 주제(theme)를 찾아내는 기법이다(Murphy & Vilceanu, 2014).

의미 연결망의 장점과 단점을 이론적 관점에서 상세히 살펴본다. 선행 연구자(Danowski, 1993)는 8개의 장점을 〈표 3〉과 같이 제시했다.

〈표 3〉 의미 연결망의 8개 장점

| | 장점 |
|---|---|
| 1. | 자연어로 표현된 메시지의 의미론적 내용을 재현해 외적 타당도를 극대화한다. |
| 2. | 말한 내용을 재현으로 옮기는 과정에서 오류를 줄여 내적 타당도를 극대화한다. |
| 3. | 재현한 개념들 간에 관계를 보존해 질적 분석의 계량화와 양자의 통합도 가능하다. |
| 4. | 질적 내용을 5~9개 유목으로 줄이는 전통적 내용분석보다 더 많은 정보를 확보한다. |
| 5. | 인간 분석가에 갖는 편견을 제거한다. |
| 6. | 최초 메시지와 통계 처리한 결과 간에 분석의 변형을 최소화해 분석 오류를 줄인다. |
| 7. | 인간 분석가의 능력을 벗어난 대용량의 개방형 답변이나 메시지를 분석한다. |
| 8. | 설문 집단 간에 질적 정보를 양적으로 정확하게 비교할 수 있다. |

주: 선행 연구(Danowski, 1993, p. 219)의 표 7을 재구성한 것임

내적 타당도와 외적 타당도가 극대화되고 인간 분석가가 갖는 편견을 제거하며 대용량 텍스트 데이터를 처리할 수 있다는 점은 본 저서가 제안하는 프레임과 의제의 자동화 추출 기법의 타당도를 뒷받침하는 결과다. 특히, 내용 분석이 제한적인 유목으로 텍스트에서 개념을 발견하는 방식이지만, 의미 연결망 분석은 같은 텍스트에서 사전 유목 없이 새로운 개념들을 찾을 수 있다. 질적 방법과 양적 방법을 동시에 병합해 진행할 수 있다는 점은 의미 연결망 분석에 관심이 있는 연구자들이 주목할 부분이다. 의미 연결망 분석은 연구자의 예단 없이 텍스트에서 유형을 찾아내는 귀납적(inductive) 방식을 취하며 단어들이 출현하는 맥락을 보존한다(Murphy & Vilceanu, 2014).

그러나 의미 연결망 분석은 실제 사람들이 취하는 태도의 유인가(valence)를 충분히 파악하지 못하는 한계점이 있다(Doerfel, 1998). 이는 단어들로 구성된 텍스트에서 개념들을 추출해 이들 간에 관계에서 의미를 도출하기 때문에 발생하는 문제다. 따라서 분석 단위가 기록된 문서라는 점을 감안해 인간의 심리나 태도를 명확하게 담은 텍스트를 조사한다면, 태도의 유인가도 충분히 측정할 수 있다. 위의 선행 연구가 발표된 시기는 1998년이어서 이 한계점 지적은 최근에 개발된 R 기반의 분석 패키지들이 갖는 이점을 반영하지 못한다. 감정 분석(sentiment analysis)은 텍스트에 담긴 부정, 긍정, 중립의 정서를 추출한다. 따라서 태도의 유인가를 볼 수 없다는 선행 연구의 지적은 현재 시점에서 더 이상 한계점이 아니며, 사람들의 태도를 정확하게 담은 텍스트를 확보하는 일이 중요하다. 이미 2002년에 연구자들은 '중심공명분석(CRA: centering resonance analysis)'이라는 의미 연결망 기법으로 녹취된 대화를 분석했다(Corman et al., 2002).

의미 연결망 분석의 근본적 한계점으로, 단어 공출현의 기준점인 선행하고 후행하는 단어 수(window)를 텍스트 저자의 의도나 언어학적 이론을 바탕으로 하지 않고 결정한다는 지적이 있다(Corman et al., 2002). 선후행의 단어 수가 작을 경우, 텍스트 저자가 의도한 중요한 연결점을 놓칠 수 있으며, 단어 수가 클 경우는 중요하지 않은 단어들이 연결되는 오류가 개입할 수 있다는 주장이다. 특히, 텍스트의 성격이 다를 경우에는 이 선후행의 단어 수도 달라져야 한다는 지적이다. 이를 극복하기 위해서는 이 같은 코딩 결정에 탄탄한 이론적 근거가 필요하다는 것이 CRA 연구자들의 입장이다.

일단, CRA의 개념과 분석 절차를 들여다본다. CRA는 텍스트는 명사, 명사구, 형용사, 부사 등으로 구성된 대화의 중심(conversational centers)들을 토대로 일관성을 확보한다는 '중심화 이론(centering theory)'에 의존한다(Murphy & Vilceanu, 2014). CRA는 다른 단어들과 함께 출현하는 단어들의 연결을 조사하며, 한 단어의 중요도를 빈도가 아니라 특정 맥락에서 다른 단어들과 연결된 정도로 판단하고, 이를 매개 중심성(betweenness centrality)[17] 또는 영향 점수(influence score)로 계량화해 파악한다. CRA를 제안한 선행 연구자들(Corman et al., 2002)은 자동화 텍스트 분석은 풍부하고 복잡한 데이터 구조의 이점을 살린 단어 연결망을 토대로 해야 하며, 능력 있는 저자와 화자가 보여주는 의도적이고 담화적인 행위를 재현해야 하고, 분석 결과는 다른 맥락에도 적용될 수 있어야 한다고 지적한다.

이 선행 연구자들은 CRA로 텍스트를 재현하는 세 가지 단계를 제시했다. 첫 번째 단계는 선택(selection)으로 각 문장을 명사구로 구성된 단어 집합체로 쪼개며, 이 과정에서 모호성이 있고 시간에 의존하는 동사구와 명사를 지칭하는 대명사를 제외한다. 두 번째 단계는 연결(linking)로 명사구들을 일련의 관계를 토대로 망으로 연동시킨다. 텍스트에서 중심인 모든 단어들은 선형으로 연결되며, 명사구가 2~3개 단어들로 이뤄진 경우는 모든 가능한 조합으로 단어들을 연결한다. 가령, '복잡한 담화적 체계(complex discursive system)'라는 명사구에 대해 '복잡

17 'Eigenvector-centrality — A node-centrality?' (Ruhnau, 2000)와 'Centrality in social networks: Conceptual clarification' (Freeman, 1978/79) 두 논문을 대조하면, 중심성(centrality)의 이론적 개념을 비교적 상세하게 파악할 수 있다.

한 담화적', '담화적 체계', '복잡한 체계'라는 조합을 도출한다. 이처럼 단어 쌍을 만드는 방식은 다른 연구에서도 유사하게 적용됐다. 가짜 뉴스 사이트, 사실 확인 사이트, 전통 매체, 신흥 매체 등 다양한 매체 간에 의제설정 효과를 조사하는 연구는 모든 가능한 현안들의 쌍을 파악해 하나의 연결로 측정했다(Vargo, Guo, & Amazeen, 2018). 가령, 한 기사가 경제, 국경 문제, 시민 자유를 언급했다면, '경제–국경 문제', '경제–시민 자유', '국경 문제–시민 자유'라는 3개의 연결을 갖는 것으로 파악했다. 모든 연결은 시점과 매체 유형에 따라 합산됐으며, 각 연결의 가중치는 현안의 쌍을 언급한 기사 수의 합이다.

세 번째 단계는 지표성(indexing)인데, 매개 중심성으로 단어의 영향력을 산출한다. 연결 중심성(degree centrality)은 각 노드가 연결망의 제한적 영역에서 일어난 연결 상태만 고려하는 문제점이 있으며, 근접 중심성(close centrality)은 전체 연결망을 고려하지만 모든 노드가 연결되지 않은 단절 연결망에서는 이를 계산할 수 없는 한계가 있다. 또한 근접 중심성은 크고 밀집된 군집의 중심에 있는 노드들이 갖는 근접 중심성 값을 평균적으로 높게 측정하고 연결망에 다른 부분들을 잇는 노드의 영향력은 과소평가하는 문제점이 있다.

언론 보도에 CRA를 적용한 절차를 보면, 서로 연관된 단어들을 포함한 기사들을 군집 분석으로 분류한다. 이어서 매개 중심성 값이 가장 높은 100개 단어들을 선택해 요인 분석을 실시해 유사한 문서로 구성된 각 군집에서 내재한 주제를 파악한다. 중국의 〈차이나데일리(China Daily)〉와 〈신화통신(Xinhua General News Service)〉이 1979년부터 2011년까지 보도한 미국 관련 경제 기사 929건을 CRA로 분석한 결과, '기본 원칙 수립'(1979-1983), '무역과 정치의 미세한 균형'(1984-1987), '성숙한 관계'(1988-2002), '세계무역기구(WTO) 이후 긴장 체제' (2003-2011)라는 4개 군집이 출현했다(Murphy & Vilceanu, 2014). 각 군집에서 100개의 가장 중요한 단어들에 대해 요인 분석을 실시해 '미국의 반대', '미국 제품과 무역', '미국 군대의 주도' 등 다양한 요인들이 추가로 나타났다.

이 CRA 선행 연구자들의 결과를 보면, 해당 텍스트와 여기에 언급된 현안들을 숙지하지 않고서는 추출한 명사구들 간에 연결로부터 의미를 추론하기가 명확하지 않은 한계점이 있다. 이유는 명사구들로만 구성된 연결망에서 풍부한 해석이 어렵기 때문이다. 한글 품사 관점에서 볼 때, 보통명사나 고유명사뿐만 아니라 동사, 형용사, 관형사, 부사, 각종 조사, 어미 등을 동시에 고려해야만 추출한 연결망에서 의미를 객관적이고 정확하게 도출할 수 있다. 또한, 단어들을 추출할 때 적용하는 선후행의 단어 수(window)의 결정이 이론적이지 못하다는 지적에 대해, 특정 선후행의 단어 수로 도출한 결과를 인간 분석가의 결과와 비교해 그 타당도과 신뢰성을 점검하면, 코딩 결정의 이론적 토대 부재라는 점을 극복할 수 있다. 다른 측면에서 의미 연결망 분석가는 텍스트 자체에서 이론적 개념을 발견하는 귀납적 접근을 취하는데, 이 과정에 적용하는 선후행의 단어 수를 결정하는 이유를 이론적으로 명확히 제시하라는 요구는 과도한 형식주의가 될 수 있다. 대안은 단어 수를 2, 3, 4, 5, 6, 7, 8, 9, 10 등으로 설정하고 각 단어 수마다 나온 결과를 교차 검증하는 방식이 더 타당하고 현실적이다. 유사한 맥락에서 토픽 모델링(topic modeling)에서 주제 수를 결정할 때 이론적 이유보다 이처럼 여러 개의 주제 수를 투입해 최적의 경우를 결정한다. 역설적으로 일체의 선행 유목이나 이론적 개념을 배제하고 텍스트라는 데이터를 분석해 나온 결과로 새로운 유목이나 개념을 찾는 방식이 본 저서가 제안하는 의미 연결망 분석이다. 기계 코딩의 결과와 인간 코딩의 결과를 비교하는 방식은 이후 장에서 자세하게 논의한다.

의미 연결망 분석은 단어들을 개념들로 취급하고 개념들 간에 거리를 생각이나 주장의 지표로 고려해 프레임을 계량적으로 파악한다 (David, Legara, Monterola, & Atun, 2014). 이 방식은 단어 출현의 빈도, 공출현하는 단어들의 빈도, 이를 토대로 한 연결망 시각화를 모두 고려해 프레임 등 주장을 찾아낸다. 이 선행 연구자들은 뉴스 기사문을 전처리한 이후에 행과 열에 각각의 개념들이 입력된 '공출현 행렬'로부터 의미 연결망을 생성하고, 이 행렬에서 두 개념 간에 관계의 강도를 선후행의 단어 수라는 조건에서 공출현하는 빈도로 측정했다. 흥미롭게도, 이 연구자들은 선후행의 단어 수를 모든 문서의 평균 문장 수를 계산해 20으로 결정했으며, 한 문장에서 두 단어가 동시에 출현하면 두 단어가 연결됐다고 가정했다.

의미 연결망을 언어학 연구의 입장에서 접근하는 관점도 존재한다. 네덜란드 연구자들(Schultz, Kleinnijenhuis, Oegema, Utz, & van Atteveldt, 2012)은 객체나 개념의 의미는 의미 연결망에서 이들이 형성하는 다층적인 관계와 통합에서 비롯한다는 언스트 카시러(Ernst Cassire), 클리포드 기어츠(Clifford Geertz), 움베르토 에코(Umberto Eco) 등 상징구성주의(symbol–constructivist)의 관점을 채택한다. 가령, 특정 위기에서 현안이 갖는 의미는 이 현안이 해결책으로 간주되는 것뿐만 아니라 정치 주체나 기업 주체가 현안에 책임이 있는 정도와 소통 참여자들이 현안을 위기의 결과나 원인으로 인식하는 정도 등에서 출현한다. 이 유럽 연구자들은 프레임을 이처럼 이질적인 개념들이 비위계적으로 연관되는 복잡한 양상으로 정의하고, 이런 유형의 프레임은 행위자, 현안, 원인, 결과, 해결책 등이 연결된 '연관 프레임(associative frame)'으로 나타나며, 의미 연결망의 모습을 띤다고 제안한다.

의미 연결망 분석을 관통하는 일관된 개념은 단어들의 공출현이다. 앞서 기술한 선행 연구(Matsuo & Ishizuka, 2003)는 공출현 행렬의 실제 예를 비교적 쉽게 제시하면서 수정된 카이제곱 검정 값으로 공출현 단어들의 중요도를 제시했다. 예를 들어, 개념 '가'가 논의되고 나서 개념 '나'가 논의되는 조건부 확률이 높으면, 개념 '가'로부터 '나'로 화살표가 연결되며 이 전체 모습이 연관 프레임으로 나타난다. 선행 연구는 2010년 4월 영국의 세계적 석유회사인 BP에서 석유 유출로 발생한 폭발 사고와 11명 노동자의 사망 사건과 관련해, BP의 보도 자료, 〈뉴욕타임스〉 등 미국의 3대 유력 신문과 〈파이낸셜 타임스(Financial Times)〉 등 영국의 3대 유력 신문의 기사들을 자동 추출 기법으로 분석했다(Schultz et al., 2012). 그 결과, BP의 보도 자료에서 '$p$(결과|석유 유출 문제)=.58'이라는 조건부 확률이 도출됐는데, 석유 유출 문제가 언급된 보도 자료에 결과가 언급된 확률이 '.58'로 나타났다. 특히, '$p$(결과|환경 운동가)=.79', '$p$(석유 유출 문제|정치권)=.56'이라는 조건부 확률값들을 보면, BP는 보도 자료에서 환경 운동가들과 정치권이 오직 결과에만 집중했다고 주장한 것으로 나타났다.

지금까지 살펴본 의미 연결망의 이론적 개념과 적용 방식, 장점과 한계점 등을 토대로 국내 언론이 보도한 실제 기사를 분석해 의미 연결망을 도출한 뒤에 이로부터 프레임을 추출하고자 한다. 다음 장은 이를 위한 관련 코드와 자세한 의미를 기술한다.

## 2) 의미 연결망 분석으로 뉴스 프레임 추출

R에 관련 패키지들을 장착해 의미 연결망을 도출하기 위해서는, 앞서 논의한 공출현 행렬을 만들고 연결 중심성, 매개 중심성, 근접 중심성의 값을 산출해 이를 연결망 시각화에 반영해야 한다. 아래와 같이, 공출현 행렬을 만드는 과정은 'quanteda' 패키지로 분석하는 과정과 동일하다. 다만, 의미 연결망을 재현하는 'igraph' 패키지, 3차원 연결망을 구현하는 'rgl' 패키지, 이를 이용자의 웹 브라우저에서 상호작용으로 접근하도록 해주는 'rmarkdown' 패키지, 중심성 값을 반영해 연결망의 노드와 간선의 크기를 조절할 때 필요한 'plotrix' 패키지, 엑셀 파일로 중심성 값을 저장시켜 주는 'openxlsx' 패키지가 필요하다. 엑셀 파일과 관련한 이 패키지는 자바를 요구하지 않아 효율적이다. 이들을 아래의 코드로 RStudio 환경에 장착한다.

```
x <- c("quanteda", "igraph", "rgl", "rmarkdown", "plotrix", "openxlsx");
lapply(x, require, character.only = T); fcorpus <- corpus(f2)
dfmatrix <- dfm(fcorpus, verbose = TRUE, tolower = TRUE,
                remove_numbers = TRUE, remove_punct = TRUE,
                remove_symbols = TRUE, remove_separators = TRUE,
                stem = FALSE)
dfmatrix2 <- dfm_tfidf(dfmatrix)
dfmatrix2_top200 <- dfm_select(dfmatrix2, pattern =
names(topfeatures(dfmatrix, 300)), min_nchar = 2L)
```

```
dfmatrix2_top200_2 <- dfmatrix2_top200[, -c(3:4, 6, 9:13,
    15, 17:21, 23, 26:28, 30, 33, 34:39, 41:42, 48:49, 52:57,
    62:65, 69:76, 79:80, 82:92, 94:103, 106:107, 110:125,
    127:132, 135:142, 144:146, 150:151, 153:154, 156, 158:159,
    164, 167:172, 175:176, 178:181, 183:186, 189:190, 195:197,
    199, 201, 204:207, 210:216, 218:219, 221, 227:228, 231,
    233, 238:239, 242:243, 246)]
fcm2 <- fcm(dfmatrix2_top200_2); fcm3 <- fcm2 / rowSums(fcm2)
```

'quanteda' 패키지로 공출현 행렬을 도출하는 과정은 제 6장에서 설명한 절차와 동일하며, 〈한겨레〉의 부동산 관련 기사 500건을 사용했고 선택한 상위 단어 수는 300개로 결정했다. 이유는 연결망에 재현할 수 있는 단어 수가 50개 정도일 경우, 뜻이 비슷한 단어들 때문에 내재한 의미를 풍부하게 도출하지 못할 수 있어, 100개 안팎의 단어를 목표로 했기 때문이다.

```
m <- as.matrix(fcm3); termMatrix <- m + t(m)
g <- graph_from_adjacency_matrix(termMatrix, weighted = TRUE, mode =
"undirected", diag = FALSE); g <- simplify(g)
```

'igraph' 패키지에 있는 'graph_from_adjacency_matrix' 함수는 인접행렬(adjacency matrix)로부터 연결망을 구축하는데, 이 때 투입해야 하는 행렬 형태는 정방 행렬(square matrix)이어야 한다. 이 때문에 'fcm3'을 행렬로 전환한 'm'과 이를 전치한 't(m)' 행렬의 합을 'termMatrix'라는 정방 행렬로 유도했다. 이 정방 행렬을 그래프 도출 함수에 투입한 뒤에 간선의 가중치를 사용하고, 노드 간에 방향성은 보지 않으며 행렬의 대각선 값은 사용하지 않는다고 설정한 뒤에 연결망을 유도한다. 이어서 자신의 노드에 연결되는 간선인 고리(loop)와 동일한 노드들 간에 2개 이상의 간선이 연결되는 다중 간선(multiple edges)을 제외함으로써, 노드와 다른 노드들이 한 번씩만 연결된 단순 연결망을 구축한다.

```
# 연결 중심성
dc <- centr_degree(g, mode = "all", loops = F)
sdc <- as.data.frame(dc$res/(vcount(g) - 1)); n.df <- as.data.
frame(V(g)$name)
sdc2 <- cbind(n.df, sdc); colnames(sdc2) <- c("name", "degreeC")
sdc3 <- sdc2[order(sdc2$degreeC, decreasing = TRUE), ]
write.xlsx(sdc3, "sdc.xlsx", sheetName = "sheet1")

# 매개 중심성
btw <- betweenness(g, directed = FALSE, weights = NA, normalized = T)
btw <- sort(btw, decreasing = TRUE); write.xlsx(btw, "btw.xlsx", sheetName
= "sheet1")

# 근접 중심성
sdcls <- closeness(g, mode = "all", weights = NA, normalized = T)
close <- sort(sdcls, decreasing = TRUE); write.xlsx(close, "close.xlsx",
sheetName = "sheet1")
```

의미 연결망을 차지하는 단어들의 중요도를 파악하기 위해서는 통계 지표로 연결 중심성, 매개 중심성, 근접 중심성을 고려해야 한다. 이를 계산하는 방식은 선행 연구자들이 제시한 공식을 활용했으며, 관련 R 코드들은 위에 나온다. 산출한 3개 중심성 값을 자신의 작업 공간에 저장하려면, 'openxlsx' 패키지의 'write.xlsx' 함수로 파일 이름을 만들어 해당 작업 공간으로 내보내면 된다.

```
cfg <- cluster_fast_greedy(as.undirected(g), membership = TRUE, weights
= E(g)$weight); cfg$membership
```

위의 코드는 제 8장에서 다루는 군집 분석의 하나인데, 의미 연결망에 있는 단어들을 해당 군집에 따라 색깔로 구별하는 기능이 있기 때문에 여기에서 사용했다. 3개 군집이 출현한다면, 이에 해당하는 단어들이 각각 3개의 색깔로 표시돼, 단어들이 묶이는 현상을 쉽게 파악할 수 있다. 'cfg$membership'은 각 군집에 속하는 양상을 1, 2, 3 등 숫자로 표시해준다. '1'은 첫 번째 군집, '2'는 두 번째 군집, '3'은 세 번째 군집을 뜻한다.

```
windowsFonts(style = windowsFont("함초롬바탕"))
igraph.options(plot.layout = layout.auto(g), vertex.label.family = "style",
    vertex.label.cex = plotrix::rescale(sdc3$degreeC, c(0.2, 1.1)), vertex.label.
    font = 2)
egam <- (log(E(g)$weight + 1.5)) / max(log(E(g)$weight + 1.5))
plot(g, edge.width = egam, edge.arrow.size = 0.2, vertex.size = plotrix::resc
ale(log(sdc3$degreeC+8L)+17L, c(2, 35)), vertex.color = cfg$membership)
plot(cfg, as.undirected(g), edge.width = egam, edge.arrow.size = 0.2, edge.
color = "dark grey", vertex.size = plotrix::rescale(log(sdc3$degreeC+8L)+1
7L, c(2, 25)), vertex.color = cfg$membership, vertex.label.font = 2)
```

'igraph'와 'plotrix' 패키지를 활용하고 글자 양식은 '함초롬바탕'으로 설정해 연결 중심성 값을 반영한 의미 연결망을 〈그림 9〉처럼 도출했다. 'vertex.label.cex'는 노드에 들어가는 단어의 크기를 조절하며, 'vertex.label.font'는 노드 안에 단어 글씨체를 바꾼다. '1'은 기본 모양이고 '2'는 굵은 글씨로 나타나며 '3'은 오른쪽으로 기울인 글씨체이고 '4'는 굵으면서 오른쪽으로 기울인 글씨체다. 'edge.width'는 간선의 폭을 조정하며 'edge.arrow.size'는 간선의 크기를 조절한다. 여기서 주목할 코드인 'vertex.label.cex = plotrix∷rescale(sdc3$degreeC, c(0.2, 1.1))'은 노드의 단어 크기를 연결 중심성 값을 반영해 조정한다. 또한, 노드의 크기 자체에도 변화를 줄 수 있는데, 'vertex.size = plotrix∷rescale(log(sdc3$degreeC+8L)+17L'라는 코드로 연결 중심성 값을 반영해 중심성 값이 클수록 노드가 크게 보이도록 조정한다.

〈그림 9〉에서 3개 색깔로 구분된 단어 묶임이 나타났는데, 이것 자체로 프레임을 추출하기에는 다소 부족하다. 제 8장에서 다루는 군집분석과 병행해 진행하면 프레임을 체계적으로 추출할 수 있다. 다만, 〈그림 9〉에서 명확하게 볼 수 있는 것은 단어들이 서로 다르게 연결되어 어떤 의미를 내포한다는 점이다.

〈그림 9〉 한겨레의 부동산 관련 기사에 나타난 연결 중심성을 반영한 의미 연결망

매개 중심성 값을 반영한 의미 연결망의 도출 과정도 아래와 같은데, 코드의 의미와 분석 순서는 연결 중심성 값을 반영해 연결망을 산출하는 것과 동일하다. 독자들은 'vertex.label.cex'와 'vertex.size'를 활용해 노드에 표시되는 단어의 크기와 노드 크기를 늘리거나 줄이는 점을 체험할 수 있다.

```
igraph.options(plot.layout = layout.auto(g), vertex.label.family = "style",
               vertex.label.cex = plotrix::rescale(btw, c(0.2, 1.1)), vertex.label.
               font = 2)
egam <- (log(E(g)$weight + 1.5)) / max(log(E(g)$weight + 1.5))
plot(g, edge.width = egam, edge.arrow.size = 0.2, vertex.size =
log(btw+8L)+17L,
    vertex.color = cfg$membership)
plot(cfg, as.undirected(g), edge.width = egam, edge.arrow.size = 0.2, edge.
color = "dark grey", vertex.size = plotrix::rescale(log(btw+8L)+17L, c(2, 25)),
vertex.color = cfg$membership, vertex.label.font = 2)
dev.off()
```

〈그림 10〉 한겨레의 부동산 관련 기사에 나타난 매개 중심성을 반영한 의미 연결망

근접 중심성 값을 반영한 의미 연결망의 도출 과정도 위에서 기술한 코드와 동일하며, 차이점은 근접 중심성 값을 해당 코드에 투입하는 부분이다.

```
igraph.options(plot.layout = layout.auto(g), vertex.label.family = “style”,
              vertex.label.cex = plotrix::rescale(close, c(0.2, 1.1)), vertex.
              label.font = 2)
egam <- (log(E(g)$weight + 1.5)) / max(log(E(g)$weight + 1.5))
plot(g, edge.width = egam, edge.arrow.size = 0.2, vertex.size = close*15L,
     vertex.color = cfg$membership)
plot(cfg, as.undirected(g), edge.width = egam, edge.arrow.size = 0.2, edge.
color = “dark grey”, vertex.size = plotrix::rescale(log(close+8L)+17L, c(2,
25)), vertex.color = cfg$membership, vertex.label.font = 2); dev.off()
```

〈그림 11〉 한겨레의 부동산 관련 기사에 나타난 근접 중심성을 반영한 의미 연결망

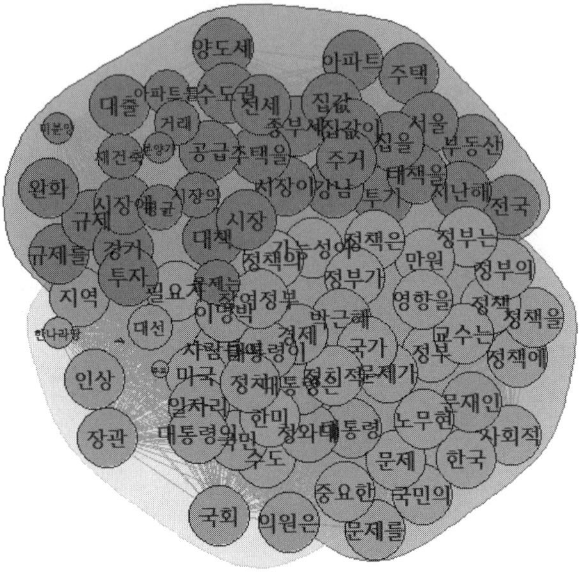


〈그림 9〉부터 〈그림 11〉은 연결 중심성, 매개 중심성, 근접 중심성의 값을 반영해 중요한 단어들이 맺는 관계를 구분해서 연결망으로 재현한다. 그러나 이 3개 연결망은 축과 축을 기준으로 하는 2차원의 공간에 존재한다. 축을 추가하면 3차원의 공간에서 동일한 의미 연결망을 만들어 독자들이 연결망을 직접 회전하면서 단어들 간에 관계를 확인할 수 있다.

### 3) 3차원 의미 연결망 분석으로 뉴스 프레임 추출

3차원 의미 연결망을 도출하기 위해서는 'igraph'이외에 'rgl'과

'rmarkdown'이라는 3차원 연결망 패키지들이 필요하다. 이미 분석 초기 단계에서 이들을 장착했기 때문에 아래 코드로 진행하면 원하는 3차원 연결망을 확보할 수 있다. 'rgl.open()'은 3차원 연결망의 재현을 위해 시각화 창을 여는 함수이고 'rgl.close()'는 이 시각화 창을 닫는 함수이다. 그런데, 'rgl' 패키지는 영어 문자만 지원하기 때문에 연결망의 노드에 한국어 등 다른 외국어로 구성된 단어들이 존재하면 다음과 같은 오류 메시지가 뜨면서 실행이 멈춘다.

```
Error in rgl::rgl.texts(c(0, x[1]), c(0, y[1]), c(0, z[1]), c("", l1), :
text 2 contains unsupported character
```

이는 노드의 단어 이름 중에 영어가 아닌 문자가 있어 인식할 수 없다는 뜻이다. 다시 말해 모든 단어들을 영어로 바꾸라는 의미다. 이에 따라 아래처럼 한글 단어를 영어로 옮기고, 한글의 격조사나 연결어미는 발음을 살려서 'eul(을)', 'e(에)', 'leul(를)', 'ui(의)', 'neun(는)' 등으로 추가해 표기했다. 아래와 같이 총 87개의 한글 단어를 영어 문자로 처리했다.

```
g2 <- layout.fruchterman.reingold(g, dim = 3); options(rgl.printRglwidget = T)
rgl.open(); names <- V(g)$name
names[1] <- "national"; names[2] <- "policy-e"; names[3] <- "problem-
leul"; names[4] <- "policy-eul"; names[5] <- "societal"; names[6] <-
"policy"; names[7] <- "public-ui"; names[8] <- "real estate"; names[9] <-
"korea"; names[10] <- "parliament"; names[11] <- "house"; names[12] <-
"government-ui"; names[13] <- "lawmaker-eun"; names[14] <- "last year";
names[15] <- "moon jae-in"; names[16] <- "government-neun"; names[17]
<- "problem"; names[18] <- "government"; names[19] <- "thousand";
names[20] <- "apartment"; names[21] <- "seoul"; names[22] <- "professor-
neun"; names[23] <- "impact-eul"; names[24] <- "important"; names[25] <-
"speculation"; names[26] <- "Gungnam"; names[27] <- "roh moo-hyun";
names[28] <- "policy-eun"; names[29] <- "measure-eul"; names[30] <-
"market-i"; names[31] <- "transfer tax"; names[32] <- "comp real estate tax";
names[33] <- "housing price";  names[34] <- "house-eul"; names[35] <-
```

```
"housing price-i"; names[36] <- "living"; names[40] <- "government-ga";
names[41] <- "park geun-hye"; names[42] <- "policy-ui"; names[43] <-
"problem-ga"; names[44] <- "president"; names[45] <- "house-eul";
names[46] <- "capital"; names[47] <- "need-ga"; names[48] <- "nation";
names[49] <- "region"; names[50] <- "public"; names[51] <- "measure";
names[52] <- "blue house" names[53] <- "regulation-leul"; names[54] <-
"loan"; names[55] <- "regulation"; names[56] <- "increase"; names[57]
<- "people-i"; names[58] <- "president-eun"; names[59] <- "political";
names[60] <- "supply"; names[61] <- "market"; names[62] <- "korean-
american"; names[63] <- "looseness"; names[64] <- "usa" names[65]
<- "business"; names[66] <- "economy"; names[67] <- "job"; names[68]
<- "investment"; names[69] <- "lease"; names[70] <- "president-ui";
names[71] <- "lee myung-bak"; names[72] <- "president-i"; names[73]
<- "market-e"; names[74] <- "participatory government"; names[75]
<- "politics"; names[76] <- "problem-neun" names[77] <- "presidential
election"; names[78] <- "market-ui"; names[79] <- "average"; names[80] <-
"reconstruction"; names[81] <- "apartment-leul"; names[82] <- "transaction";
names[83] <- "pre-sale price"; names[84] <- "unsold" names[85] <- "grand
national party"; names[86] <- "candidate"; names[87] <- "candidate-neun"
```

아래의 코드를 실행하면 〈그림 12〉와 같은 3차원 의미 연결망이 나타난다. 노드 크기와 노드의 단어 크기를 위에서 언급한 것처럼 중심성 값을 반영해 조정했다. 여기서는 연결 중심성 값만 반영한 것을 제시했다.

```
threeD <- rglplot(g, vertex.size = plotrix::rescale(log(sdc3$degreeC+8L)+1
7L, c(2, 25)),
        vertex.color = cfg$membership, vertex.label = names, vertex.label.
        font = 2,
        vertex.label.cex = plotrix::rescale(sdc3$degreeC, c(0.5, 1.5)),
        edge.width = egam, edge.arrow.size = 2, edge.color = "dark grey",
        vertex.label.color = "black", vertex.label.dist = 1.8, layout = g2)
rgl.snapshot(filename = "threeD.png"); rgl.close()
```

'rgl.snapshot' 함수는 3차원 의미 연결망의 단면을 포착한다. 3개의 단어 군집이 형성되며 각각, 녹색, 빨간색, 검은색으로 명확하게 구분되고 각 노드 옆에 영어로 해당 단어가 표기된다. 이 3차원 의미 연결망의 장점은 독자들이 위, 아래, 왼쪽, 오른쪽 등 360도로 회전하면서 단어들 간에 연결 모습을 독자들의 속도에 맞춰 자세하게 확인할 수 있다는 점이다. 3D 프린터로 이를 출력할 수 있으며, RStudio나 웹 브라우저에서도 볼 수 있다.

```
filename <- writeWebGL(dir = file.path("C:\\Users\\limj\\Desktop\\analysis",
"webGL"), width = 500, reuse = TRUE)
if (interactive()) browseURL(paste0("file://", filename))
```

위의 코드는 구현한 3차원의 의미 연결망을 자신의 인터넷 브라우저 주소에 띄어 놓고 자유롭게 돌려가면서 볼 수 있게 한다. 실제 주소는 절대 주소(absolute address)로 개인 컴퓨터의 환경을 따른다. 가령, 'file:///C:/Users/limj/Desktop/analysis/webGL/index.html'와 같은 URL이 3차원 의미 연결망을 볼 수 있는 주소다. 독자들은 이 과정을 직접 확인해 보기를 바란다.

〈그림 12〉 한겨레의 부동산 관련 기사에 나타난 연결 중심성을 반영한 3차원 의미 연결망

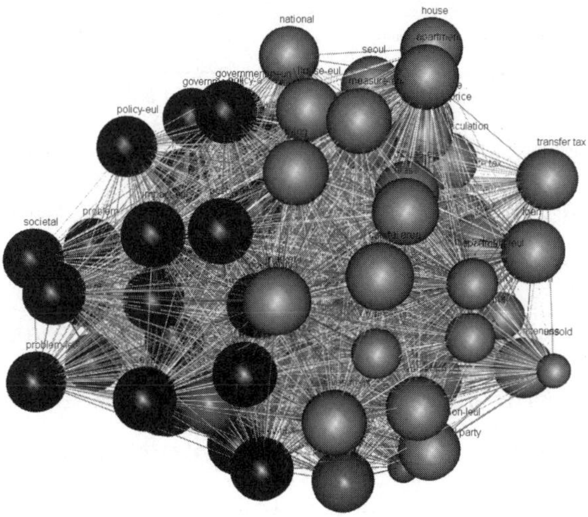

지금까지 제시한 코드들로 도출한 의미 연결망들이 특정한 유형의 프레임을 내포한다는 결론에 대해서는 몇 가지 타당도를 점검해야 한다. 대표적으로 연구자들은 인간이나 전문가가 측정한 결과인 황금 기준에 기계 코딩의 결과를 비교한다. 〈그림 13〉은 황금 기준과 프로그래밍 언어인 기계 코딩을 비교한 유형을 4개로 구분해 보여준다(van Atteveldt, 2008 p. 49).

〈그림 13〉 기계 코딩과 황금 기준의 비교 결과

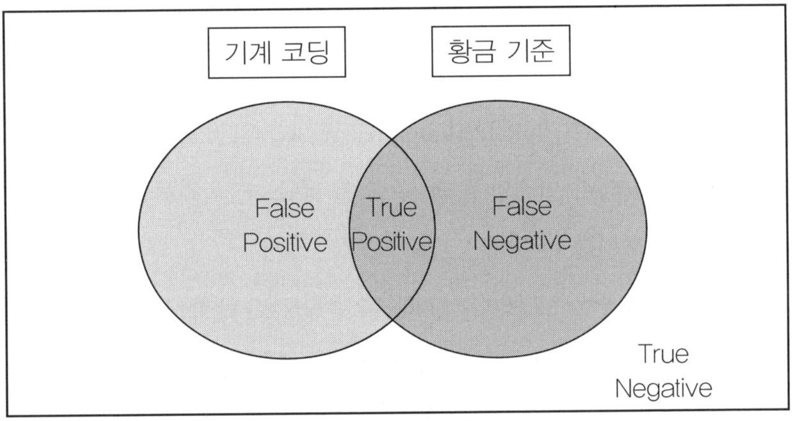


'진양성(True Positive)'은 기계 코딩과 황금 기준이 분석 단어들을 목표 속성에 정확하게 분류한다는 의미다. '위양성(False Positive)'은 기계 코딩이 분석 단어들을 해당 속성에 속한다고 잘못 분류했다는 뜻이며, '위음성(False Negative)'은 기계 코딩이 분석 단어들을 해당 속성에 속하지 않는다고 잘못 분류했다는 의미다. '진음성(True Negative)'은 분석 단어들을 목표 속성에 속하지 않는다고 정확하게 분류했다는 뜻이다. 이 분류를 평가하는 지표인 단순 정확도(accuracy)는 분석 단어의 빈도가 낮을 경우 의미 있는 기준이 못된다(van Atteveldt, 2008). 예를 들어,

'부동산'이라는 단어의 빈도가 1인 경우, 나머지 단어들은 이에 해당하지 않기 때문에 정확도는 90%이상으로 나온다. 이를 보완하기 위해 연구자들은 정밀도(precision), 재현율(recall), F1 점수(F1 score)라는 수정 지표[18]를 사용한다. 진음성은 이 수정 지표 계산에 사용되지 않는다.

선행 연구는 이 같은 비교 방식을 적용해 기계 코딩의 동시 타당도(concurrent validity), 액면 타당도(face validity), 개념 타당도(construct validity)를 각각 측정했다(van Atteveldt, 2008). 유사한 맥락에서 다른 연구자들도 기계 코딩의 결과를 인간 코딩의 결과와 비교해 타당도를 검증했다(이준웅·김성희, 2018; 임종섭, 2019; Roberts et al, 2014). 이 3개 타당도를 살펴본다. 동시 타당도는 측정하는 텍스트 단위에서 관계를 얼마나 잘 추출했는가를 보여주는데, 인간이 분석한 결과는 타당하다고 간주하기 때문에 기계의 코딩 결과가 인간 분석 결과와 일치하면 동시적으로 타당하다. 의미 연결망 관점에서 볼 때, 의미가 분명하지 않은 문장들이 있는데, 기계 코딩과 인간 코딩의 불일치는 방법의 오류가 아니라 이런 텍스트의 의미 모호성에서 비롯한다(van Atteveldt, 2008). 이를 위해 분석 결과를 전문가들이 인정하는 정도의 액면 타당도를 점검한다. 개념 타당도는 분석 방법이 해당 개념을 제대로 측정한 정도를 뜻하는데, 이를 평가하기 위해서는 인간이 분석한 프레임 유형과 기계가 분석한 프레임 유형을 비교해 이들 간에 상관관계를 계산한다(van

18 정밀도, $pr = \frac{True\ Positive}{True\ Positive + False\ Positive}$, 재현율, $re = \frac{True\ Positive}{True\ Positive + False\ Negative}$, F1 점수 $F1 = \frac{2 \times Precision \times Recall}{Precision + Recall}$, F1 점수는 정밀도와 재현율의 조화평균(harmonic mean)으로 $\frac{2}{\frac{1}{Precision} + \frac{1}{Recall}}$에서 도출된다.

Atteveldt, 2008).

따라서 〈그림 13〉에 나온 방식대로 기계 코딩의 결과와 인간 코딩의 결과를 비교해 동시 타당도, 액면 타당도, 개념 타당도를 확인하면, 기계 코딩으로 자동 추출한 뉴스 프레임이 그만큼 타당한 개념이라고 판단할 수 있다.

# 제8장

# 군집 분석과 뉴스 프레임추출

제8장
# 군집 분석과 뉴스 프레임 추출

## 1) 군집 분석의 개념

군집 분석은 프레임, 주제 등 언론학 연구에서 자주 등장하는 개념들을 기사, 댓글 등에서 발견하는데 활용할 수 있는 방법이다. 군집 분석은 텍스트 마이닝의 하나로 별도의 배경 지식이 없이 데이터에서 흥미로운 구조나 군집을 발견한다(Pons-Porrata, Berlanga-Llavori, & Ruiz-Shulcloper, 2007). 군집 분석은 분할 군집 알고리즘(partitional clustering algorithm)과 위계적 군집 알고리즘(hierarchical clustering algorithm)으로 나뉜다.

기사에서 최종 주제를 추출할 때, 1단계에는 하위 주제(subtopic)가 존재하고 2단계에는 주제 혼합체(composite topics)가 있으며 3단계에는 최종 주제(topic)가 자리한다(Pons-Porrata et al., 2007). 이 단계별로 진행하면서 최종 주제를 발견하는 것이다. 기사 문장을 특정한 주제로 분류할 때 뉴스 구조를 고려할 필요가 있다. 이와 관련해 뉴스 기사는 원인 설명과 실제 발생한 일(episode)로 구성되는데, 원인 설명은 역사와 맥락으로 세분화되고 발생한 일은 환경과 사건으로 구분된다(Montiel, Salvador, See, & De Leon, 2014).

이런 기사문에서 핵심 주제를 담은 단어들을 파악할 때 *TF*×*IDF* 알고리즘[19]을 사용하는데, 평균 가중치가 높은 문장들을 특정 주제로 분류하고 각 문장은 문장 벡터와 연관된다(Bun & Ishizuka, 2002). 이 문장 벡터는 가중치가 높은 단어들인 단위 벡터로 구성되며, 이 단위 벡터를 조사해 관련 주제별로 문장을 분류할 수 있다. 각 문장 군집이 주제이며 각 주제 군집에 속하는 문장들은 주제 요약을 위해 시간별로 배열된다. 핵심 주제를 설명하는 단어들은 각 뉴스 채널이 제작한 기사에서 자주 출현하며 가중치도 커진다. 대부분 뉴스 채널이 가중치가 높은 단어를 공통으로 포함한다면, 이 단어는 핵심 주제를 설명한다(Bun & Ishizuka, 2002).

군집 분석은 데이터에서 측정값들의 하위 집단을 찾아내는 비교적 포괄적인 기술로 같은 집단에 속하는 측정값들은 유사하고 다른 집단에 속하는 측정값들은 차이가 나도록 분류한다(Boehmke, 2017). 이 군집 분석은 별도 반응변수(response variable)로 훈련하지 않고 '*n*' 개의 측

---

19 $W_j = \sum_{c=1}^{c=D} |F_{jc}| \exp(\frac{n_{jc}}{N_c}), |F_{jc}| = \frac{F_{jc}}{\sqrt{\sum_{k=1}^{k=K} F_{kc}^2}}$, $W_j$는 단어 $j$의 가중치, $F_{jc}$는 뉴스 채널 $c$의 단어 $j$의 빈도, $n_{jc}$는 단어 $j$가 출현한 뉴스 채널 $c$가 제작한 기사 수, $N_c$는 뉴스 채널 $c$가 제작한 기사의 총 수, $k$는 뉴스 채널 $c$가 제작한 기사 단어의 총 수, $D$는 채널 수다.

정값들 사이에 존재하는 관계를 발견하는 비주도 기계 학습이다. 군집 분석 중에 많이 사용되는 유형은 'K–평균(K–Means)' 군집화로 이에 적합한 데이터는 다음의 세 가지를 충족시켜야 한다(Boehmke, 2017).

첫째, 행(row)은 측정값 또는 개인들이며 열(column)은 변수들이다.

둘째, 데이터에서 손실값은 제거하거나 다른 예상 측정값으로 대체되어야 한다.

셋째, 데이터는 변수들을 비교하기 위해 평균이 0이고 표준편차가 1인 상태로 표준화해야 한다.

'K–평균' 군집화는 군집 내부의 총 분산도(variation) 또는 군집내 총 분산도(total within–cluster variation)를 최소화하는 군집들을 파악한다. 이를 위해 가장 자주 사용되는 알고리즘은 '할티건–웡 알고리즘(Hartigan–Wong algorithm)'인데, 이는 군집내 총 분산도를 군집내 지점과 평균값의 유클리디언 거리(Euclidean distance)의 제곱합[20]으로 계산한다(Kassambara, 2017).

군집에서 거리 측정 방식은 여섯 가지가 있다. 첫째는 유클리디언 거리로 길이가 $n$인 $x$와 $y$라는 2개 벡터 간에 거리는 다음과 같이 계산한다.

$$d_{euc}(x, y) = \sqrt{\sum_{i=1}^{n}(x_i - y_i)^2}$$

유클리디언 거리는 2개 벡터에 담긴 요소들의 차이를 제곱해 합을 구한 뒤에 이것의 제곱근을 취한 결과다. 둘째는 맨해튼 거리[21]로 차이

20 $W(C_k) = \sum_{x_i \in C_k}(x_i - \mu_k)^2$, $x_i$는 군집 $C_k$에 속하는 개별 데이터이며, $\mu_k$는 군집 $C_k$에 속하는 데이터들의 평균(centroid)이다.

21 $d_{man}(x,y) = \sum_{i=1}^{n}|(x_i - y_i)|$

대신에 2개 벡터에 있는 요소들의 차이를 절대값으로 계산한다. 셋째는 피어슨 상관관계 거리(Pearson correlation distance)이며, 넷째는 아이젠 코사인 상관관계 거리(Eisen cosine correlation distance)이고, 다섯째는 스피어만 상관관계 거리(Spearman correlation distance)이며, 여섯째는 켄달 상관관계 거리(Kendall correlation distance)다[22](Kassambara, 2017).

군집내 총 분산도는 할티건-웡 알고리즘이 제시한 공식을 보완해 다음과 같이 제시된다.

$$\sum_{k=1}^{k} W(C_k) = \sum_{k=1}^{k} \sum_{x_i \in C_k} (x_i - \mu_k)^2$$

따라서 K-평균 군집화는 이 분산도를 최소화하는 군집을 찾는 과정이며, 구체적 절차는 다음과 같다(Kassambara, 2017).

첫 번째, 연구자가 군집 수(k)를 미리 무작위로 정한다.

두 번째, 데이터에서 k개의 지점을 무작위로 선택해 이를 초기 군집 평균으로 간주한다.

세 번째, k 지점을 제외한 나머지 각 지점과 군집 평균 간에 유클리디언 거리를 계산해 이 지점들을 가장 가까운 군집 평균(centroid)으로

---

22 $d_{cor}(x,y) = 1 - \frac{\sum_{i=1}^{n}(x_i - \bar{x})(y_i - \bar{y})}{\sqrt{\sum_{i=1}^{n}(x_i - \bar{x})^2 \sum_{i=1}^{n}(y_i - \bar{y})^2}}$, $d_{eisen}(x,y) = 1 - \frac{|\sum_{i=1}^{n}(x_i y_i)|}{\sqrt{\sum_{i=1}^{n} x_i^2 \sum_{i=1}^{n} y_i^2}}$,

$d_{spear}(x,y) = 1 - \frac{\sum_{i=1}^{n}(x_i' - \bar{x'})(y_i' - \bar{y'})}{\sqrt{\sum_{i=1}^{n}(x_i' - \bar{x'})^2 \sum_{i=1}^{n}(y_i' - \bar{y'})^2}}$, $x_i'$는 $x$의 순위이며, $y_i'$는 $y$의 순위임,

$d_{kend}(x,y) = 1 - \frac{n_c - n_d}{\frac{1}{2}n(n-1)}$, $n_c$는 일치하는 쌍의 전체 수이며, $n_d$는 불일치하는 쌍의 전체 수이고, $n$은 $x$와 $y$의 크기임

묶는다. 이 단계는 '군집 지정(cluster assignment)'이라고 한다.

네 번째, 각 군집 안에 모든 지점들에 대한 평균을 구해 이를 새로운 군집 평균으로 지정한다. 이 단계는 '평균 갱신(centroid update)'이다. 모든 지점들은 이 갱신된 군집 평균에 따라 새롭게 묶인다. $k_{th}$군집의 평균은 이 군집에 속하는 모든 변수들의 평균을 포함한 벡터로 이 벡터의 길이는 변수들의 수인 $p$이다.

다섯 번 째, 군집내 총 제곱합(total within sum of square)의 값을 최소화할 때까지 세 번째와 네 번째 단계를 반복한다. 군집 지정이 더 이상 안 될 때까지나 반복의 최대치에 도달했을 때 이 과정을 중단한다. R 알고리즘은 최대 반복 횟수를 '10'으로 설정한다.

이를 압축하면, K-평균 군집화는 할당 단계와 수정 단계로 구분되는데, 할당 단계는 각 데이터 지점을 가장 가까운 곳에 위치한 군집에 할당하는 것이며, 수정 단계는 이 할당에 따라 군집 평균값을 수정한다(Yang & Leskovec, 2011). 이 과정을 반복해 K-평균 군집화는 같은 군집에 속한 지점들 간에 유클리디언 거리의 제곱합을 최소화한다. K-평균 군집화는 매우 간단하고 빠른 알고리즘이어서 대규모 데이터를 효율적으로 처리할 수 있다(Boehmke, 2017).

군집내 총 제곱합처럼 기준점이 되는 통계치의 최소값을 구할 때까지 군집화가 반복적(iterative)으로 진행된다는 점은 눈여겨 볼 대목이다. 이유는 다른 기계 학습 기반의 통계 분석도 유사한 절차를 따르고 있기 때문이다. K-평균 군집화는 이후 장에서 논의하는 토픽 모델링(topic modeling)처럼 연구자가 사전에 군집 수를 결정해야 한다. 그러나 토픽 모델링은 혼잡도(perplexity)라는 통계치를 토대로 교차검증을 실시해 가장 적절한 주제(topic) 수를 선택하기 때문이 결정 과정이 비교적 객관적이다. 이 점에서 K-평균 군집화의 군집 수 결정은 연구자의 주관적 지식과 경험에 의존하는 한계점이 있다. 이 맥락에서 선행 연구자들은 이 군집화의 두 가지 약점을 지적한다(Boehmke, 2017).

첫 번째 약점은 연구자가 군집 수를 미리 지정해야 한다는 점이다. 대안으로 나무 모양의 덴드로그램(dendrogram)을 도출하는 위계적 군집화가 있다. 본 저자는 군집 수를 2, 3, 4, 5, 6 등으로 다르게 설정해 군집화를 실행한 이후에 결과들을 비교해 가장 적합한 결과를 도출하는 군집 수를 최종 선택할 수 있다고 제안한다. 두 번째 약점으로 K-평균 군집화는 이상치(outlier)에 영향을 받으며, 분석 데이터의 순서를 바꿀 경우에 결과가 달라진다.

## 2) 군집 분석으로 뉴스 프레임 추출

본 저자는 평균 군집화, 구형(Spherical) K-평균 군집화, 위계적 군집화라는 3개 유형의 군집 분석의 코드와 결과를 잇따라 제시하고, 독자들이 각 분석을 체험하고 비교하도록 한다. 데이터는 제 7장에서 의미 연결망을 도출할 때 사용한 〈한겨레〉의 부동산 관련 기사 500건이다.

### (1) K-평균 군집화

```
options(stringsAsFactors = FALSE); set.seed(1234)
x <- c("skmeans", "clue", "cluster", "fpc", "wordcloud", "factoextra", "NbClust")
install.packages(x); lapply(x, require, character.only = T)
```

'options(stringsAsFactors = FALSE)'는 문자 형태의 데이터를 'factor'로 전환하지 않고 문자로 인식한다는 것이다. 'set.seed(1234)'는 한 연구자가 도출한 결과를 다른 연구자가 동일한 코드로 실행해 같은 결과(reproducible result)를 얻게 해주는 설정이다. 아래의 예를 보면, 쉽게 이해할 수 있다.

```
sample(LETTERS, 10)
 [1] "Y" "Z" "C" "K" "M" "S" "X" "U" "R" "B"
sample(LETTERS, 10)
 [1] "N" "J" "V" "K" "S" "P" "Q" "H" "M" "A"
sample(LETTERS, 10)
 [1] "V" "A" "E" "U" "N" "H" "I" "Y" "R" "W"
```

영어 대문자 알파벳에서 10개를 무작위로 추출할 때, 해당 코드를 세 번 반복할 때마다, 코드는 동일하지만 결과는 다르다. 따라서 같은 결과를 도출하기 위해서는 무작위 추출 번호를 '1' 이상으로 설정하고 아래처럼 2개 코드를 동시에 실행하면, 동일한 알파벳 10개를 반복해서 얻을 수 있다.

```
set.seed(1); sample(LETTERS, 10)
 [1] "G" "J" "N" "U" "E" "S" "W" "M" "L" "B"
set.seed(1); sample(LETTERS, 10)
 [1] "G" "J" "N" "U" "E" "S" "W" "M" "L" "B"
set.seed(1); sample(LETTERS, 10)
 [1] "G" "J" "N" "U" "E" "S" "W" "M" "L" "B"
```

상위 200개의 단어에 주목한 문서특성행렬을 도출한 뒤에 이 행렬의 개별 요소들의 값을 표준화시켜 비교하는 시도가 필요하다. 이는 각 단어별로 빈도 간에 차이가 클 경우, 이를 평균 0과 표준편차 1의 방식으로 표준화해 쉽게 비교하도록 한다. 아래처럼, 'scale' 함수가 이를 처리한다.

```
dfmatrix2_top200_2_s <- scale(dfmatrix2_top200_2, scale = TRUE)
```

앞서 지적한 대로, K-평균 군집화는 연구자가 사전에 군집의 수를 결정해야 하는데, 명확한 기준이 없이 진행할 경우 분석 절차가 주관적이라는 비판을 받는다. 이를 방지하기 위해, 'NbClust' 패키지의 'NbClust' 함수가 20여개의 지표로 군집 수를 제시하는 방식을 사용한다.

```
# determine the optimal number of clusters
NbClust(data = dfmatrix2_top200_2_s, diss = NULL, distance = "euclidean",
        min.nc = 2, max.nc = 15, method = "kmeans", index = "all",
        alphaBeale = 0.1)
*** : The Hubert index is a graphical method of determining the number of
clusters.
      In the plot of Hubert index, we seek a significant knee that corresponds to a
      significant increase of the value of the measure i.e the significant peak
      in Hubert index second differences plot.
*** : The D index is a graphical method of determining the number of clusters.
      In the plot of D index, we seek a significant knee (the significant peak
      in Dindex second differences plot) that corresponds to a significant
      increase of the value of the measure.
*******************************************************************
* Among all indices:
* 7 proposed 2 as the best number of clusters
* 6 proposed 3 as the best number of clusters
* 2 proposed 4 as the best number of clusters
* 2 proposed 5 as the best number of clusters
* 4 proposed 6 as the best number of clusters
* 1 proposed 14 as the best number of clusters
* 2 proposed 15 as the best number of clusters
             ***** Conclusion *****
* According to the majority rule, the best number of clusters is 2
```

7개 지표들이 2개 군집을 최적으로, 6개 지표들은 3개를 최적으로 제시했는데, 본 저서는 2개와 3개 군집 수를 각각 사용해 군집화를 실시해 비교한다.

```
dt <- t(dfmatrix2_top200_2_s); k2 <- kmeans(dt, centers = 2, nstart = 25)
fviz_cluster(k2, data = dt, pointsize = 2, labelsize = 18, main = "2개 단어 군집")
```

2차원의 공간에 단어들이 묶이는 양상을 보기 위해 전치행렬을 유도했으며, 'factoextra' 패키지의 'fviz_cluster' 함수로 2개로 추출된 군집의 시각화를 〈그림 14〉처럼 재현했다.

〈그림 14〉 한겨레의 부동산 관련 기사에 나타난 2개의 단어 군집

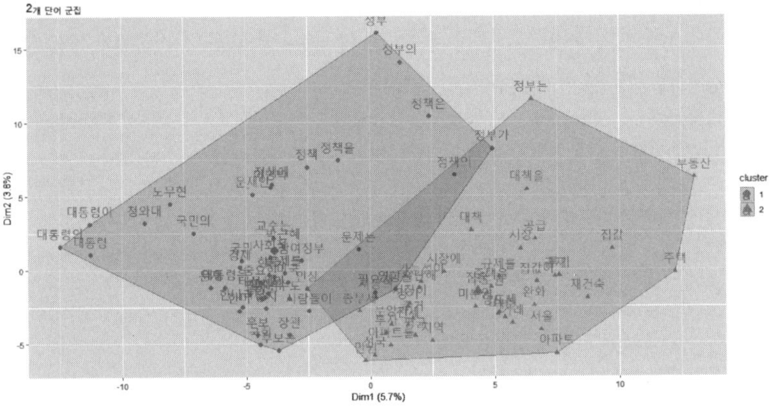


단어들이 각각 2개 군집에 따로 속한 모습이 원과 세모로 구분되어 명확하게 드러난다. 가운데는 겹쳐 보이는 단어들이 있으나, 이는 2차원에서 재현했기 때문이며 실제로는 각각 군집에 따로 속해 있다.

동일한 군집 결과를 이번에는 단어 구름으로 구분해 비교한다. 이를 위해 'clue' 패키지의 'cl_prototypes' 함수로 전형적인 예(prototype)에 해당하는 단어들을 추출하고 이를 'wordcloud' 패키지의 'comparison.cloud' 함수로 시각화하면, 〈그림 15〉처럼 군집으로 분류된 단어 구름이 나타난다.

```
k2.2 <- kmeans(dfmatrix2_top200_2_s, centers = 2, nstart = 25)
c.proto <- t(cl_prototypes(k2.2))
comparison.cloud(c.proto, scale = c(4, 0.2), random.order = FALSE, rot.per = .25,
                 max.words = 100, title.size = 5)
```

〈그림 15〉 한겨레의 부동산 관련 기사에 나타난 2개의 단어 구름

이 단어 구름을 자세히 보면, 2개의 회색이 있는데 위의 것은 첫 번째 군집이며 아래는 두 번째 군집을 뜻한다. RStudio의 화면 크기 제약 때문에 단어 구름 전체가 제대로 보이지 않을 뿐, 결과는 정확히 도출됐다. 첫 번째 군집에서는 '한나라당', '한미', '서울', '문제가', '정치', '정치적', '문제' 등 단어들이 부각돼 묶였으며, 두 번째 군집에서는 '대책을', '집값', '미국', '대책', '정부는', '박근혜', '전국' 등 단어들이 부각됐다.

군집 수를 3개로 설정해 아래처럼 동일한 절차로 분석을 다시 실시했다. 'nstart = 25'는 K-평균 군집화를 실시할 때, 25개의 무작위 군집 평균을 도출해 각각을 실행한 뒤에 가장 최적의 결과를 선택한다는 의미다. 'pointsize = 2'는 시각화 도형의 크기를 '2'로 설정하며, 'labelsize = 18'은 도형 옆에 위치하는 단어 글자 크기를 '18'로 조정한다.

```
dt <- t(dfmatrix2_top200_2_s); k3 <- kmeans(dt, centers = 3, nstart = 25)
fviz_cluster(k3, data = dt, pointsize = 2, labelsize = 18, main = "3개 단어 군집")
```

〈그림 16〉 한겨레의 부동산 관련 기사에 나타난 3개의 단어 군집

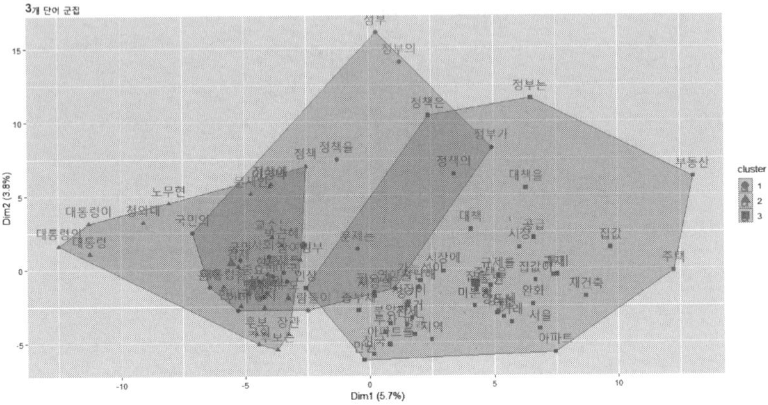


3개의 다른 군집들에 묶인 단어들이 각각 원과 세모, 네모로 구분됐고 2차원이어서 겹친 부분은 있다.

```
k3.2 <- kmeans(dfmatrix2_top200_2_s, centers = 3, nstart = 25)
c.proto2 <- t(cl_prototypes(k3.2))
comparison.cloud(c.proto2, scale = c(2, 0.3), random.order = FALSE, rot.per = .25,
max.words = 100, title.size = 4)
```

〈그림 17〉 한겨레의 부동산 관련 기사에 나타난 3개의 단어 구름

단어 구름에서 3개의 군집별로 유형이 나타났으나, 전형적인 단어들은 첫 번째와 두 번째 단어에 집중된 것으로 나타났다. 첫 번째 군집에서는 '문제', '중요한', '정치적', '사회적', '문제를', '정치', '국가' 등 단어들이 부각됐으며, 두 번째 군집에서는 '주택', '집값', '부동산', '집값이' 등 단어들이 눈에 띄게 나타났다. 흥미롭게도, 2개 모양의 단어 구름보다 3개 모양의 단어 구름에서 단어들의 대조가 더 선명하고 자세하다.

동일한 결과를 실루엣이라는 다른 시각화로 살펴본다. R의 기본 함수인 'dist'로 문서특성행렬의 전치행렬(dt)에서 각 행에 있는 단어들 간에 유클리디언 거리를 계산한 거리 행렬(distance matrix)을 도출한다. 이 결과를 비유사도를 뜻하는 'dissimilarity.m'이라는 변수로 저장한 뒤에 'silhouette' 함수에 투입해 실루엣을 유도했다.

```
dissimilarity.m <- dist(dt)
plot(silhouette(k2$cluster, dissimilarity.m), max.strlen = 5, cex.names = .1)
```

'max.strlen = 5'는 실루엣 시각화의 표식 크기를 '5'로 조정하며 'cex.names = .1'은 이름 크기를 '.1'로 한다.

〈그림 18〉 한겨레의 부동산 관련 기사에 나타난 2개 군집의 실루엣

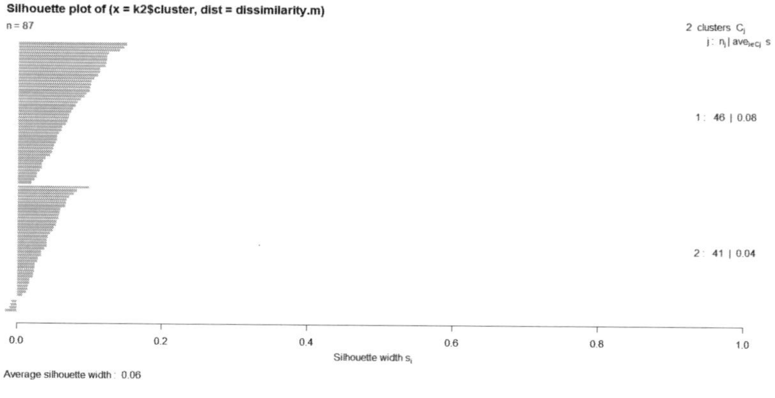

〈그림 18〉을 보면, 2개의 실루엣이 확연하게 구분된 점을 알 수 있어, 앞서 2개 군집화의 결과와 같은 모습이다. 3개 군집에 대한 실루엣도 동일한 방식으로 도출해 본다.

```
dissimilarity.m <- dist(dt)
plot(silhouette(k3$cluster, dissimilarity.m), max.strlen = 5, cex.names = .1)
```

〈그림 19〉 한겨레의 부동산 관련 기사에 나타난 3개 군집의 실루엣

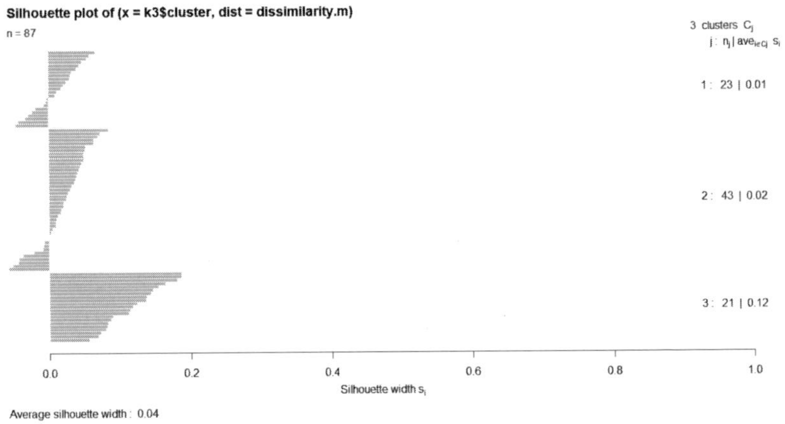


〈그림 19〉는 3개 실루엣이 차별돼 나타난 모습을 보여준다. 3개 군집이 나타났던 이전의 단어 군집과 단어 구름의 타당성을 이 그림에서 확인할 수 있다.

### (2) 구형 K-평균 군집화(Spherical K-Means clustering)

구형 K-평균 군집으로 앞서 사용한 〈한겨레〉의 부동산 관련 기사들을 분석해 군집을 추출해 본다. 기본 절차는 K-평균 군집과 같으며, 다른 점은 'skmeans' 함수로 군집을 파악한다는 부분이다. 'm = 1.5'는

군집 간에 구분할 때 군집 경계를 흐리하게 하는 정도를 뜻하는데, '1'은 경계가 명확하다는 뜻이며 '1' 이상은 일정 부분 흐린 경계가 설정된다는 의미다. 통제 요소로 'nruns = 5'는 군집화 모형을 5회 반복해 결과의 안정성을 확보하며, 'verbose = TRUE'는 진행되는 결과를 R 화면에 출력하는데, 군집화 모형 계산으로 컴퓨터 실행이 멈추는지를 알 수 있다.

```
skm2 <- skmeans(dfmatrix2_top200_2_s, 2, m = 1.5, control =
                    list(nruns = 5, verbose = TRUE))
dt <- t(dfmatrix2_top200_2_s); sk2 <- skmeans(dt, 2, m = 1.5, control =
list(nruns = 5, verbose = TRUE)); plot(silhouette(sk2), max.strlen = 5, cex.
names = .1)
```

〈그림 20〉 한겨레의 부동산 관련 기사에 나타난 2개 군집의 실루엣

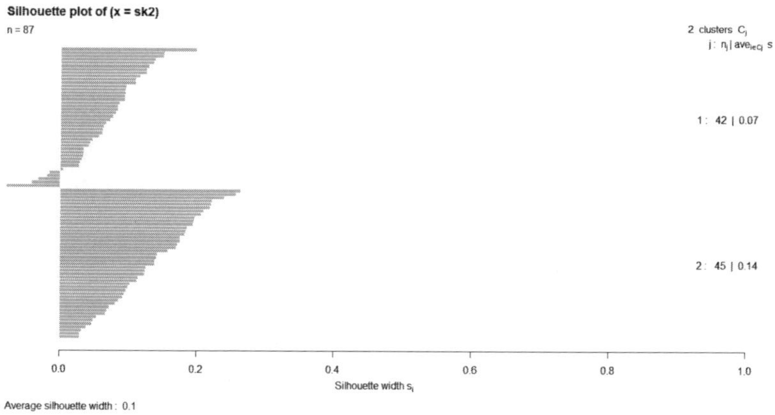


〈그림 20〉을 보면, 2개 군집의 실루엣이 명확하게 드러난 점을 알 수 있다. 아래의 코드는 단어 구름으로 단어들을 차별화시키는데, 기본 절차는 앞서 사용한 것과 같다.

```
clus.proto2 <- t(cl_prototypes(skm2))
comparison.cloud(clus.proto2, scale = c(2.5, 0.3), random.order = FALSE,
                    rot.per = .25, max.words = 100, title.size = 7)
```

〈그림 21〉 한겨레의 부동산 관련 기사에 나타난 2개의 단어 구름

K-평균 군집화 결과와는 달리 첫 번째 군집에서는 '대통령이', '대통령의', '국민의', '대통령', '국민', '정치적' 등 단어들이 부각됐다. 두 번째 군집에서는 '부동산', '집값', '규제', '주택', '재건축', '대책을', '공급' 등 단어들이 강조됐다.

```
skm3 <- skmeans(dfmatrix2_top200_2_s, 3, m = 1.5, control =
                    list(nruns = 5, verbose = TRUE))
dt <- t(dfmatrix2_top200_2_s); sk3 <- skmeans(dt, 3, m = 1.5, control =
list(nruns = 5, verbose = TRUE)); plot(silhouette(sk3), max.strlen = 5, cex.
names = .1)
```

〈그림 22〉 한겨레의 부동산 관련 기사에 나타난 3개 군집의 실루엣

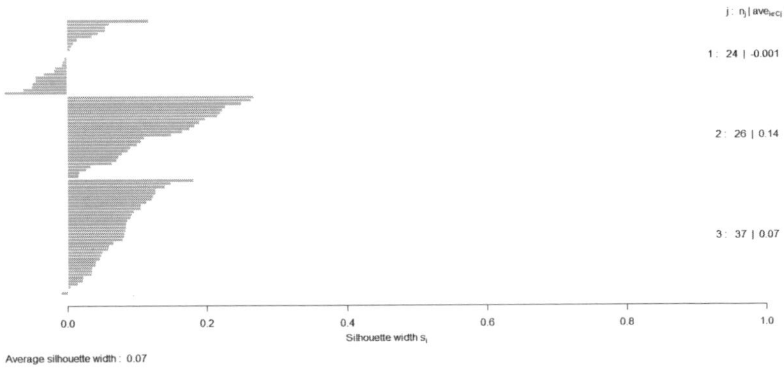

〈그림 22〉는 3개 군집의 실루엣을 보여주는데, 3개 군집 형성이 명확하게 나타났다. 단어 구름을 비교한 결과도 아래와 같은 코드로 도출했다.

```
clus.proto3 <- t(cl_prototypes(skm3))
comparison.cloud(clus.proto3, scale = c(3, 0.2), random.order = FALSE, rot.
per = .25,  max.words = 100, title.size = 7)
```

〈그림 23〉 한겨레의 부동산 관련 기사에 나타난 3개의 단어 구름

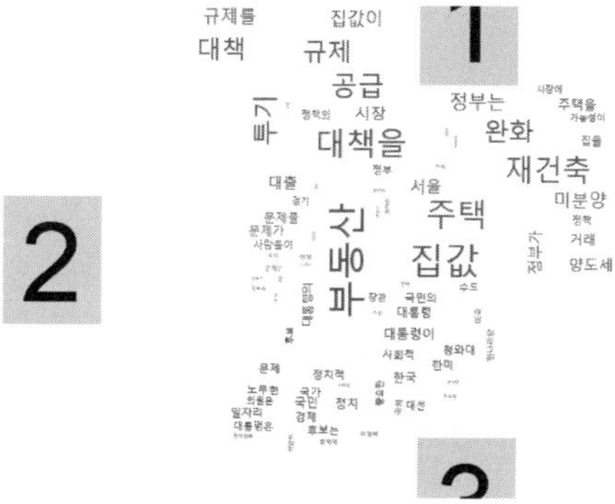


〈그림 23〉을 보면, 앞선 K-평균 군집화의 단어 구름과는 다르게, 3개 군집이 각각 다른 색깔의 단어들을 포함한다. 이중에서 첫 번째 군집에 속하는 단어들이 가장 선명하게 강조됐다. 이 군집에서 '부동산', '집값', '주택', '재건축', '대책을', '공급', '완화', '투기' 등이 대표적인 단어들이다. 반면에 두 번째 군집에서는 '문제를', '문제가', '사람들이' 등 단어들이 작게 출현했으며, 세 번째 군집의 경우, '국민의', '대통령', '대통령이', '청와대', '사회적', '한국', '한미' 등 단어들이 역시 작게 몰려 있다.

K-평균 군집화와 구형 K-평균 군집화의 결과를 종합하면, 단어들의 군집화 수와 대비되는 단어들 모양을 알기 쉽게 파악할 수 있다.

그러나 이 기법들은 이 단어들의 연결 양상에 대한 구체적인 정보를 제공하지 못한다. 이를 위해서는 의미 연결망과 위계적 군집, 코사인 유사도(cosine similarity)를 동시에 사용해 단어들 간에 관계를 체계적으로 파악해야 한다.

### (3) 위계적 군집화와 코사인 유사도

위계적 군집화는 단어들이 묶이는 모습을 나무의 가지 모양으로 세밀하게 추적해 '덴드로그램(dendrogram)'이라는 시각화물로 재현한다. 이를 위해 코사인 유사도의 개념을 살펴본다. 서로 다른 문서들이 얼마나 유사한가는 이 문서들이 벡터 공간에 가까이 위치하는 정도로 측정되며, 벡터 간 각도인 코사인 유사도가 지표로 활용된다(Welbers, van Atteveldt, Kleinnijenhuis, & Ruigrok, 2018). 코사인 유사도의 의미로 '0'은 유사도가 없는 상태이며 '1'은 동일한 문서라는 뜻이다.

lsa 패키지는 'cosine' 함수로 이 코사인 유사도를 계산한다. 이 함수는 2개 벡터 간에 유사도를 계산하거나 행렬의 모든 열로 구성된 벡터 간에 유사도를 계산하는데, 행렬은 문서단어행렬(document-term matrix)이 될 수 있다(Wild, 2015). 문서단어행렬에서 행은 문서이고 열은 단어다. RStudio의 스크립트 화면에 'cosine'이라고 입력하면, 이 함수의 코드가 나타난다.

```
cosine
```

```
function (x, y = NULL)
{
    if (is.matrix(x) && is.null(y)) {
        co = array(0, c(ncol(x), ncol(x)))
        f = colnames(x)
        dimnames(co) = list(f, f)
        for (i in 2:ncol(x)) {
            for (j in 1:(i - 1)) {
                co[i, j] = cosine(x[, i], x[, j])
            }
        }
        co = co + t(co)
        diag(co) = 1
        return(as.matrix(co))
    }
    else if (is.vector(x) && is.vector(y)) {
        return(crossprod(x, y)/sqrt(crossprod(x) * crossprod(y)))
    }
    else if (is.vector(x) && is.matrix(y)) {
        co = vector(mode = "numeric", length = ncol(y))
        names(co) = colnames(y)
        for (i in 1:ncol(y)) {
            co[i] = cosine(x, y[, i])
        }
        return(co)
    }
    else {
        stop("argument mismatch. Either one matrix or two vectors needed as
            input.")
    }
}
```

굵게 표시된 부분을 보면, x와 y가 벡터인 경우, 제 4장의 '5) 텍스트 마이닝 절차'의 주석에 나온 코사인 공식과 동일하다. R 코드에 통계적 공식과 논리가 담겨 있음을 쉽게 알 수 있는 대목이다. lsa 패키지가 제공하는 간단한 예로 코사인 유사도를 구해 본다. vec1과 vec2라는 2개의 벡터를 만들어 이들 간의 코사인 유사도를 아래처럼 계산했다.

```
vec1 <- c(1, 1, 1, 0, 0, 0, 0, 0, 0, 0, 0, 0); vec2 <- c(0, 0, 1, 1, 1, 1, 1, 0, 1, 0, 0, 0); cosine(vec1, vec2)
    [,1]
[1,] 0.2357
```

코사인 유사도 값이 0.2357로 나타났는데, 이 값을 소수점 2자리까지 표시하려면 다음 코드를 쓰면 된다.

```
round(cosine(vec1, vec2), digits = 2)
    [,1]
[1,] 0.24
```

코사인 유사도 값이 '0.24'인데, 'round' 함수는 통계값을 'digits =' 를 활용해 소수점 자리를 지정해 보여준다. 데이터는 앞서 사용한 〈한겨레〉의 부동산 관련 기사 500건이다.

```
x <- c("quanteda", "igraph", "rgl", "rmarkdown", "plotrix", "openxlsx",
        "dendextend", "circlize", "viridisLite")
lapply(x, require, character.only = T)
```

추가로 설치한 패키지는 군집 모양을 위계적 군집 분석인 덴드로그램으로 시각화하는 'dendextend', 덴드로그램을 원형으로 제시하는 'circlize', 덴드로그램의 색상을 제공하는 'viridisLite'이다. 'lapply' 함수를 사용해 이 패키지들을 동시에 R 환경에 장착한다.

```
g <- graph_from_adjacency_matrix(termMatrix, weighted = TRUE, mode = "undirected", diag = FALSE); g <- simplify(g)
cfg <- cluster_fast_greedy(as.undirected(g), membership = TRUE, weights = E(g)$weight)
class(cfg)
[1] "communities"
length(cfg)
[1] 3
```

'igraph' 패키지로 추출한 중요 단어들 간에 연결을 보여주는 'g'를 'cluster_fast_greedy' 함수에 투입해 군집화를 실시한다. 이 함수는 '모듈화값(modularity score)'을 최적화해 연결망에서 하부 그래프(subgraph)

인 군집을 발견하는데, 이 과정에서 단어들이 묶이는 군집들을 파악한다. 이 함수는 군집의 의미인 모듈(module)을 최적화하는 알고리즘(fast greedy modularity optimization algorithm)으로 군집 유형을 발견한다(Csardi & Nepusz, 2006). 그 결과는 아래에 나와 있다. 'cfg$membership'은 추출한 단어들이 속하는 군집을 번호로 구별한다. '1'은 첫 번째 군집이고 '2'는 두 번째 군집, '3'은 세 번째 군집이다. 'sizes(cfg)'은 이 3개 군집에 속하는 단어들의 개수를 보여주는데, 군집별로 단어 개수는 큰 차이가 없는 것으로 나타났다.

```
cfg$membership
 [1] 3 1 1 1 1 1 1 3 1 2 3 1 2 3 2 1 1 1 1 3 3 1 1 1 3 3 1 1 3 3 3 3 3
[34] 3 3 3 1 3 2 1 2 1 1 2 3 1 1 1 2 2 3 2 3 3 3 2 2 2 1 3 3 1 3 1 3 2
[67] 2 3 3 2 2 2 2 3 2 2 3 2 3 3 3 3 3 3 3 3 2 2 2

sizes(cfg)
Community sizes
 1  2  3
27 23 37

modularity(cfg)
[1] 0.17835
```

'modularity(cfg)'은 군집화의 결과가 유의한가를 보여주는 지표다. '*Q*'로 나타나는 모듈화(modularity)[23]는 연결망에 출현한 군집 안에 노드들이 다른 노드들과 타당하게 구별되는 정도를 보여준다. 이 지표는 노드들이 연결된 빈도에서 동일한 노드들이 무작위로 맺는 연결 빈도의 기댓값을 차감한 결과이며, 값이 0보다 크면 연결망에서 군집이 출현

23 $Q = \frac{1}{2m}\sum((\frac{A_{ij} - k_i * k_j}{2m})\delta(c_i, c_j), i, j)$, $m$은 연결선의 빈도, $A_{ij}$는 인접 행렬의 $i$행과 $j$열의 값, $k_i$는 $i$의 연결, $k_j$는 $j$의 연결, $c_i$는 $i$의 유형, $c_j$는 $j$의 유형을 뜻하며, 합($\sum$)은 모든 $i$와 $j$의 쌍의 값을 합산한다.

할 가능성이 높다. 모듈화 값이 0.18로 0보다 크기 때문에 3개 군집이 나타난 결과는 타당하다고 할 수 있다.

```
membership(cfg)
    전국    정책에    문제를    정책을    사회적      정책    국민의
       3         1         1         1         1         1         1
  부동산      한국      국회      주택    정부의    의원은    지난해
       3         1         2         3         1         2         3
  문재인    정부는      문제      정부      만원    아파트      서울
       2         1         1         1         1         3         3
  교수는    영향을    중요한      투기      강남    노무현    정책은
       1         1         1         3         3         1         1
  대책을    시장이    양도세    종부세      집값      집을    집값이
       3         3         3         3         3         3         3
    주거  가능성이    수도권      장관    정부가    박근혜    정책의
       3         1         3         2         1         2         1
  문제가    대통령    주택을      수도    필요가      국가      지역
       1         2         3         1         1         1         2
    국민      대책    청와대    규제를      대출      규제      인상
       2         3         2         3         3         3         2
사람들이  대통령은    정치적      공급      시장      한미      완화
       2         2         1         3         3         1         3
    미국      경기      경제    일자리      투자      전세  대통령의
       1         3         2         2         3         3         2
  이명박  대통령이    시장에  참여정부      정치    문제는      대선
       2         2         3         2         2         3         2
  시장의      평균    재건축  아파트를      거래    분양가    미분양
       3         3         3         3         3         3         3
한나라당      후보    후보는
       2         2         2
communities(cfg)
$`1`
 [1] "정책에"   "문제를"   "정책을"   "사회적"   "정책"     "국민의"
 [7] "한국"     "정부의"   "정부는"   "문제"     "정부"     "만원"
[13] "교수는"   "영향을"   "중요한"   "노무현"   "정책은"   "가능성이"
[19] "정부가"   "정책의"   "문제가"   "수도"     "필요가"   "국가"
[25] "정치적"   "한미"     "미국"
$`2`
 [1] "국회"     "의원은"   "문재인"   "장관"     "박근혜"   "대통령"
 [7] "지역"     "국민"     "청와대"   "인상"     "사람들이" "대통령은"
[13] "경제"     "일자리"   "대통령의" "이명박"   "대통령이" "참여정부"
```

```
[19] "정치"      "대선"      "한나라당"   "후보"       "후보는"
$`3`
 [1] "전국"      "부동산"    "주택"       "지난해"     "아파트"     "서울"
 [7] "투기"      "강남"      "대책을"     "시장이"     "양도세"     "종부세"
[13] "집값"      "집을"      "집값이"     "주거"       "수도권"     "주택을"
[19] "대책"      "규제를"    "대출"       "규제"       "공급"       "시장"
[25] "완화"      "경기"      "투자"       "전세"       "시장에"     "문제는"
[31] "시장의"    "평균"      "재건축"     "아파트를"   "거래"       "분양가"
[37] "미분양"
```

'membership(cfg)'와 'communities(cfg)'는 군집의 단어들을 보여주는데, 특히 후자는 3개 군집에 속하는 단어들의 묶음을 구별해줘 이 묶음에 내재한 의미를 찾는데 도움이 된다.

```
# par(mfrow = c(1, 2))
hcd <- as.dendrogram(cfg)
hcd <- color_labels(hcd, k = 3, h = 1, col = c("red", "blue", "black"))
hcd <- color_branches(hcd, k = 3, h = 1, col = c("red", "blue", "black"),
groupLabels = T)
circlize_dendrogram(hcd, labels = T, labels_track_height = 0.2, dend_track_
height = 0.7)
```

'par(mfrow = c(1, 2))'는 의미 연결망과 원형 군집을 하나의 화면에 병렬로 배열할 때 필요한 코드다. 'as.dendrogram'과 'circlize_dendrogram'으로 단어들이 묶이는 모양과 원형 덴드로그램을 도출하며, 색상과 덴드로그램의 가지 크기, 단어 크기, 색상 등을 위의 코드로 조절할 수 있다.

〈그림 24〉의 군집화 결과를 해석하는 절차는 선행 연구(임종섭, 2019)가 제시한 방식을 준용한다. 이 선행 연구는 덴드로그램에서 같은 높이로 묶인 단어들을 '[ ]'라는 괄호로 표기하고, 하위 묶음과 상위 묶음을 구별해서 하위 묶음인 [단어1-단어2]를 상위 묶음인 [단어3-단어4]에 연결된 관계를 화살표(→)로 나타냈다. 각 묶음에 속하는 단어들

간에 유사도 값을[24] 계산해 괄호 밖에 추가했다. 이런 절차는 단어들의 군집화 모양을 세밀하게 추적하면서 프레임을 발견하는 장점이 있다. 덴드로그램에서 높이가 같은 단어들은 거리행렬(distance matrix)의 요소들이며 이 행렬에서 차지하는 값이 유사하다(Lesmeister, 2017). 덴드로그램에 나타난 각 단어마다 높이 값을 갖으며, 전체 군집이 수렴하면서 이 값은 1이 된다(Amdur, Redino, Ma, 2016).

〈그림 24〉 한겨레의 부동산 관련 기사에 나타난 원형 군집 (N = 87)

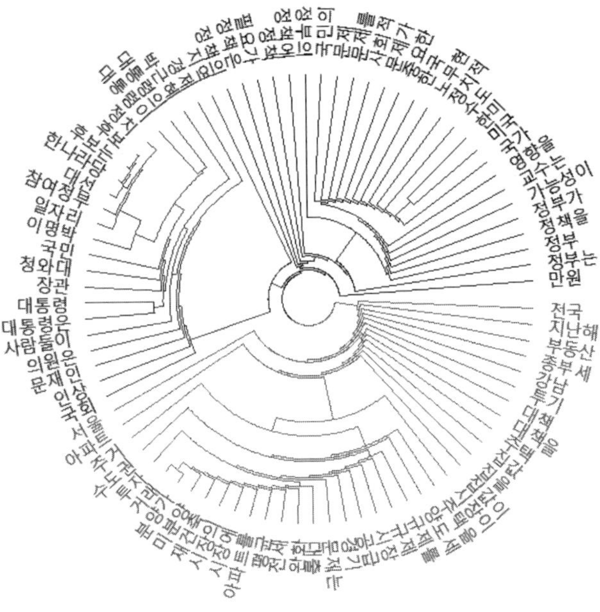


〈그림 24〉에서 시계 방향으로 상단의 군집은 27개의 단어들을 포함하는데, [미국-한미(.76)]→[국가](.79)→[수도](.93)→[정치적]

24 유사도 값은 lsa 패키지의 cosine 함수로 산출했는데, 이 함수는 문서특성행렬 등 행렬 x의 각 열의 값들이 서로 얼마나 유사한가를 계산한다(Wild, 2015). 〈한겨레〉 부동산 기사에서 도출한 공출현 행렬은 중요 단어들을 포함하며 cosine 함수로 이 단어들 사이에 유사도를 산출했다.

(.90)→[노무현](.78)→[한국](.84)→[중요한](.93)→[문제가](.95)→[사회적](.94)→[문제를](.96)→[문제](.96)→[국민의](.95)라는 단어 묶음이 나타난다. 이 묶음에서 '한미 간 정치적, 사회적 중대 문제'라는 개념을 볼 수 있다.

이 묶음은 [영향을](.84)→[교수는](.58)→[가능성이](.57)→[정부가](.88)→[정책을](.92)→[정부](.95)와 연결된다. 이들은 다시 [정부의](.95)→[정부는](.96)에 연결되고 [정책에](.90)→[정책](.96)→[필요가](.79)→[정책은](.85)→[정책의](.87)→[만원](.63)과 맞닿아 있다. 이 묶음들에서 '정부 정책에 영향'이라는 개념을 찾을 수 있으며 두 개념을 조합하면, '정부 정책에 대한 한미 간 중대 정치·사회문제의 영향'이라는 상위 개념을 도출할 수 있다.

오른쪽 하단의 군집은 37개의 단어들을 담는데, [거래–분양가(.61)]→[미분양](.29)→[재건축](.45)→[시장의](.45)→[시장에](.70)→[아파트를](.45)→[평균](.41)→[전세](.32)→[완화](.34)→[대출](.76)→[투자](.52)에 연결된다. 이 묶음에서 '미분양 재건축과 전세 시장에 대출 완화'라는 개념을 찾을 수 있다.

이 묶음은 다시 [문제는](.76)→[경기](.64)→[공급](.66)→[시장](.85)→[규제](.86)→[규제를](.91)→[수도권](.76)→[양도세](.68)→[주택을](.75)→[주거](.62)→[시장이](.51)→[아파트](.56)에 연결되는데, '공급 시장 규제와 수도권 양도세'라는 개념을 파악할 수 있다. 다시 이 묶음은 [집값이](.80)→[집을](.92)→[집값](.85)→[주택](.91)→[대책을](.84)→[대책](.88)→[서울](.78)→[투기](.92)→[강남](.82)→[종부세](.46)→[부동산](.51)→[지난해](.89)→[전국](.88)으로 연동된다. 이 연결에서 '집값 대책과 부동산 종부세'라는 개념이 가능하다. 이 3개 개념들을 비교했을 때 '<u>정부의 부동산 대책과 세제 규제</u>'라는 상위 개념을 유도할 수 있다.

왼쪽의 군집에는 23개 단어들이 묶이는데, [후보-후보는(.83)]→[한나라당](.93)→[대선](.67)→[정치](.57)→[참여정부](.84)→[일자리](.61)→[이명박](.71)→[대통령의-대통령이(.95)](.73)와 연결된다. 이 묶음에서 '참여정부의 일자리와 이명박 대통령'이라는 개념이 나타난다. 이 묶음은 [국민](.73)→[청와대](.69)→[장관](.65)→[대통령-대통령은(.91)](.62)→[박근혜](.67)→[사람들이](.78)→[경제](.80)→[의원은](.43)→[문재인](.61)→[인상](.42)→[국회](.45)→[지역](.66)에 연결된다. 이 연결에서 '박근혜 사람들과 문재인 대통령의 경제'라는 개념을 발견할 수 있다. 두 개념을 비교하면 '<u>과거 정부와 현 정부의 경제 정책</u>'이라는 상위 개념을 파악할 수 있다.

이 3개 상위 개념을 비교했을 때 유사점이 약해 이들을 별도 뉴스 프레임으로 결정했다. 표현을 다듬어서 '<u>정부 정책에 대한 한미 관계의 영향</u>', '<u>부동산 대책과 세제 규제</u>', '<u>역대 정부의 경제 정책</u>' 프레임으로 제시했다. 따라서 의미 연결망과 군집을 동시에 분석하면 뉴스 텍스트에 내재한 프레임을 체계적으로 추출할 수 있다.

# 제9장

# 토픽 모델링과 뉴스 의제 추출

제9장

# 토픽 모델링과 뉴스 의제 추출

## 1) 토픽 모델링의 개념

토픽 모델링은 텍스트 마이닝, 소프트웨어 공학, 지리학 등 여러 학문 영역에서 쓰는 기계 학습의 일부로 대용량 정보에 숨어 있는 구조, 의미 등을 발견하는 기법이다(Jelodar et al., 2019). 토픽 모델링 중 대표적인 알고리즘은 '잠재 디리클레 할당(LDA: latent dirichlet allocation)'으로 LDA는 단어나 문서를 생성하기 전에 주제 분포(topic distribution)를 전제하고 이를 바탕으로 주제를[25] 무작위로 설정하고 이에 따라 각

25 국내 연구자들은 토픽 모델링을 쓰면서 'topic'을 '토픽'으로 그대로 사용하면서 topic의 뜻을 분명하게 제시하지 않는다. 이 기법을 제안한 블라이(Blei, 2012)는 토픽 모델링이 대규모 텍스트의 단어들을 조사해 내재한 주제(theme)를 파악하는 기법이라고 지적한다. 국내 언어학 연구자들도 topic을 주제로 사용한다(김영국, 2009; 서화진, 1992; 주취란, 2010). 이 맥락을 감안해 본 저자는 토픽 대신에 '주제'를 쓴다.

문서에서 단어들을 유도한다(Blei, 2012). LDA는 개별 문서에 존재하는 주제들을 확률 모형으로 도출하며, 문서를 여러 주제들이 담겨 있는 혼합물로 간주하고 주제는 단어들의 분포에서 출현한다고 전제한다(Blei, Ng, & Jordan, 2003). LDA를 시각적으로 재현하면 〈그림 25〉와 같다(Blei, 2012, p. 81). 본 저자는 선행 연구(Blei, 2012)가 제시한 것을 좀 더 알기 쉽게 파악하기 위해 원형 안에 변수들을 포함시켜 재현했다.

〈그림 25〉 LDA의 시각적 모형

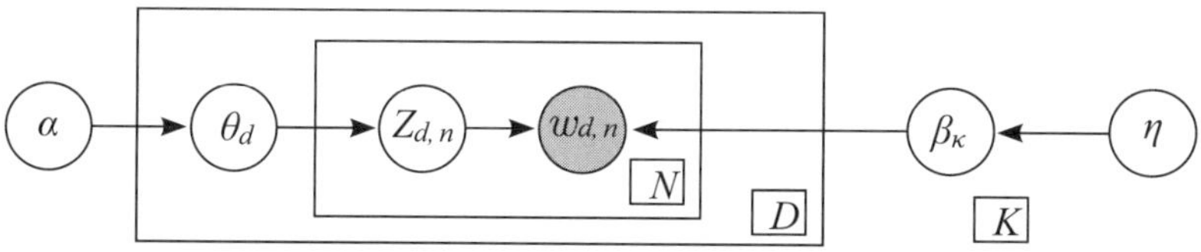


〈그림 25〉에 나타난 변수들의 개념은 〈표 4〉에 설명되어 있다.

〈표 4〉 LDA에 투입되는 변수들의 개념

| 변수 | 개념 |
|---|---|
| $\alpha$ | 문서의 주제 분포를 만드는 디리클레 분포의 모수(parameter) |
| $\theta_d$ | $d$번째 문서에 해당하는 주제의 비중 |
| $Z_{d,n}$ | $d$번째 문서에서 $n$번째에 해당하는 단어가 속하는 주제 |
| $w_{d,n}$ | $d$번째 문서에서 $n$번째에 해당하는 단어 |
| $\beta_{i:k}$ | 주제를 말하며 개별 $\beta_k$는 단어들의 분포 |
| $\eta$ | 주제의 초모수(hyperparameter) |
| $N$ | 문서 안에 존재하는 수집된 단어들 |
| $D$ | 수집된 문서들 |
| $K$ | 분석가가 정하는 주제의 수 |

〈그림 25〉에 나타난 초모수인 $\alpha$와 $\beta$, 말뭉치로 측정하는 $w_{d,n}$을 제외하고 모든 변수의 값은 미지수다. LDA는 잠재변수와 관측변수의 결

합 분포(joint distribution)로 나타난다. 약간의 통계 수식으로 표현하면 다음과 같다.

$$P(\beta_{1:k}, \theta_{1:d}, z_{d,n}, w_{d,n}) = \prod_{i=1}^{K} P(\beta_i) \prod_{d=1}^{D} P(\theta_d) (\prod_{n=1}^{N} P(z_{d,n}|\theta_d) P(w_{d,n}|\beta_{1:k}, z_{d,n})$$

이 공식은 LDA 변수들 사이에 나타난 의존 관계를 선명하게 제시하는데, 주제 할당인 $z_{d,n}$은 문서에서 주제 비중인 $\theta_d$에 의존하고 있으며 직접 측정하는 단어인 $w_{d,n}$은 주제인 $\beta_{i:k}$와 주제 할당인 $z_{d,n}$에 의존한다. 이 공식에서 좌측 값을 최대로 만드는 $\beta_{i:k}$, $\theta_{1:d}$, $z_{d,n}$의 값을 찾는 것이 중요하다. 하나의 변수 값만 변화시키고 나머지 변수 값은 그대로 두고 불필요한 변수들은 표집에서 삭제하는 '붕괴된 깁스 표집(collapsed gibbs sampling)'으로 $z_{d,n}$의 값을 계산한다.

R에 'ida' 패키지를 설치해 'ida.collapsed.gibbs.sampler' 함수로 문서를 분석하고 'LDAvis' 패키지로 도출한 주제와 관련 단어들의 관련성을 시각화할 수 있다.

## 2) 토픽 모델링 기반의 미디어 텍스트 분석의 선행 연구

토픽 모델링은 사회 과학자들이 대용량 데이터에서 주제를 추출하는데 적용하는 인기 분석 기법이다. 커뮤니케이션학 분야에서도 이 점에 주목해 토픽 모델링의 사용법을 기술한 지침까지 나온 상태다(Maier et al., 2018). 이 지침에 대한 설명은 이후 장에서 자세하게 논한다. 이번 장은 토픽 모델링으로 뉴스 보도에서 주제를 추출한 국내외의 최신 연구 성과를 진단한다.

토픽 모델링의 알고리즘 중에 자주 쓰이는 'LDA'을 언론 보도 분석 등에 유용하게 적용할 수 있다. 이 기법의 자세한 유형은 다양하다. 가령, '저자주제모형(ATM: author-topic model)'을 사용해 파이썬(Python)에 Gensim의 ATM 모듈을 장착해 원자력 문제에 관한 925건의 정부 보도 자료와 29,565건의 기사를 분석한 연구는 15개의 주제를 토대로 20개의 모형을 만든 다음에 주제 일관성(topic coherence)을 극대화하는 모형을 파악해, '정책 거버넌스', '산업경제', '환경안전', '외교안보'라는 프레임들을 추출했다(이태준·이승배·오창동, 2017). 그러나 이 선행 연구는 주제의 수를 어떤 기준으로 결정했는가를 설명하지 않았으며, 주제의 수를 다르게 해 교차 검증하지 않았다.

다른 연구는 LDA를 토대로 한 '디리클레 다항 회귀분석(DMR: dirichlet multinomial regression)' 기법을 사용해 주제의 수를 30개로 지정한 뒤에, 'ebola' 검색어로 42,330건의 국외 의학 기사와 4,222건의 국외 관련 논문에서 주제들을 추출했다(안주영·안규빈·송민, 2016). DMR은 LDA와는 달리, 기사 발간 시점 등 메타 데이터에 따라 주제의 분포가 바뀌는 양상을 시계열로 파악한다(강범일·송민·조화순, 2013). 의학 기사와 논문을 비교한 선행 연구는 주제를 구성하는 단어들을 노드(node)로, 주제별 단어의 가중치를 간선(edge)으로 조정해 주제 지도(topic map)를 시각화해 기사 데이터와 학술 논문 데이터에서 각각 4개의 의미 군집을 파악했으며, 출현 빈도가 높은 상위 개체 3개(Ebolum,

Virus, Cell)에 관해 명사, 동사, 형용사를 추출해 동시출현 연결망을 구현했다(안주영 외, 2016). 이 결과, 'Ebloum'과 함께 나타나는 단어의 90% 이상은 기사에만 나타났으며, 'Cell'과 동시 출현한 단어의 90%가 학술 논문에서만 목격됐다.

18대 대통령 선거 직전 2년간 〈조선일보〉, 〈동아일보〉, 〈한겨레〉, 〈경향신문〉이 보도한 대선 관련 기사들을 매체 별로 1,193건에서 최대 2,506건을 수집해 LDA로 표집을 3,000회 반복해 '경제 민주화', '여론조사', '남북관계', '정수장학회 등 15개의 주제를 추출한 연구도 있다(강범일 외, 2013). 보수 신문은 '남북관계'와 '지도자 리더십' 주제에 집중한 반면에, 진보 신문은 'MB정부실정', '과거사', '정수장학회' 등에 초점을 맞춰 매체 성향에 따른 기사의 주제가 확연하게 다르게 나타났다. 이 선행 연구는 보수 신문과 진보 신문 간에 단어들의 차이를 보기 위해 동시출현 단어 연결망을 분석하고, 주제 분포를 시계열로 추적하기 위해 DMR을 실시했다. '경제민주화' 주제의 단어 연결망을 보면, 진보 신문에서 이 주제에 '재벌개혁'과 '일자리'가 직접 연결된 반면에 보수 신문에서는 '대기업'과 '순환출자'가 연관돼 서로 관점이 달랐다.

다른 연구는 〈조선일보〉와 〈한겨레〉가 박근혜 대통령 취임부터 탄핵 인용까지 보도한 사설을 각각 945건과 1,627건을 수집한 뒤에 LDA로 23개의 주제를 추출했다(박승정·전진오·김선우·김성태, 2017). 이 선행 연구는 혼잡도(perplexity)의 값이 주제 수가 23개인 지점에서 꺾인다는 점에서 주제 수를 결정했으며, 주제 별로 상위 10개 단어를 중심으로 '재벌', '사드', '국회', '위안부' 등 23개의 주제를 파악했다. 〈조선일보〉 사설의 주제는 사회 현안, 주요 인사, 국회를 비판하는 것인 반면에 〈한겨레〉 사설의 주제는 지난 정부의 실정을 다루는 내용이었다. 4년 간 〈조선일보〉 사설이 〈한겨레〉 사설에 비해 우세를 보인 주제는 '새누리당'과 '야당'이라는 정당에 관한 부분이었다.

컴퓨터 공학 연구자들은 LDA로 기사에서 주제들을 추출한 뒤에 주제가 혼재돼 있거나 중복된 경우를 보정하기 위해, '상호 정보량(PMI: Pointwise Mutual Information)'[26]으로 한 주제의 단어들 간에 유사도를 계산해 PMI값이 0보다 큰 완전 부분 그래프인 '주제 클릭(TC: Topic Clique)'을 도출했다(김동욱·이수원, 2017). 이 과정은 가령, '*PMI*(여성, 할머니) 〈 0', '*PMI*(여성, 인천) 〈 0'인 경우, '여성'을 TC의 정점으로 설정하고 행렬에서 '할머니'와 '인천'을 삭제해 나가 PMI값이 0이상인 단어들의 쌍을 추출한다. 이 연구자들은 이 기법을 활용해 2014년 12월 한 달간 다음 뉴스에서 인기 기사 5,216건을 수집해 초모수인 $\alpha$(1.0)과 $\beta$(0.1)의 값을 기준으로 혼잡도를 조사해 주제의 수를 35개로 정했다. 이후에 기존의 LDA와 PMI 기반의 LDA로 추출한 주제의 정확성을 비교한 결과, 후자가 더 좋은 것으로 나타났다.

2010년 경제면의 109,934건 기사들에서 100개의 주제 분포와 각 주제 안에서 단어의 분포를 추정한 뒤에, 핵심 단어들의 주제 분포와 기사 안에서 주제 분포를 결합해 뉴스 기사의 연관성을 분석한 연구도 있다(김형석 외, 2016년). 분석 알고리즘은 '미국 양적 완화'라는 주제와 연관성이 높은 기사, 연관성이 중간 단계인 기사, 연관성이 낮은 기사

---

26 $PMI(word_1, word_2) = \log_2 \frac{P(word_1 \cap word_2)}{P(word_1)\,P(word_2)}$, $PMI(word_1, word_2)$는 두 단어가 한 문장에서 함께 출현할 확률이고 $P(word_1)$은 단어 1이 출현할 확률이고 $P(word_2)$는 단어 2가 출현할 확률이다.

를 비교적 명확하게 분류했다. 또한 이 기법은 '미국 양적 완화'에 관해 다양한 관점에서 접근한 고유한(unique) 기사들을 파악했으며, 보도 자료나 인용에 그친 정형적인 기사들은 고유성이 떨어지는 것으로 나타났다.

공학연구자들은 '신경망 변분문서모형(NVDM: Neural Variational Document Model)'에 문서 분류기를 추가해 토픽 모델링과 문서 분류가 가능한 협업 NVDM 모형을 제안했다(신승재·나병후·신동혁·나영연, 2017). 이 모형은 20개의 영어 뉴스 그룹에서 추출한 '컴퓨터', '오락', '과학' 주제에 해당하는 문서를 TF-IDF 기법으로 상위 2,000개의 단어를 도출했다. 기존의 NVDM에 비해 문서 분류의 정확도가 89.6%에 이르며 주제와 관련 단어들을 더 정확하게 추출하는 것으로 나타났다.

문헌정보학 등 사회과학 연구자들은 파이썬으로 한국언론진흥재단의 'BigKinds' 데이터베이스에서 〈SBS〉 등 4개 방송사와 〈한겨레〉, 〈한국일보〉 등 8개 신문이 2016년 3월부터 2017년 3월 20일까지 보도한 기사 146,703건을 자동으로 수집한 뒤에 LDA로 분석해 정부, 선거, 경제 정책 등 32개의 주제를 추출했다(이민철·김혜진, 2018). 이 연구자들은 초모수인 $\alpha$(0.1)과 $\beta$(0.001)의 값을 지정하고 주제의 수를 16, 24, 32, 40개로 설정해 LDA를 4회 반복했을 때, 32개의 주제 수가 분석하기가 수월했다고 설명했다. 그러나 이들은 혼잡도와 같은 통계 기준을 사용하지 않은 채 4개의 주제 수를 어떻게 결정했는지를 명확하게 설명하지 않았으며, 초모수 값의 선택 이유도 제시하지 않았다.

컴퓨터 공학 연구자들은 2010년 7월부터 2011년 12월까지 네이버에 게재된 구제역 관련 기사 15,578건을 파이썬의 'BeautifulSoup' 라이

브러리로 수집해 R의 'KoNLP'와 'topicmodels' 패키지로 핵심 단어들을 구제역 발생 단계에 따라 추출했다(노병준·서정순·이종욱·박대희·정용화, 2016). 구제역 발생 초기에는 '발생', '안동', '축산농가', '차단방역', '차량통제' 등 초기대응과 '지역경제', '축산물' 등 경제적 파급효과, '지원금', '구청' 등 정책적 파급효과를 다룬 단어들이 출현했다. 구제역 심각 기간에는 '확산세', '전국적' 등 전국적 확산과 '접종', '살처분', '매몰' 등 적극적 대응에 관한 단어들이 나타났으며, 구제역 종식 기간에는 '수입가격', '시장', '축산물' 등 축산물 시장에 대한 영향과 '관광산업'처럼 경제적 영향에 관한 단어들이 부각되어 나타났다.

국외 연구의 경우, 프랑스, 벨기에, 스위스에서 발간되는 프랑스어 일간 신문 61개사에서 비디오 게임과 노인에 관한 333건의 기사를 LDA로 분석한 결과, '게임에 관한 경제적 전략적 분석', '자원 봉사', '노인에 대한 비디오 게임의 효과' 등 8개의 주제가 나타났다(Lavenir & Bourgeois, 2017). 그러나 이 선행 연구는 주제의 수를 8개로 정한 통계학적 근거를 제시하지 않았다. 의료 백신을 지지하는 기사 제목과 반대하는 기사 제목을 텍스트 마이닝과 감정 분석으로 비교한 조사에서, 반대하는 기사는 부정 단어와 신뢰와 관련된 단어들을 더 많이 사용한 반면에 지지하는 기사는 긍정 단어를 자주 사용했다(Xu & Guo, 2018). 백신에 반대하는 메시지가 온라인 공간에서 인기가 많았으며, 긍정 단어를 사용해 백신을 지지하는 메시지는 자주 공유되고 댓글을 많이 받았다. 다른 언론학 연구자들은 LDA로 대규모의 디지털 기사들에서 단어 공출현 행렬을 만든 뒤에 이를 토대로 주제를 추출함으로써, 기사 텍스트에 내재한 추세와 흥미로운 유형을 발견할 수 있다고 제안했다

(Jacobi, van Atteveldt, & Welbers, 2016).

담론 연구자들도 이 토픽 모델링의 유용성에 주목해 토픽 모델링으로 추출한 결과와 담론 분석으로 도출한 결과를 비교하기도 했다. 영국 연구자들은 228,113건의 환자 온라인 의견을 토픽 모델링으로 분석해 긍정적 피드백, 암 치료 등 20개의 주제를 추출한 뒤에, 각 주제를 가장 많이 담은 의견 텍스트 20건을 선별해 담론 분석을 실시했다 (Brookes & McEnery, 2019). 그 결과, 두 분석에서 '주차' 등 3개 주제는 상당히 유사했으며 '취소와 대기 시간 등에 관한 불만' 등 9개 주제의 경우, 유사성이 분명히 있으나 20개 텍스트 전부에 적용되지는 못했고, '환자의 병동 경험' 등 8개 주제의 유사성은 제한적이거나 없는 것으로 나타났다. 이 선행 연구자들은 R 대신에 'Mallet'이라는 토픽 모델링 프로그램을 사용해 20개의 주제별로 20개의 공출현 단어들을 추출해 주제를 파악했다. 그러나 이 연구자들은 본 저서가 제시하는 의미 연결망, 군집 분석, 코사인 유사도 등 분석 기법으로 교차 검증할 수 있는 점을 고려하지 않아, 알고리즘 분석과 인간 분석의 비교 결과가 정확하지 않을 수 있다. 또한 기술한 두 선행 연구는 LDA 기법에만 의존해 다른 유형의 토픽 모델링을 사용하지 않은 한계점이 있다.

본 저서가 다루는 뉴스 텍스트에서 의제 자동 추출과 관련해 미국 공영 라디오 방송사인 〈NPR〉의 보도와 기사 댓글, 소셜 미디어 공유를 대규모로 분석한 연구(Kim, Kim, Jaimes, & Oh, 2014)도 있다. 이 선행 연구는 다른 토픽 모델링 연구와는 달리 비모수적(nonparametric) 토픽 모델인 위계적 디리클레 과정(HDP: hierarchical dirichlet process )을 사용해 17,674건의 기사와 117,111명이 남긴 763,721건의 댓글,

27,886,921건의 소셜 미디어 공유를 분석해 의제를 추출했다. 스포츠 관련 보도에서 7건의 의제를 비롯해 기술(10건), 경제와 국제(11건), 정치와 의견(12건), 건강(13건), 과학(15건) 관련 보도에서 총 68건의 의제가 출현했으며, 각 의제의 빈도를 댓글 수, 댓글 게시자 수, 소셜 미디어 공유 횟수와 상관시켜 분석했을 때, 스포츠와 기술 보도에서 상관관계가 가장 높았다. 뉴스 이용자들은 과학과 건강 관련 기사를 가장 많이 공유한 반면에 정치와 경제 기사에 댓글을 가장 많이 남겼다. 특히, 이들은 긍정 기사를 더 공유했으며 부정 기사에 댓글을 더 많이 게재했다. 이 선행 연구자들은 알고리즘 기반의 의제 자동 추출은 기사, 댓글, 소셜 미디어 공유 등 대용량 데이터를 분석하는 장점이 있다고 지적했다.

### 3) 토픽 모델링 분석으로 뉴스 의제 추출

커뮤니케이션학 연구자들을 위한 토픽 모델링 분석 지침이 있다(Maier et al., 2018). 이에 따르면, 연구자들은 네 가지 질문을 고려해야 한다. 첫 번째는 비구조화된 텍스트를 어떻게 전처리할 것인가이다. 두 번째는 토픽 모델링의 해석을 가능하도록 하는 모수들을 어떻게 선택할 것인가이다. 세 번째는 어떻게 해석의 용이함을 극대화하면서 토픽 모델링의 신뢰성을 평가하고 개선할 것인가이다. 네 번째는 도출한 주제들을 어떻게 검증할 것인가이다.

먼저, 전처리와 관련해 분석가들은 이론적 함의와 전처리 단계의 적절한 순서를 동시에 고려해야 한다(Maier et al., 2018). 특정 부호 등을 제거할 때 이유가 분명해야 한다. 또한, 전처리 순서로 분석 단위인 '토큰(token)' 추출을 먼저 진행한 뒤에 모든 문자를 소문자로 전환한다. 이어서 문장 부호와 특수 문자들을 제거하고 나서 불용어(stopwords)를 삭제하고 어근(stem)으로 단어 양식을 통일한다. 마지막으로 불필요한 부분이 있으면 이를 제거하는 가지치기(pruning)를 실시한다.

최적의 모형을 선택하기 위해서는 세 단계를 밟을 필요가 있는데, 먼저, 주제의 수를 다르게 설정하고 분석 이전에 투입하는 $\alpha$와 $\beta$의 모수를 다르게 조정해 분석을 실시한다. 주제 수에 따라 도출된 결과는 서로 다를 것이며 이 중에서 최적의 결과를 선택한다. 이 최적의 모형으로 발견한 이론적 개념이 타당한 정도를 전문가 토론 등 질적 방법으로 검증한다.

둘째, 말뭉치인 코퍼스(corpus)의 크기가 가령, 5만 개 이상의 문서인 경우에는 전체 문서의 10% 등 비교적 대규모 표본을 무작위로 추출해 분석에 투입할 수도 있다. 문제는 과연 10% 규모의 표본으로 다양한 말뭉치를 대변할 수 있는지는 명확하지 않다. 본 저서는 이에 대해 병렬 처리(parallel process)로 빅데이터를 처리할 수 있는 만큼, 전체 말뭉치를 분석하는 일이 가능하다고 제안한다. 이 선행 연구의 제안(Maier et al., 2018)은 현재 발전된 분석 기술을 충분히 고려하지 못했다.

셋째, 토픽 모델링으로 도출한 결과가 같은 절차를 반복했을 때에도 동일하게 나타나도록 하려면 정규화(regularization) 기법이 필요하다. 예를 들어, 2개의 토픽 모델링이 유사한 주제를 도출하는가를 평가하는 방식이 가능한데, 모형 $i$로 발견한 $N$개의 상위 주제에 속하는 단어들의 출현 확률을 *j*모형으로 추출한 *N*개의 상위 주제에 속하는 단어들의 출현 확률과 비교한다(Maier et al., 2018). 2개 확률의 코사인 유사도가 기준점($t$ = .7)보다 클 경우, 일치하는 쌍으로 간주하며 이 일치하는 쌍의 비율을 토픽 모델링의 신뢰도로 정의한다.

최적의 모형이 과연 타당한가와 관련해, 주제의 내부 타당도와 주제 간에 타당도를 점검해야 한다. 이를 위해서는 주제의 단어 분포로만으로는 어려우며, 연구자들이 주제가 담긴 텍스트를 직접 분석해야 하며 주제의 이름을 결정할 때 관련 분야에 관한 상당한 지식이 필요하다.

추가로 고려할 사항으로 추출한 주제가 의미론적으로 해석이 가능할 정도로 타당하려면 '일관성(cohesiveness)'과 '배타성(exclusiveness)'이라는 조건을 충족해야 한다(Roberts et al., 2014). 일관성은 해당 주제에 속하는 상위 단어들은 문서에서 함께 출현하는 경향이 있다는 뜻이다. 배타성은 해당 주제에 속하는 상위 단어들은 다른 주제들에 속하는 상위 단어와 함께 나타나지 않는다는 의미다. 다시 말해 의미론적 일관성은 개별 단어들이 출현하는 빈도와 특정 단어들의 쌍이 함께 나타나는 빈도를 측정해, 의미가 다른데 연결된 단어들을 같은 주제로 분류하는 것을 방지할 수 있다(Kuhn, 2018). 가령, 일명 핫도그인 'corndog'를 생각할 경우, '옥수수(corn)'가 '개(dog)'와 연결되고 '개'가 다시 '고양이(cat)'와 연결된다고 해서, 옥수수와 고양이를 같은 주제로 묶어서는 안 된다. 주제의 수가 늘어날수록 이 의미론적 일관성은 감소하는 경향이 있다.

배타성은 특정 주제에서 높게 출현하는 단어들이 다른 주제에서 나타날 확률이 낮다는 뜻으로, '착륙 기어(landing gear) 문제'라는 주제가 있을 경우, '기어'는 이 주제에 자주 출현하지만 다른 주제들에는 잘 나타나지 않는다. 주제의 수가 늘어날수록, 배타성은 증가한다(Kuhn, 2018).

본 저자는 이런 지침과 기준 등을 참고해 〈한국일보〉 사이트에서 '마약'이라는 검색어로 관련 기사들을 수집해 토픽 모델링을 실시했다. 주목할 부분은 앞선 〈한겨레〉 사이트와 비교해 〈한국일보〉의 뉴스 홈페이지의 HTML 구성이 다르다는 점이다. 〈한겨레〉의 경우 기사 제목 이후에 기사 URL이 이어지는 순서이지만, 〈한국일보〉는 기사 URL이 나온 다음에 기사 제목이 붙는 구조다. 따라서 〈한겨레〉 기사 수집에 쓰인 코드로는 〈한국일보〉의 마약 관련 기사들을 수집할 수 없어 이 HTML 구조에 맞는 새로운 코드를 개발해야 한다. 독자들은 뉴스 홈페이지마다 이처럼 구성 양식이 독특하다는 점을 기억할 필요가 있다. 이를 모르고 동일한 코드를 적용하면 오류가 발생하고 원하는 텍스트를 수집할 수 없다. 아래는 〈한국일보〉 사이트에서 마약 관련 기사를 수집하는 코드다.

```
path <- "C:\\Users\\limj\\Documents\\Topic"; setwd(path); getwd()
x <- c("rvest", "data.table", "pbapply", "dplyr", "xml2", "topicmodels", "tm",
      "quanteda",
      "parallel", "doParallel", "foreach", "ggplot2", "reshape")
length(x); install.packages(x); lapply(x, require, character.only = T)
```

먼저, 작업 공간을 'path'라는 객체로 지정했으며, 이후에 관련 분석 패키지들을 한꺼번에 설치한 뒤에 RStudio에 장착시켰다. 〈한국일보〉의 첫 번째 검색 화면의 URL을 아래와 같이 만들었다. 이렇게 한 이유는 첫 번째 검색 화면과 이후 검색 화면의 정규성이 서로 다르기 때문이다. 두 번째 검색 화면부터 검색 화면을 지칭하는 숫자만 달라질 뿐 다른 요소들은 같지만, 첫 번째 검색 화면의 URL은 이와 다르다.

```
hankoo_url0 <- "http://search.hankookilbo.com/v2/?sword=%EB%A7
%88%EC%95%BD&stype=&ssort=1&sdate=&edate=&sfield=&cate_
str=&PID=dreamwiz&ptn_name=hankookilbo&cddtc=hankookilbo"
url_scrape <- function(x){
    page <- read_html(x)
    links <- page %>% html_nodes("a, p.title") %>% html_attr("href") %>%
    unique()
}
url0 <- pblapply(hankoo_url0, url_scrape)
url_scrape <- function(x){
    page <- read_html(x)
    links <- page %>% html_nodes("a, p.title") %>% html_attr("href") %>%
    unique()
}
url0 <- pblapply(hankoo_url0, url_scrape); class(all_urls); url0 <- unlist(url0)
url0 <- url0[140:156]; url0 <- na.omit(url0); url0
```

검색 URL을 추출하는 방식은 제 5장에서 논의한 스크래핑 절차와 동일하며 'html_nodes'에 들어가는 요소들만 다르다. 마약 관련 기사들은 'url0'에서 140번째부터 156번째에 위치해 있기 때문에 이들을 'subset' 기능으로 선택했으며 이 가운데 'NA'로 표시되는 손실값을 제거하기 위해 'na.omit(url0)' 코드를 실행했다. 이 결과, 다음과 같이 첫 번째 검색 화면에 수록된 16개의 마약 관련 기사들을 수집했다.

```
[1] "http://www.hankookilbo.com/news/npath/201904251499080467"
[2] "http://www.hankookilbo.com/news/npath/201904241191033328"
[3] "http://www.hankookilbo.com/news/npath/201904241356320552"
[4] "http://www.hankookilbo.com/news/npath/201904241173376638"
[5] "http://www.hankookilbo.com/news/npath/201904240906762645"
[6] "http://www.hankookilbo.com/news/npath/201904232173330204"
[7] "http://www.hankookilbo.com/news/npath/201904232157360111"
[8] "http://www.hankookilbo.com/news/npath/201904232001721876"
[9] "http://www.hankookilbo.com/news/npath/201904232080397296"
[10] "http://www.hankookilbo.com/news/npath/201904221490347570"
[11] "http://www.hankookilbo.com/news/npath/201904221078091201"
```

```
[12] "http://www.hankookilbo.com/news/npath/201904211468723612"
[13] "http://www.hankookilbo.com/news/npath/201904211192380651"
[14] "http://www.hankookilbo.com/news/npath/201904191075092281"
[15] "http://www.hankookilbo.com/news/npath/201904182238712893"
[16] "http://www.hankookilbo.com/news/npath/201904181679361893"
```

두 번째 검색 화면부터 20번째 검색 화면까지의 기사들을 수집하는 코드는 아래와 같다. 이 검색 화면의 개수는 저자가 임의로 설정했다.

```
hankoo_url <- paste0(
    "http://search.hankookilbo.com/v2/?stype=&ssort=1&page=", seq(2, 20,
    by = 1), "&cddtc=&cate_str=&sword=%EB%A7%88%EC%95%BD&sfiel
    d=&sdate=&edate=")
url_scrape <- function(x){
    page <- read_html(x)
    links <- page %>% html_nodes("a, p.title") %>% html_attr("href") %>%
    unique()
}
all_urls <- NULL
for(i in 1:19) {
    all_urls[[i]] <- pblapply(hankoo_url[i], url_scrape)
    all_urls[[i]] <- unlist(all_urls[[i]])
    all_urls[[i]] <- all_urls[[i]][140:156]
    all_urls[[i]] <- na.omit(all_urls[[i]])
    unlist(assign(paste("url", i, sep = ""), all_urls[i]))
}
all_urls <- cbind(url1, url2, url3, url4, url5, url6, url7, url8, url9, url10,
                  url11, url12, url13, url14, url15, url16, url17, url18, url19)
all_urls <- unlist(all_urls); class(all_urls); all_urls; length(all_urls) [1] 304
```

두 번째부터 20번째까지 검색 화면에서 기사들을 추출하는 기본 코드는 첫 번째 검색 화면에 사용한 코드와 같으나, 관련 기사들을 선택할 때 'for loop'를 적용해 각 화면의 URL에서 140번째부터 150번째의 요소들을 추출하는 과정을 19회 반복했다. 이유는 앞서 설명한 것처럼, 〈한국일보〉의 검색 화면 HTML 요소를 보면, 아래의 HTML 구조에서 볼 수 있듯이, URL 다음에 기사 제목이 나오는 구조이어서 검색 화면 별로 기사 URL을 추출하는 방식만 가능하기 때문이다.

```
<div class = “body”>
    <a href=”http://www.hankookilbo.com/news/
    npath/201904251499080467” target=”_blank”....>
    <p class=”title”>
```

이렇게 추출한 기사 URL 수는 304개다. 19개의 화면 각각에 16개의 기사가 있으니 304건의 기사가 나오는 것을 알 수 있다. 다음 단계로 각 화면에서 추출한 기사 URL로부터 기사 제목과 본문을 가져온다. 특이하게도 〈한국일보〉의 기사 URL은 'www.hankoook.com'과 'http://star.hankookilbo.com/'이라는 두 유형이 있으며 이 유형별로 HTML 요소들이 다르다. 이에 따라 기사를 가져오는 코드도 다르게 설정해야 한다. 먼저, 첫 번째 유형에 해당하는 URL에서 기사를 불러오는 코드는 아래와 같다.

```
story_scrape <– function(x){
    page <– read_html(x)
    Sys.sleep(1)
story <– page %>% html_nodes(“div.article-story, header h3”) %>% html_
text() %>% unique()
    story <– gsub(“\r\n”, “”, story)
    story <– paste0(story[1], story[2])
}
story1 <– pblapply(url0[-c(1, 7, 8, 10, 12), story_scrape)
story1 <– do.call(rbind, story1); class(story1); length(story1) [1] 11
```

이를 통해 총 11건의 기사가 첫 번째 유형에서 추출됐으며, 두 번째 유형에 해당하는 기사들을 'url0[c(1, 7, 8, 10, 12)]'에서 보듯이, 'url0'의 첫 번째, 일곱 번째, 여덟 번째, 열 번째, 열두 번째에 위치한 URL로부터 도출됐다.

```
story_scrape <- function(x){
    page <- read_html(x)
    Sys.sleep(1)
    story <- page %>% html_nodes("div.article-content, header h2") %>%
    html_text() %>% unique()
    story <- gsub("\r\n", "", story)
    story <- paste0(story[1], story[2])
}
story2 <- pblapply(url0[c(1, 7, 8, 10, 12)], story_scrape); story2 <-
do.call(rbind, story2); class(story2); length(story2) [1] 5
```

이처럼 두 방식으로 추출한 기사 수는 URL 수와 일치하는 16건이며 'story1'과 'story2'라는 두 유형의 기사들을 파일 하나로 합쳤다.

```
story_url0 <- rbind(story1, story2); length(story_url0) [1] 16
```

동일한 방식을 304건의 기사 URL에도 적용했으며 관련 코드는 다음과 같다. 여기서 주의할 점은 'http://star.hankookilbo.com/'에 해당하는 URL의 위치를 파악하는 것이다. 다음과 같이 304건 전체 URL을 상대로 아래 코드로 기사문을 추출한 결과, 'http://star.hankookilbo.com/'에 해당하는 URL은 'NANA'로 나타나, 이를 추적해 83건에 해당하는 URL의 위치를 찾았다.

```
story_scrape <- function(x){
    page <- read_html(x)
    Sys.sleep(1)
    story <- page %>% html_nodes("div.article-story, header h3") %>%
    html_text() %>% unique()
    story <- gsub("\r\n", "", story)
    story <- paste0(story[1], story[2])
}
story_url <- pblapply(all_urls, story_scrape); story_url <- do.call(rbind,
story_url)
na <- grep("(NANA)", story_url); na
[1] 4 5 6 8 11 13 17 23 25 26 28 32 35 37 41 42 43 47 51 53
[21] 54 56 57 64 65 69 72 75 86 88 89 92 99 100 102 103 105 106 107 110
```

```
[41] 112 113 114 115 116 117 119 121 122 123 124 125 126 127 128 129 130
131 132 133
[61] 135 136 137 138 139 140 141 143 147 148 161 162 169 170 173 175 176
183 184 185
[81] 188 196 277
```

83건의 기사 URL을 제외하고 기사문을 추출한 뒤에 83건의 기사문을 수집하는 별도의 코드를 실행했다. 83건을 제외한 221건의 URL에서 기사문을 확보하는 코드는 아래와 같다.

```
story_scrape <- function(x){
    page <- read_html(x)
    Sys.sleep(1)
    story <- page %>% html_nodes("div.article-story, header h3") %>%
    html_text() %>% unique()
    story <- gsub("\r\n", "", story)
    story <- paste0(story[1], story[2])
}
story_url <- pblapply(all_urls[-na], story_scrape); story_url <- do.call(rbind,
story_url)
class(story_url); length(story_url) [1] 221
```

'pblapply(all_urls[−na], story_scrape)'에서 'all_urls[−na]' 부분이 221건의 URL을 선택했다는 뜻이며, 최종적으로 'story_url'으로 221건의 기사문을 확보했다. 83건의 URL에서 기사를 추출하는 과정은 다음과 같다.

```
story_scrape <- function(x){
    page <- read_html(x)
    Sys.sleep(1)
    story <- page %>% html_nodes("div.article-content, header h2") %>%
    html_text() %>% unique()
    story <- gsub("\r\n", "", story)
    story <- paste0(story[1], story[2])
}
story_url2 <- pblapply(all_urls[na], story_scrape); story_url2 <- do.call(rbind,
story_url2); length(story_url2) [1] 83
story_urls <- rbind(story_url, story_url2); story_final <- rbind(story_url0,
story_urls)
length(story_final) [1] 320
```

```
f <– story_final; f <– gsub("[[:punct:]]", "", f, perl = TRUE)
f <– gsub("[[:digit:]]|[[:alpha:]]", "", f, perl = TRUE)
f <– gsub("(★)|(박스오피스)|(인터뷰) |(연예가)|(포토)", "", f, perl = TRUE )
f <– gsub("(현장)|(리뷰)|(시청률)", "", f, perl = TRUE )
f <– gsub("[*hankookilbocom]|[*hankookilbokr]", "", f, perl = TRUE)
f <– gsub("(한국일보 무단전재 및 재배포 금지|'|'|♥|▶문의 관세국경관리연수원 홈페이지|△)", "", f, perl = TRUE)
f <– gsub("(오늘의 날씨|▲|저작권자|"|"|·|…|©)", "", f, perl = TRUE)
write.table(f, "story.txt")
```

'all_urls[na]' 부분이 83건의 기사를 추출하는 핵심 코드이며 'story_url2'라는 이름으로 83건의 기사문을 수집했다. 'story_url'과 'story_url2'를 합쳐서 'story_urls'라는 새로운 객체를 만들었는데, 이는 〈한국일보〉 사이트에서 두 번째부터 20번째까지의 검색 화면에서 추출한 마약 관련 기사문을 포함한다. 이 객체를 첫 번째 검색 화면에서 추출한 기사문의 객체인 'story_url0'과 합쳐 최종적으로 'story_final'이라는 기사문을 도출했다. 기사문의 양은 첫 번째 검색 화면에서 16건과 이후 화면에서 304건을 합친 320건이다.

'story_final'에서 마약 관련 기사에 어떤 주제들이 내포되어 있는가를 토픽 모델링으로 분석한다. 이를 위해 기사문에서 불필요한 부호, 숫자, 영어, 의미 없이 반복되는 표현 등을 제거하는 전처리를 수행했다. 이때 중요한 것은 전처리의 순서다. 본 저자는 선행 연구(Maier et al., 2018)의 지침을 참고해, 먼저, 문장 부호를 제거하고 숫자, 영어 순으로 진행했으며, 이후에 필요하지 않은 반복되는 표현들을 삭제했다. 최종 결과는 후속 분석을 위해 'hk_final.txt' 파일로 작업 공간에 저장했다.

```
f <- list.files(pattern = "hk_final.txt"); f2 <- unlist(unname(sapply(f, readLines)))
fcorpus <- corpus(f2)
dfmatrix <- dfm(fcorpus, verbose = FALSE, tolower = TRUE,
                remove_numbers = TRUE, remove_punct = TRUE,
                remove_symbols = TRUE, remove_separators = TRUE,
                stem = FALSE)
                dfmatrix2 <- dfm_select(dfmatrix, min_nchar = 2L); dtm <-
                as.matrix(dfmatrix2) row_total <- rowSums(dtm); dtm2 <-
                dtm[row_total > 0, ]
```

'quanteda' 패키지로 단어들을 추출하는 과정을 진행했으며, 이 절차는 제 6장의 3절에 나온 코드와 유사하다. 한 글자로 된 단어들을 제외하기 위해 'dfm_select(dfmatrix, min_nchar = 2L)'라는 코드를 실행했다. 토픽 분석에 앞서 'dtm' 행렬에서 단어의 빈도가 0인 경우를 제외해야 하기 때문에 'dtm2 〈- dtm[row_total 〉 0, ]'라는 코드로 빈도가 0인 경우를 삭제했다.

```
cluster <- makeCluster(detectCores(logical = TRUE) - 1) # leave one CPU
spare
registerDoParallel(cluster)
clusterEvalQ(cluster, {
    library(topicmodels)
})
folds <- 10; n <- nrow(dtm2); full_data <- dtm2; burnin = 1000; iter = 1000;
thin = 1000; keep = 50; splitfolds <- sample(1:folds, n, replace = TRUE)
candidate_k <- c(2, 3, 4, 5, 10, 20, 30, 40, 50, 75, 100, 200, 300)
clusterExport(cluster, c("full_data", "burnin", "iter", "thin", "keep", "splitfolds",
              "folds", "candidate_k"))
```

분석 행렬의 크기는 100.2 메가바이트(MB)에 12,908,296개의 요소를 담고 있는 대용량 행렬이다. 이 크기의 행렬에서 주제를 추출하는 과정을 원활하게 수행하기 위해 제 6장에서 다룬 병렬 처리를 적용했다. 병렬 처리를 위한 클러스터를 만든 다음에 'detectCores(logical = TRUE) − 1'이라는 코드로 코어의 수에서 한 개를 여분으로 남겼다. 이후에, 병렬 처리에 투입할 분석 패키지인 'library(topicmodels)'를 추가했다.

이후 과정은 최적의 주제 수를 확보하기 위해 교차 검증의 수를 '10'로 지정하고 'dtm2'의 행의 수를 'n'으로, 이 행렬을 'full_data'로 각각 지정했다. 'burnin = 1000', 'iter = 1000', 'thin = 1000', 'keep = 50'은 'LDA' 함수에 투입되는 요소들로 '깁스 표집(Gibbs sampling)'을 수행할 때 수집하는 표본의 수를 결정한다. 첫 번째 요소는 처음 1,000개의 표본은 사용하지 않고 버린다는 의미이고, 두 번째 요소는 표집을 1,000번 반복한다는 것이다. 세 번째 요소는 1,000번째에 해당하는 표본을 사용한다는 것이고, 네 번째 요소는 50번째 반복되는 시점에 로그우도값(log-likelihood value)을 저장하라는 뜻이다(Grün & Hornik, 2011).

```
system.time({results <- foreach(j = 1:length(candidate_k), .combine = cbind)
%dopar% {
                    k <- candidate_k[j]
  results_1k <- matrix(0, nrow = folds, ncol = 2)
  colnames(results_1k) <- c("k", "perplexity")
  for(i in 1:folds){
    train_set <- full_data[splitfolds != i,]
    test_set <- full_data[splitfolds == i,]
    fitted <- LDA(train_set, k = k, method = "Gibbs",
                    control = list(burnin = burnin, iter = iter, thin = thin,  keep =
                    keep))
    results_1k[i, ] <- c(k, perplexity(fitted, newdata = test_set))
}
  return(results_1k)
}
})
# user system elapsed
# 0.93 3.65 3961.81 (66.03 minute)

results <- foreach(j = 1: length(candidate_k), .combine = rbind) %dopar% {
                    k <- candidate_k[j]
                    results_1k <- matrix(0, nrow = folds, ncol= 2)
                    colnames(results_1k) <- c("k", "perplexity")
```

```
                colnames(results_1k) <- c("k", "perplexity")
                for(i in 1:folds){
                  train_set <- full_data[splitfolds != i , ]
                  test_set <- full_data[splitfolds == i,]
                  fitted <- LDA(train_set, k = k, method = "Gibbs",
                           control = list(burnin = burnin,
                                  iter = iter, keep = keep))
                  results_1k[i,] <- c(k, perplexity(fitted, newdata = test_
                  set))
                }
                return(results_1k)
}
```

토픽 모델링으로 도출한 결과를 데이터 프레임으로 전환하면 'k'와 'perplexity' 열이 도출되는데, 10건의 교차 검증을 이 열에 추가하기 위해 아래처럼 데이터 전환 작업이 필요하다.

```
results_df <- as.data.frame(results); new_colm <- as.data.frame(c(rep(1:10,
13)));
results_df2 <- cbind(new_colm, results_df); names(results_df2) <- c("fold",
"k", "perplexity"); results_df2$fold <- ifelse(results_df2$fold == 1, "1",
                    ifelse(results_df2$fold == 2, "2",
                     ifelse(results_df2$fold == 3, "3",
                      ifelse(results_df2$fold == 4, "4",
                       ifelse(results_df2$fold == 5, "5",
                        ifelse(results_df2$fold == 6, "6",
                         ifelse(results_df2$fold == 7, "7",
                          ifelse(results_df2$fold == 8, "8",
                           ifelse(results_df2$fold == 9, "9", "10")))))))))
```

'results_df'의 'k'와 'perplexity'로 구성된 행렬에 'fold' 열을 추가한 뒤에 'fold'의 10개 값을 문자로 바꿔 10개의 항목으로 변형했다. 이 항목들은 10건의 교차 검증 각각을 뜻한다. 이후에 'ggplot'으로 10건의 교차 검증에서 나타난 복잡도의 추이를 시각화했다. 아래 코드를 활용해 2차원의 그래프를 도출했으며, 〈그림 26〉은 이 결과를 보여준다.

```
theme_update(plot.title = element_text(hjust = 0.5))
ggplot(results_df2, aes(x = k, y = perplexity, shape = fold, group = fold,
                         color = fold)) +
  geom_point(size = 4) +
  geom_smooth(se = FALSE, method = loess, size = 1) +
  scale_x_continuous(name = “candidate number of topics”, breaks =
  seq(0, 300, 4), trans = “identity”) +
  scale_y_continuous(name = “perplexity for \n fitting test data”,
                         limit = c(0, 30000), trans = “identity”) +
   theme(axis.text.x = element_text(face = “bold”, hjust = 0.5, vjust = 0.5,
   angle = 360, size = 8), axis.text.y = element_text(face = “bold”, hjust = 0,
   vjust = 0, angle = 360, size = 8)) +
   ggtitle(“5-fold cross validation \n for each topic number”) +
   theme(axis.title.x = element_text(hjust = 0.5, vjust = 0.5, angle = 360,
   size = 12)) +
   theme(axis.title.y = element_text(hjust = 0.5, vjust = 0.5, angle = 360, size
   = 12))
```

〈그림 26〉 주제 수 결정의 교차 검정 결과

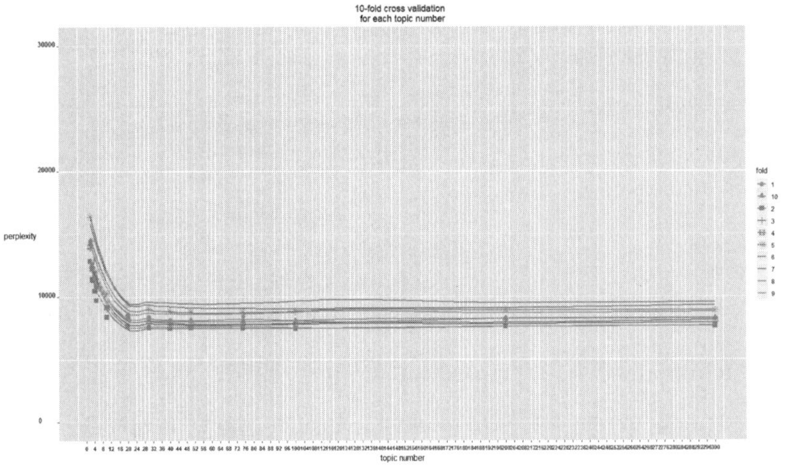


〈그림 26〉에서 최적의 주제 수는 10개 선이 하강하다가 공통으로 꺾이는 부분인 20개로 나타났다. 20개 주제의 수로 〈한국일보〉의 마약 관련 기사 320건에 내재한 주제를 추출했다.

```
control_gibbs <- list(nstart = 5, seed = sample.int(10000, 5), burnin = 1000,
                      thin = 1000, iter = 1000, best = TRUE, delta = 0.15,
                      estimate.beta = TRUE)
k <- 20
clusterExport(cluster, c("dtm2", "k", "control_gibbs"))
system.time(topicml_hk <- LDA(dtm2, k, method = "Gibbs", control =
control_gibbs))
stopCluster(cluster)
# user  system elapsed
# 485.46     1.79  491.93 (8.2 minutes)
topics(topicml_hk); tm <- terms(topicml_hk, 20); tm2 <- as.data.frame(tm)
write.xlsx(tm2, "topic.xlsx")
```

'nstart = 5'는 무작위 초기화로 반복 실행의 숫자를 뜻하는데 5번 반복 실행을 무작위로 수행한다는 의미다. 'seed = sample.int(10000, 5)'는 코드를 실행할 때마다 동일한 결과를 얻는 '재생산(reproducibility)'을 위해 1부터 10,000까지의 정수에서 숫자 5개를 무작위로 추출한다는 뜻이다(Grün & Hornik, 2011). 'best = TRUE'는 모든 표집 과정에서 사후 우도값(posterior likelihood value)이 가장 높은 표집을 사용한다는 것이며, 'delta = 0.15'는 특정 주제에 관련된 단어 분포의 사전 분포(prior distribution) 모수를 의미하는데 기본이 0.1이다. 'estimate.beta = TRUE'는 문서에서 주제 분포를 예측한다는 뜻이며 참고로 'estimate.alpha = TRUE'는 $\alpha$값을 예측한다는 뜻으로 초기 값은 '50/$k$'로 되어 있다.

〈표 5〉와 〈표 6〉은 토픽 모델링으로 추출한 20개 주제와 각 주제에 묶인 20개 단어들을 보여준다. 주제의 이름은 20개 단어들의 연결성을 따져서 결정된다. 이 주제들을 담은 'tm'을 데이터 프레임으로 전환해 'topic.xlsx'라는 엑셀 파일로 작업 공간에 저장했다. 이 과정은 주제 명명을 위해 다시 고민할 수 있는 기회를 제공한다.

〈표 5〉 한국일보의 마약 관련 기사에 나타난 주제와 관련 단어 조합 I

| 주제1 | 주제2 | 주제3 | 주제4 | 주제5 | 주제6 | 주제7 | 주제8 | 주제9 | 주제10 |
|---|---|---|---|---|---|---|---|---|---|
| **약을** | **강남구** | **마약** | 명을 | 다시 | **남경필** | 이들 | **마약** | **혐의로** | **방송된** |
| 이씨는 | **피부과** | 않은 | **필로폰** | 신씨는 | 했다 | **범죄를** | **투약** | **징역** | 측은 |
| 결국 | 따르면 | **치료** | **필로폰을** | 사건 | **아들** | **성분이** | 있다 | **마약** | 먼저 |
| 없었다 | 각각 | 없다 | 통해 | 최씨 | **지사는** | 명에 | 것으로 | **선고** | **미국에서** |
| 제대로 | **다양한** | 재판 | **마약사범** | 최씨는 | 그는 | 보면 | **마약을** | 년을 | **비슷한** |
| 아는 | **확보하기** | 보니 | 명이 | **재심** | **장남이** | **예멘인** | **혐의로** | 지난해 | 출신 |
| 딸은 | **드라마** | 다른 | **검찰은** | **증거가** | 나오고 | **성분** | 지난 | **대마를** | 못했다 |
| 그러나 | 명의 | **일본** | **검거** | **사채왕** | 말했다 | **난민** | 받고 | **집행유예** | **박봄** |
| 처음 | 대선에서 | **교정시설** | 국내 | **판결을** | **혐의에** | 택시면허 | 혐의를 | **불구속** | **박봄이** |
| 나는 | 포르투갈 | 사회 | **마약을** | 만에 | 일이 | **소변** | **경찰** | **혐의** | **솔로** |
| 수도 | **경험이** | 곳이 | 이들은 | 최씨가 | 회장이 | 일부터 | **경찰은** | 기자 | **앨범** |
| **약에** | 사건은 | 보름 | 관계자는 | 사실이 | 않아 | **처벌** | 함께 | **대마** | **암페타민** |
| 김씨는 | 등장하는 | 다시 | 명은 | 것이다 | 내가 | 카트를 | 기자 | **이찬오** | 사람이 |
| 그렇게 | 못했다고 | **대한민국** | **판매한** | **몰래** | 대해 | **형량이** | 오후 | 차례 | 기준 |
| **중독** | **경찰과** | 전문가 | **몰래** | 못한 | 지금 | **국내** | **조사를** | **대마초를** | 관심을 |
| **집에** | 처음 | 쉽지 | **압수한** | **판사는** | 한번 | **활동을** | 대해 | **그룹** | 누군가 |
| 해도 | 올린 | **청정하지** | 월부터 | 고씨는 | **경기도 지사의** | 포함돼 | **투약한** | 위반 | **밀반입** |
| **사고** | **내사에** | 수사와 | 이들이 | **마약** | 않았다 | **징역** | 이날 | **흡입** | 정을 |
| **딸이** | **홍보** | **중독** | **시가** | **했다** | 이번 | **범죄에** | 대한 | 이어 | **입건유예** |
| **필로폰에** | 있다며 | **병원** | 국내로 | 당시 | 양씨는 | **제주에** | 서울 | **과거** | 열린 |

〈표 6〉 한국일보의 마약 관련 기사에 나타난 주제와 관련 단어 조합 II

| 주제11 | 주제12 | 주제13 | 주제14 | 주제15 | 주제16 | 주제17 | 주제18 | 주제19 | 주제20 |
|---|---|---|---|---|---|---|---|---|---|
| **마약** | **마약왕** | **검찰** | **미국** | **마약을** | **정석원** | **미국** | **버닝썬** | 있다 | **로버트** |
| **마약류** | **영화** | **폐로** | **멕시코** | **하고** | 받는 | **두테르테** | **클럽** | **마약성** | 때문에 |
| 있는 | 기자 | **블록체인** | 중인 | 그는 | **정석원은** | **필리핀** | **서울** | **진통제** | **방송인** |
| 있다 | 년대 | **사례도** | 이를 | 것은 | 사건에 | **대통령은** | **의혹** | **통증** | **할리** |
| 통해 | **이야기를** | 위반로 | **구스만이** | **했다** | **베트남** | 것이라고 | **의혹을** | 않고 | 그는 |
| 있다고 | **배우** | 에서 | 올해 | 하는 | **한국인** | **마약과의** | **유통** | **약물** | **하씨가** |
| **지난해** | **우민호** | 그를 | 모습을 | 저는 | 대한 | **트럼프** | **승리** | **하는** | **방송** |
| 것으로 | **마약왕이** | **후쿠시마** | 있어 | 그런 | **촬영** | **대통령이** | 지난달 | **처방** | 다른 |
| 같은 | **송강호** | **작업에** | 직접 | 하지만 | **방송** | 따라 | 있다 | 한다 | 지난달 |
| 위해 | 오는 | 공식 | **구스만의** | 모든 | 그러나 | 했다 | **강남의** | 위해 | **할리가** |
| 기자 | 없는 | 인물을 | **가능성을** | 없다 | 빠져 | 하고 | **이문호** | 이를 | **체포된** |
| 있다는 | 서울 | **올림픽** | 해피벌룬 | 제가 | **정석원이** | 장미 | **승리는** | 다른 | **하씨는** |
| 따르면 | 조정석 | **맡은** | 없어 | 하지 | **연예관련 기사** | 말했다 | **서울지방 경찰청** | 못하고 | 일부 |
| 경우 | 수출하면 | **대표는** | 호아킨 | 때문에 | 없다는 | 일현 지시간 | **유명** | **의료용** | 마친 |
| **했다** | **마약왕은** | 기존 | 이하의 | 너무 | **인기를** | 오피오이 드 | 모든 | 매우 | **할리의** |
| **마약을** | **배두나** | 주고 | **환각 물질로** | **정말** | **사망** | 거의 | 승리가 | 한다고 | **하씨의** |
| 말했다 | **마약도** | 놓고 | **돈이** | **많이** | **활동** | 같은 | 받기 | **치료** | **하일 미국명** |
| 특히 | **애국이** | 자신의 | **마약왕** | 것을 | 게다가 | **대통령** | **광역 수사대** | 스스로 | 하일 |
| 밝혔다 | 되던 | 것도 | 게티 | **사실** | **하노이** | 말을 | **서울 경찰청** | 했다 | **인터넷 으로** |
| 대한 | **마약** | **마약은** | 아산화질 소를 | 다시 | **베트남의** | **마약검사** | **폭행** | 없는 | **할리는** |

본 저자는 20개 주제들과 각각에 묶인 단어들의 조합을 검토하면서 20개 주제의 이름을 아래와 같이 결정했다. 먼저, 단어 조합에서 의미가 있는 단어들을 굵게 표시해 이 단어들의 연결에 숨어 있는 주제를 추출했다. 이 과정으로 본 저자는 주제1은 '필로폰 중독', 주제 2는 '병원 마약 내사', 주제 3은 '국내 마약 중독 치료시설', 주제 4는 '마약 유통 단속', 주제 5는 '사채왕 마약 재판', 주제 6은 '경기지사 아들 마약 투약', 주제 7은 '예멘 난민 마약 범죄', 주제 8은 '마약 투약 혐의', 주제 9는 '연예인 대마초 사건', 주제 10은 '가수 마약 밀반입', 주제 11은 '마약 투약', 주제 12는 '마약왕 영화', 주제 13은 '검찰의 블록체인과 마약', 주제 14는 '멕시코 마약왕', 주제 15는 '마약 투약 고백', 주제 16은 '연예인 해외 마약 사건', 주제 17은 '마약문제와 미국과 필리핀 대통령', 주제 18은 '버닝썬 클럽 폭행 의혹', 주제 19는 '마약성 진통제 문제', 주제 20은 '연예인 마약 투약 체포'로 각각 명명했다.

```
ps <- posterior(topicml_hk); attributes(ps)
# $names
# [1] "terms" "topics"
beta <- ps$terms; dim(beta) # [1] 20 24776; theta <- ps$topics; dim(theta)
# [1] 521 20; tm <- terms(topicml_hk, 20)
exampleIds <- c(1:5); topicNames <- apply(tm, 2, paste, collapse=" ")
N <- length(exampleIds); topicProportionExamples <- theta[exampleIds,]
colnames(topicProportionExamples) <- topicNames
vizDataFrame <- melt(cbind(data.frame(topicProportionExamples),
document = factor(1:N)), variable.name = "topic", id.vars = "document")

ggplot(data = vizDataFrame, aes(topic, value, fill = document), ylab =
"proportion") +
  geom_bar(stat = "identity") +
  theme(axis.text.x = element_text(face = "bold", hjust = 0.5, vjust = 0.5,
  angle = 70),
        axis.text.y = element_text(face = "bold", hjust = 0, vjust = 0, angle =
        360)) +
```

```
    theme(axis.title.x = element_text(face = "bold", vjust = 0.5, hjust = 0.5,
    angle = 360, size = 12), axis.title.y = element_text(face = "bold", vjust =
    0.5, hjust = 0.5, angle = 360, size = 12), legend.title = element_text(face
    = "bold", size = 12)) +
  coord_flip() +
  facet_wrap(~ document, ncol = N)
```

사후 분포를 도출하면 단어와 주제가 나타나는데, 20개 주제별로 24,776개의 단어들에 대한 베타($\beta$) 분포를 산출했고 521건의 문서별로 20개의 주제들에 대한 세타($\theta$) 분포를 도출했다. 20개 주제별로 가장 출현 확률이 높은 단어 20개를 'tm'으로 지정했다. 이 객체를 주제 이름으로 생성해 첫 번째 문서부터 다섯 번째 문서에 주제들이 나타나는 비율을 시각화해 주제 분포의 비중을 볼 수 있다. 'reshape' 패키지의 'melt' 함수로 'ggplot' 함수에 투입할 데이터를 도출했다. 시각화 코드의 의미는 독자들이 RStudio의 'Help'에서 확인할 수 있다.

〈그림 27〉 문서 1-5의 주제 비율

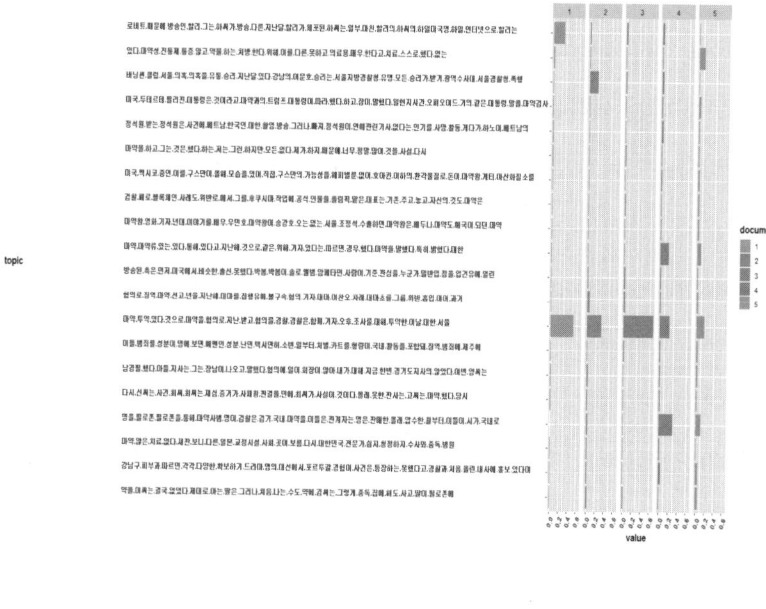

```
topicNames <- apply(lda::top.topic.words(beta, 5, by.score = T), 2, paste,
collapse = " ")
countsOfPrimaryTopics <- rep(0, k); names(countsOfPrimaryTopics) <-
topicNames
for (i in 1:521) {
  topicsPerDoc <- theta[i, ]
  primaryTopic <- order(topicsPerDoc, decreasing = TRUE)[1]
  countsOfPrimaryTopics[primaryTopic] <- countsOfPrimaryTopics[primaryT
  opic] + 1
}
PrimaryTopics <- sort(countsOfPrimaryTopics, decreasing = TRUE)
PrimaryTopics.df <- data.frame(PrimaryTopics)
PrimaryTopics.df2 <- cbind(data.frame(row.names(PrimaryTopics.df)),
PrimaryTopics.df)
colnames(PrimaryTopics.df2) <- c("Topics", "Frequency")
write.xlsx(PrimaryTopics.df2, "PrimaryTopic.xlsx")
```

'top.topic.words'는 'lda' 패키지에 속하는 함수로 '붕괴된 깁스 표집(collapsed gibbs sampling)'으로 모델 최적화를 수행한 뒤에 각 주제에서 상위 단어들을 행렬로 도출한다. 20개의 주제만큼 '0'을 만든 뒤에 'names(countsOfPrimaryTopics) 〈- topicNames' 코드로 각 0의 값에 상위 단어들을 연결시킨다. 'for loop'를 가동해 521건의 각 문서에 나타난 주제들에 대한 세타($\theta$) 분포를 만들어 주제의 출현 확률을 계산한 뒤에 이를 내림차순으로 정렬시킨다. 이후에 'primaryTopic 〈- order(topicsPerDoc, decreasing = TRUE)[1]' 코드로 가장 확률값이 큰 주제를 선택하고 'countsOfPrimaryTopics'의 초기값이 '0'이기 때문에 'countsOfPrimaryTopics[primaryTopic] 〈- countsOfPrimaryTopics[primaryTopic] + 1'로 '1'을 추가해주면 핵심 주제들의 빈도가 산출된다. '1'을 생략하면 빈도는 모두 '0'으로 나타난다. 이후 코드들은 결과를 데이터 프레임으로 전환해 〈표 7〉과 같은 결과를 도출한다.

〈표 7〉 기사 문단에 나타난 핵심 주제들의 빈도

| 주제 | 빈도 |
|---|---|
| 마약 투약 것으로 혐의를 혐의로 | 116 |
| 않은 마약 치료 없다 재판 | 59 |
| 마약 마약류 있는 있다 있다고 | 53 |
| 혐의로 징역 년을 선고 마약 | 44 |
| 마약왕 영화 년대 기자 이야기를 | 44 |
| 명을 필로폰 필로폰을 통해 마약사범 | 27 |
| 약을 이씨는 결국 없었다 딸은 | 24 |
| 버닝썬 클럽 서울 의혹 의혹을 | 24 |
| 남경필 지사는 아들 장남이 나오고 | 17 |
| 마약성 있다 진통제 통증 않고 | 16 |
| 미국 두테르테 필리핀 대통령은 마약과의 | 14 |
| 마약을 하고 것은 그는 저는 | 12 |
| 방송된 먼저 미국에서 비슷한 측은 | 11 |
| 강남구 피부과 각각 다양한 대선에서 | 10 |
| 신씨는 사건 최씨 다시 재심 | 10 |
| 미국 멕시코 중인 구스만이 모습을 | 9 |
| 로버트 방송인 때문에 할리 하씨가 | 9 |
| 이들 범죄를 성분이 명에 예멘인 | 8 |
| 정석원 정석원은 베트남 한국인 사건에 | 8 |
| 검찰 폐로 블록체인 사례도 작업에 | 6 |

## 4) 구조 토픽 모델링 분석으로 뉴스 의제 추출

구조 토픽 모델링(STM: structural topic modeling)은 세 가지 점에서 LDA 모형과 다르다(Roberts et al., 2014). 첫째, STM에서 주제들은 상관될 수 있는데, 가령, 주제 비율($\theta$)이 상관될 수 있다. 둘째, 각 문서의 사전 주제 분포는 평균값이 아니라 공변량 $X$로 정의된다. '$\theta \sim$ LogisticNormal($X_\gamma$, $\Sigma$)'라는 공변량 $X_\gamma$의 표준 회귀모형으로 주제 비율이 영향을 받을 수 있다. 셋째, 한 주제에서 단어 사용은 두 번째 공변량 *U*에 따라 달라진다. 특정 주제에 속하는 단어는 $\beta$값을 갖는 다항 분포(multinomial distribution)에서 선택되며, 이 분포는 두 번째 공변량 *U*를 포함한다. $\beta$값은 '$\beta_k \propto \exp(m + \kappa_k)$'의 형태로 로그 공간에서 기초 단어 빈도($m$)의 편차(deviation)로 구성된다. 이 공변량들이 사전 분포를 구조화한다.

구조 토픽 모델링은 두 가지 측면을 주목한다. 하나는 공변량이 문서에 내재한 주제의 평균 비율에 영향을 미치는가이다. 다시 말해, 공변량 *X*와 주제를 담은 문서의 평균 비율이 상관되는 정도를 모형에 투입해 분석한다. 다른 측면은 공변량이 특정 주제에 관한 단어 사용 비율에 영향을 미치는가이다. *U*가 특정 주제에 관한 단어 사용 비율과 상관되는 정도를 모형에 입력해 조사한다. STM의 이론적 개념도는 다음과 같다(Roberts, Stewart, Tingley, & Airoldi, 2013, p. 2).

〈그림 28〉 STM의 시각적 모형

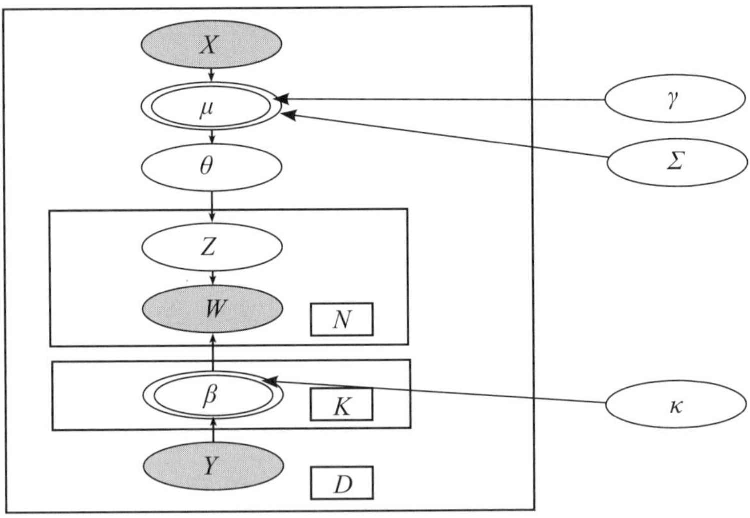

〈표 8〉은 〈그림 28〉에 등장하는 변수들의 개념과 주제 출현 확률, 언어 모형, 주제 내용을 설명한다.

〈표 8〉 STM에 투입되는 변수들의 개념

| 변수 | 개념 |
|---|---|
| $X$ | 문서의 공변량 벡터 |
| $\theta$ | 문서에 해당 주제의 비중으로 사후 모드, 문서 당 행이 하나인 행렬 |
| $\beta$ | 내용 공변량의 각 범주에 해당하는 주제-단어 분포, 리스트 |
| $\kappa$ | 주제의 편차(deviation) |
| $\mu$ | 각 문서에 $K$-1 차원의 사전 평균값이 열의 값인 행렬 |
| $\gamma$ | $p \times K$-1의 추정값(coefficients) 행렬 |
| $\Sigma$ | ($K$-1) × ($K$-1)의 사전 공변량 행렬 또는 공분산 행렬 |
| $K$ | 분석가가 정하는 주제의 수 |
| $Z$ | 문서에서 해당 단어가 속하는 주제 |
| $W$ | 문서에서 해당 단어 |
| $N$ | 문서 안에 존재하는 수집된 단어들 |
| $D$ | 수집된 문서들 |
| 주제 출현 확률 | $\mu_{d,k} = X_{d}\gamma_{k}, \gamma_k \sim N(0, \sigma_k^2), \sigma_k^2 \sim \Gamma(s^\gamma, r^\gamma)$ |
| 언어 모형 | $\theta_d \sim Logistic\ Normal(\mu_d, \Sigma)$ , $Z_{d,n} \sim Mult(\theta_d), w_{d,n} \sim Mult(\beta_d^{k=z_{d,n}})$ |
| 주제 내용 | $\beta_{d,v}^{k} \propto \exp(m_v + \kappa_v^{\cdot,k} + \kappa_v^{y,\cdot} + \kappa_v^{y,k}), \kappa_v^{y,k} \sim \mathcal{L}(0, \tau_v^{y,k}), \tau_v^{y,k} \sim \Gamma(s^k + r^k)$ |

STM을 사용해 개방형 설문 응답에서 주제를 추출한 선행 연구는 작성자의 성별, 정치 성향, 실험 조건이라는 공변량들이 응답에 나타나는 주제 비율, 주제와 관련된 사용 단어의 양상 등과 어떻게 관련되는가를 분석했다(Roberts et al., 2014). 실험 조건은 설문 참가자들에게 이민 문제를 걱정하도록 유도했으며, 통제 조건은 단순히 이민 문제를 생각하도록 했다. 범죄와 복지, 두려움이라는 주제에 대해서 실험 조건에 있는 공화당 설문 참가자들 응답의 절반(54%) 이상에서 이 주제가 나타난 반면에 통제 조건에 있는 민주당 설문 참가자들 응답의 20%에서만 이 주제가 드러나, 정치 성향과 실험 조건에 따라 응답에 나타난 주제의 비율이 달랐다. 흥미롭게도 구조 토픽 모델링으로 분석한 주제 유형과 인간이 조사한 결과가 유사하고 유의미하게 상관돼, 알고리즘 기반

의 주제 추출 방식이 타당하다는 점이 확인됐다.

STM은 다른 유형의 토픽 모델링과는 달리, 출판 연도, 저자 이름, 저자 소속 등 메타 데이터(metadata)가 주제의 출현 확률(topic prevalence)에 미치는 영향을 직접 예측해 주제의 출현 빈도, 특정 주제와 관련된 공변량들과 주제의 출현 확률 간에 관계 등을 보여준다(Kuhn, 2018). 이 점에서 구조 토픽 모델링은 기존의 LDA와 상관 토픽 모델링을 일반화시킨 개념이면서 공변량 데이터에 의존하는 문서 수준에서 확률변수(random variable)를 포함한다.

관심사는 주제의 수와 주제를 지칭하는 단어들로부터 의미 있는 주제 이름을 어떤 방식으로 확정짓는 가이다. LDA에서는 복잡도(perplexity)를 기본 지표로 사용해 주제의 수를 결정하지만, STM에서는 권고하는 지표는 있으나 모두가 동의하는 정확한 지침은 존재하지 않는다. 따라서 연구자들은 여러 개의 지표를 사용해 주제의 수를 결정하고 추출한 단어들의 의미를 살피는 비교 방식을 선택한다. 주제의 수를 결정할 때 3개의 지표가 가능하다(Kuhn, 2018). 첫 번째 지표는 특정 주제에서 출현하는 확률이 가장 높은 단어들을 선택하는 확률 기반 지표다. 그러나 이 지표는 여러 주제들에 동시에 높게 출현하는 단어들이 있으며, 별로 의미가 없는 단어들이 이에 속한다는 문제점이 있다. 이에 대해 통계학자들은 'lift'라는 지표를 개발했는데, 이는 특정 주제에 출현하는 단어의 확률을 말뭉치 전체에 출현하는 단어의 확률로 나눈 값이다. 이는 여러 주제보다는 하나의 주제에서만 공통적으로 나타난 단어들에 집중하는 장점이 있으나, 출현 빈도가 낮은 단어일수록 lift 값이 크게 나타나는 한계가 있다. 이를 개선하는 지표로 'FREX' 지표가 있는데, 이는 특정 주제에 관한 단어 빈도를 단어와 주제의 배타성으로 나눈 비율이다. 이 지표는 앞의 두 지표보다 직관적 의미는 떨어지지만, 가장 흔한 단어들을 배제하는 장점이 있다.

본 저자는 〈한국일보〉의 마약 관련 기사 320건에 기사 작성 날짜를 공변량으로 추가한 데이터 프레임을 구축해, 구조 토픽 모델링 분석을 실시했다. 소개하는 구조 토픽 모델링의 구체적 분석은 선행 연구(Roberts, Stewart, & Tingley, 2018)가 제시한 절차를 본 저서에 맞게 응용한 것이다. 깊이 있는 이해를 원하는 독자들은 이 선행 연구를 숙독하기를 바란다.

```
x <- c("rvest", "data.table", "pbapply", "dplyr", "xml2", "quanteda",
        "ggplot2", "reshape", "reshape2", "openxlsx", "stm", "lubridate", "tidyr")
install.packages(x); lapply(x, require, character.only = T)
corpus_scrape <- function(x){
page <- read_html(x); Sys.sleep(1)
story <- page %>% html_nodes("div.article-story, header h3") %>% html_
text() %>% unique()
  story <- gsub("\r\n", "", story); story <- paste0(story[1], story[2])
  date <- page %>% html_nodes("div.info, div.p") %>% html_text()
  date <- gsub("\r\n|등록|입력|수정.+", "", date)
  corpus <- data.frame(story, date, stringsAsFactors = FALSE)
  }

corpus1 <- pblapply(url0[-c(1, 4, 5, 6, 9, 13, 14)], corpus_scrape)
corpus1.1 <- do.call(rbind, corpus1)
```

기사문 전체와 기사 작성 날짜를 하나의 데이터로 묶기 위해 'story'와 'date'로 구분해, 내용을 수집하는 함수를 만들었다. 앞서 지적한 것처럼, 〈한국일보〉는 'www.hankoook.com'과 'http://star.hankookilbo.com/'이라는 서로 다른 URL을 제공하고 있어서 이를 구분해 수집하는 코드가 필요하다. 이 때문에 첫 번째 검색 화면에서 'url0[−c(1, 4, 5, 6,

9, 13, 14)]'로 'www.hankoook.com'과 연동된 기사문과 작성 날짜를 수집했다. 아래 코드는 첫 번째 검색 화면에서 'http://star.hankookilbo.com/'과 연동된 기사문과 작성 날짜를 가져오는 코드다.

```
corpus_scrape2 <- function(x){
page <- read_html(x); Sys.sleep(1)
story <- page %>% html_nodes("div.article-content, header h2") %>%
html_text() %>% unique()
story <- gsub("\r\n", "", story); story <- paste0(story[1], story[2])
date <- page %>% html_nodes("div.info, div.p") %>% html_text()
date <- gsub("\r\n|등록|입력|수정.+", "", date)
corpus <- data.frame(story, date, stringsAsFactors = FALSE)
}
corpus2 <- pblapply(url0[c(1, 4, 5, 6, 9, 13, 14)], corpus_scrape2)
corpus2.1 <- do.call(rbind, corpus2)
corpus_firstpage <- do.call(rbind, c(corpus1, corpus2))
```

다음 2개의 코드는 두 번째부터 20번째까지 검색 화면에서 'www.hankoook.com'과 'http://star.hankookilbo.com/'으로 되어 있는 기사 URL을 수집하는 절차를 보여준다. 'all_urls[−na]' 부분이 'www.hankoook.com'으로 연결된 기사 URL을 의미한다.

```
corpus_scrape3 <- function(x){
    page <- read_html(x)
    Sys.sleep(1)
    story <- page %>% html_nodes("div.article-story, header h3") %>%
    html_text() %>% unique()
    story <- gsub("\r\n", "", story)
    story <- paste0(story[1], story[2])
    date <- page %>% html_nodes("div.info, div.p") %>% html_text()
    date <- gsub("\r\n|등록|입력|수정.+", "", date)
    corpus <- data.frame(story, date, stringsAsFactors = FALSE)
}
corpus3 <- pblapply(all_urls[-na], corpus_scrape3)
corpus3.1 <- do.call(rbind, corpus3)
```

아래 코드는 두 번째부터 20번째까지 검색 화면에서 'http://star.hankookilbo.com/'으로 연동된 기사 URL을 수집하는 과정을 보여준다.

```
corpus_scrape4 <- function(x){
    page <- read_html(x)
    Sys.sleep(1)
    story <- page %>% html_nodes("div.article-content, header h2") %>%
    html_text() %>% unique()
    story <- gsub("\r\n", "", story)
    story <- paste0(story[1], story[2])
    date <- page %>% html_nodes("div.info, div.p") %>% html_text()
    date <- gsub("\r\n|등록|입력|수정.+", "", date)
    corpus <- data.frame(story, date, stringsAsFactors = FALSE)
}
corpus4 <- pblapply(all_urls[na], corpus_scrape4); corpus4.1 <-
do.call(rbind, corpus4)
```

첫 번째 검색 화면에서 수집한 기사문과 날짜 데이터와 두 번째 이상 검색 화면에서 수집한 기사문과 날짜 데이터를 'corpus_total'이라는 객체로 지정해 저장했다.

```
corpus_secondmorepage <- rbind(corpus3.1, corpus4.1)
corpus_total <- rbind(corpus_firstpage, corpus_secondmorepage)
corpus_total$date <- gsub("TOP+|면+|단+||6 4|9 0|10 0|13 2|12 3|5 0|5 3|1
0|12 1|4 4|2 2|2 0|1 4|11 3|19 2|13 0|15 4|12 4|[[:punct:]]", "", corpus_total$date)
corpus_total$date <- gsub(" ", "", corpus_total$date)
corpus_total$date2 <- ymd_hm(corpus_total$date, truncated = 1, tz = "Asia/
Seoul")
location <- which(is.na(corpus_total$date2))
location <- c(3, 12, 39, 42, 43, 52, 73, 95, 99, 105, 111, 125, 126, 135, 147,
151, 163, 165, 166, 177, 212, 213, 223, 231, 249, 252, 259, 262, 264)
```

〈한국일보〉의 마약 관련 기사들과 메타 데이터인 기사 작성 시점을 담은 'corpus_total'을 보면, 'corpus_total$date'에 'TOP', '6면 4단' 등 날짜와 관련이 없는 표현들이 있어 이들을 'gsub' 함수로 삭제했다. 날짜의 양식이 연도, 월, 일, 시간, 분, 초 등으로 통일돼 있지 않아 조정하는 작업이 필요하다. 이를 위해 'lubridate' 패키지의 'ymd_hm' 함수를 이용해 'ymd_hm(corpus_total$date, truncated = 1, tz = "Asia/Seoul")' 코드로 분, 초 등이 없는 날짜의 경우, 이를 파악해 처리했다. 'ymd_hm'을 보면, 연, 월, 일, 시간, 분이라는 점을 알 수 있으며, 'truncated = 1'은 날짜 표기에서 생략된 부분이 분, 초 등처럼 하나라는 얘기다. 'tz = "Asia/Seoul"'은 한국 시간대를 뜻하는데, 이를 설정하지 않으면 날짜는 기본 설정인 'UTC'로 나타난다. 표기 양식이 'ymd_hm' 함수에 맞지 않는 29개의 날짜는 'NA'로 처리되기 때문에 이를 'location'으로 설정해 해당하는 날짜 요소들의 위치를 파악했다. 이 29개의 날짜를 '연월일 시간 분'에 맞게 아래처럼 수작업으로 처리했는데, 이는 전처리에 해당한다.

```
corpus_total$date[location][1] <- "201905040400"
corpus_total$date[location][2] <- "201905030406"
corpus_total$date[location][3] <- "201904080508"
corpus_total$date[location][4] <- "201904140400"
corpus_total$date[location][5] <- "201904140400"
corpus_total$date[location][6] <- "201904090305"
corpus_total$date[location][7] <- "201904090305"
corpus_total$date[location][8] <- "201901180500"
corpus_total$date[location][9] <- "201812240400"
corpus_total$date[location][10] <- "201811140400"
corpus_total$date[location][11] <- "201810140400"
corpus_total$date[location][12] <- "201808090205"
corpus_total$date[location][13] <- "201808040400"
corpus_total$date[location][14] <- "201806060305"
corpus_total$date[location][15] <- "201803080207"
corpus_total$date[location][16] <- "201802080402"
corpus_total$date[location][17] <- "201801240400"
corpus_total$date[location][18] <- "201801140400"
corpus_total$date[location][19] <- "201801140400"
corpus_total$date[location][20] <- "201801050001"
corpus_total$date[location][21] <- "201709190305"
```

```
corpus_total$date[location][22] <- "201709190504"
corpus_total$date[location][23] <- "201708010109"
corpus_total$date[location][24] <- "201706040309"
corpus_total$date[location][25] <- "201904090006"
corpus_total$date[location][26] <- "201904010305"
corpus_total$date[location][27] <- "201904090500"
corpus_total$date[location][28] <- "201903280409"
corpus_total$date[location][29] <- "201903090501"
corpus_total$date2 <- ymd_hm(corpus_total$date, truncated = 1, tz = "Asia/
Seoul")
```

날짜는 연월일, 시간, 분의 양식으로 조정돼 'date2'라는 새로운 변수로 데이터 프레임에 추가됐다. 구조 토픽 모델링은 전처리 과정, 모델 평가, 주제 수에 따른 모델 선택과 검색, 시각화와 결과로부터 구조 토픽 모델링 해석, 메타 데이터와 주제의 관계 평가, 시각화로 결과 제시 등 여섯 단계로 진행된다.

## (1) 전처리 과정

```
f <- corpus_total; fcorpus <- corpus(f$story)
dfm2 <- dfm(fcorpus, verbose = FALSE, tolower = TRUE,
            remove_numbers = TRUE, remove_punct = TRUE,
            remove_symbols = TRUE, remove_separators = TRUE,
            remove = c("한국일보", "무단전재", "재배포", "기자", "연합뉴스",
            "sol@hankookilbo.com", "uu84@hankookilbo.com",
            "hostory@hankookilbo.com", "mbc", "tv", "hi", "씨를", "씨와", "씨는",
      "씨가", "년대", "것으로", "명은", "명을", "명이", "아닌", "되던", "명의", "한편",
      "측 은", "이라며", "것이다", "현지시간", "으로", "있다", "분쯤", "대해", "면서",
      "있다 는", "있지만", "있는", "등에서", "이라고", "대한", "이라고", "것을", "있으
      며", "대 해서는", "이런", "하지만", "씨에게", "어떤", "담은", "곳이", "한다", "통
      해", "통한 ", "등이", "특히", "관련", "등의", "보니", "없다", "하고", "하지", "것
      은", "사실", " 전혀", "하면", "있고", "있는데", "전했다", "따르면", "현재", "라고",
      전혀", "하면", "있고", "있는데", "전했다", "따르면", "현재", "라고", "했다", "그런
      ", "있었다", "않았다", "적이", "위해", "같은", "없는", "말했다", "밝혔다", "위한",
      "만큼", "않다", "이번", "가운데", "모든", "지난", "최근", "씨의",
```

```
        "이미", "내가", "그는", "그의", "없다고", "포토", "또한", "이후", "등을", "가장",
        " 보면", "경우", "이는", "이상", "있다고", "그러나", "어느", "없이", "다른", "만
        에", "않고", "수도", "받고", "이날", "다시"))
textstat_frequency(dfm2); dfm3 <- dfm_select(dfm2, min_nchar = 2L)
dfm3.trim <- dfm_trim(dfm3, min_docfreq = 0.05, max_docfreq = .90,
docfreq_type = "prop")
dfm3.stm <- convert(dfm3.trim, to = "stm")
f$date2 <- ymd_hm(f$date); f$year <- year(f$date2); f$month <-
month(f$date2)
dfm3.stm$meta <- f[, c(2, 4:5)]
out <- dfm3.stm; docs <- out$documents; vocab <- out$vocab; meta <-
out$meta
```

전처리는 구조 토픽 모델링으로 추출하는 주제의 의미를 명확하고 분명하게 하는데 가장 크게 영향을 미치는 과정이다. 이에 따라 'quanteda' 패키지의 'dfm' 함수가 갖는 'remove = ' 요소로 114개의 의미가 없는 단어와 영어 이메일 주소 등을 제거했다. 본 저자는 114개의 불용어들을 이후에 나오는 'agendaPrevFit.labels 〈- labelTopics(agendaPrevFit, c(1:20))'이라는 코드가 생성하는 20개 주제별 핵심 단어들을 검토해 파악했다. 구체적으로 본 저자는 주제별 단어들 중에서 의미가 없는 단어들을 삭제하고 코드를 실행하고 다시 불용어들을 확인해 이들을 제거하는 과정을 반복했다. 불용어들의 규모가 클수록, 기사문에서 의미 없는 단어들이 제거되고 분석에 도움이 되는 단어들을 확보해 정제성이 높아진다. 또한, 문장 부호, 숫자, 공백, 마침표 등도 제거했으며, 이에 따른 단어별 빈도를 'textstat_frequency'로 확인했다.

최소 글자 수를 2개 이상으로 설정해, 의미 없는 한 글자나 제거되지 않은 각종 부호 등을 추가로 삭제했다. 이후에 전체 문서의 5% 이하에서 나타나는 드문 단어들과 전체 문서의 90% 이상에서 나타나는 흔

한 단어들도 걸러냈다. 기사 작성 날짜가 공변량이기 때문에 날짜를 연도와 월로 구분해 데이터에 입력했다. 코드는 'f$year 〈- year(f$date2); f$month 〈- month(f$date2)'이다. 연도와 월을 메타 데이터로 'dfm3.stm$meta'처럼 지정했다.

### (2) 모델 평가

모델은 'max.em.its = 75'에서 알 수 있듯이 최대 75 EM 반복으로 설정돼 실행되며, 결과 값은 아래에 나와 있다. 결과 값이 너무 길기 때문에 중간 부분들은 생략했다. 본 저자는 'searchK' 함수를 사용해 '검증 최대 우도(Held-Out Likelihood)', '잔차(Residuals)', '의미 일관성(Semantic Coherence)', '하한(Lower Bound)' 4개 기준에서 모델이 수렴하는가를 고려해 주제의 수를 결정했다.

```
K = c(10, 15, 20, 25, 30, 35, 40)
kresult <- searchK(docs, vocab, K, prevalence =~ s(year + month), data = meta)
plot(kresult)
```

〈그림 29〉 한국일보의 마약 관련 기사에 나타난 주제 수의 결정 기준

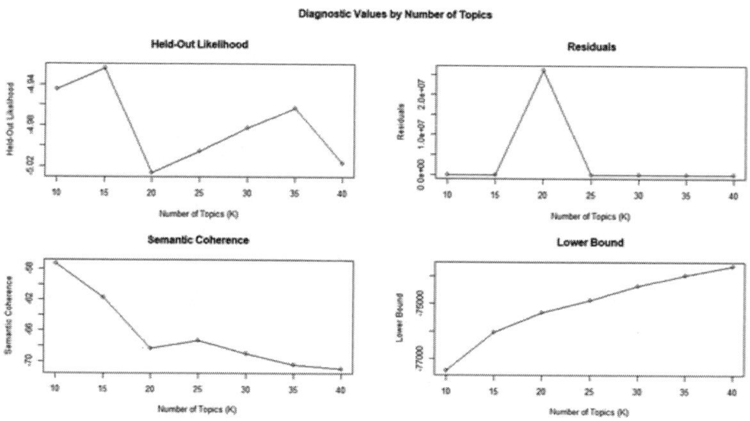

'검증 최대 우도'는 stm 모델로 검증 데이터를 예측하는 정도를 평가하는 지표로 클수록 좋으며 잔차는 작을수록 좋다. 의미 일관성은 높을수록, 하한은 낮을수록 좋게 평가된다. 이 기준에 따르면, 주제의 수가 10개일 때 3개 지표에서 가장 좋았으며, 주제의 수가 15개인 경우는 2개 지표에서 좋은 것으로 나타났다. 주제의 수를 15개로 했을 경우, 모델은 수렴하지 않았으나 10개일 때는 모델이 수렴했다. 따라서 주제의 수를 10개로 최종 결정했다.

```
agendaPrevFit <- stm(documents = out$documents, vocab = out$vocab,
   K = 10, prevalence =~ s(year + month),
   max.em.its = 75, data = out$meta,
   init.type = "Spectral")
eginning Spectral Initialization
         Calculating the gram matrix...
         Finding anchor words...
         ..........
         Recovering initialization...
         ...
Initialization complete.
.......................................................................................................
Completed E-Step (0 seconds).
Completed M-Step.
Completing Iteration 1 (approx. per word bound = -5.056)
.......................................................................................................
Completed E-Step (0 seconds).
Completed M-Step.
Completing Iteration 2 (approx. per word bound = -4.901, relative change =
3.080e-02)
.......................................................................................................
# (중략)
.......................................................................................................
Completed E-Step (0 seconds).
Completed M-Step.
Completing Iteration 70 (approx. per word bound = -4.805, relative change
= 1.136e-05)
   Topic 1: 마약왕, 영화, 송강호, 이야기를, 우민호
   Topic 2: 버닝썬, 마약, 서울, 클럽, 투약
```

```
  Topic 3: 마약, 마약을, 당시, 때문에, 많은
  Topic 4: 마약, 치료, 않은, 필로폰, 약을
  Topic 5: 투약, 마약, 구속, 황하나, 남양유업
  Topic 6: 로버트, 마약, 혐의로, 할리, 투약
  Topic 7: 마약, 마약류, 미국, 지난해, 국내
  Topic 8: 마약, 박유천은, 박유천의, 마약을, 투약
  Topic 9: 경찰은, 마약, 경찰에, 필로폰, 경찰
 Topic 10: 혐의로, 징역, 마약, 지난해, 대마를
.................................................................................................
Completed E-Step (0 seconds).
Completed M-Step.
Completing Iteration 71 (approx. per word bound = -4.805, relative change
= 1.329e-05)
.................................................................................................
Completed E-Step (0 seconds).
Completed M-Step.
Completing Iteration 72 (approx. per word bound = -4.805, relative change
= 1.057e-05)
.................................................................................................
Completed E-Step (0 seconds).
Completed M-Step.
Completing Iteration 73 (approx. per word bound = -4.805, relative change
= 1.023e-05)
.................................................................................................
Completed E-Step (0 seconds).
Completed M-Step.
Completing Iteration 74 (approx. per word bound = -4.805, relative change
= 1.025e-05)
.................................................................................................
Completed E-Step (0 seconds).
Completed M-Step.
Model Converged
```

'E-Step'과 'M-Step'이 74회 반복하는 과정 이후에 완료된 것으로 나타났다. 혼합 회원(mixed-membership) 토픽 모형의 경우, 사후 모수는 난해하고 비블록이어서 초기화에 민감한 다봉추정 문제(multimodal estimation problem)가 발생한다(Roberts et al., 2018). 두 가지 방법으로 이를 해결할 수 있다. 하나는 적률법(method of moments)으로 초기화를 시

도하는데, 스펙트럼(spectral) 초기화가 예다. 'init.type = "Spectral"'은 단어 공출현 행렬의 스펙트럼 분해(spectral decomposition)를 활용해 초기값을 결정해 모형을 추정한다(Roberts et al., 2018). 다른 방법은 붕괴 깁스 표집기(collapsed Gibbs sampler)를 짧게 실행해 모형을 초기화한다. 또는 모형을 무작위로 초기화하는 방법도 있으나, 이는 권장하지 않는다(Roberts et al., 2018).

### (3) 주제 수에 따른 모델 선택과 검색

```
agendaSelect <- selectModel(out$documents, out$vocab, K = 10,
   prevalence =~ s(year + month), max.em.its = 75,
   data = out$meta, runs = 20, seed = 8458159)
par(cex = 1.6); plotModels(agendaSelect, pch = c(1, 2, 3, 4), legend.position
= "bottomright"); agendaSelect$runout
[[1]]
A topic model with 10 topics, 320 documents and a 337 word dictionary.

[[2]]
A topic model with 10 topics, 320 documents and a 337 word dictionary.

[[3]]
A topic model with 10 topics, 320 documents and a 337 word dictionary.

[[4]]
A topic model with 10 topics, 320 documents and a 337 word dictionary.

agendaSelect$semcoh
[[1]]
 [1] -36.711 -66.676 -76.577 -36.059 -72.896 -50.675 -64.180 -43.510
-73.369
[10] -54.987

[[2]]
 [1] -41.172 -75.371 -38.293 -66.119 -66.292 -41.263 -43.582 -71.117 -60.315
[10] -78.069
```

```
[[3]]
 [1] -46.333 -82.516 -69.805 -41.509 -57.983 -51.070 -81.650 -63.199
-46.706
[10] -61.540

[[4]]
 [1] -39.521 -64.452 -19.756 -61.364 -42.123 -69.419 -72.814 -57.469 -76.522
[10] -83.094

agendaSelect$exclusivity
[[1]]
 [1] 9.5517 9.5488 9.6328 9.5453 9.1055 9.4457 9.2875 9.7369 9.3126 9.4210

[[2]]
 [1] 9.3966 9.5476 9.2436 9.5921 9.4906 9.5343 9.5629 9.4924 9.4669
9.1740

[[3]]
 [1] 9.3577 9.7305 9.5252 9.2883 9.7352 9.0076 9.6991 9.3208 9.5486
9.5345

[[4]]
 [1] 9.3617 9.5822 9.5406 9.4513 9.5548 9.4929 9.2057 9.4891 9.6309
9.7000
```

〈그림 30〉 한국일보의 마약 관련 기사에 대한 STM의 의미 일관성과 배타성 결과

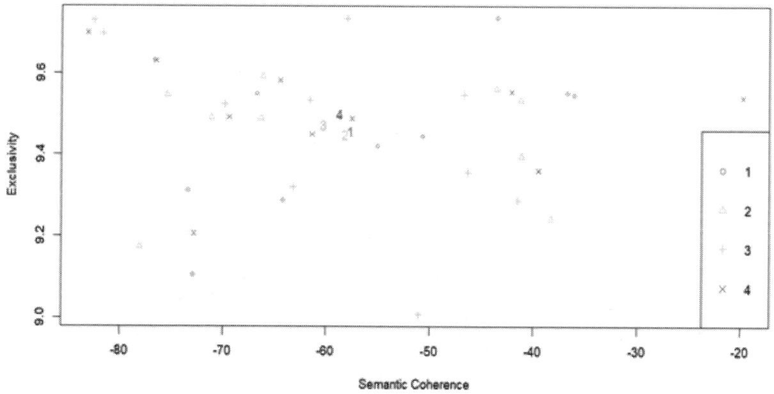

앞서 논의한 것처럼 주제가 해석의 타당성을 확보하려면 같은 주제에 속하는 단어들은 함께 나타나는 의미의 일관성[27]과 다른 주제들에 속하는 단어들과는 출현하지 않는 배타성을 충족시켜야 한다(Roberts et al., 2014). 'runs = 20'은 20개의 네트(net)로 'E-Step'과 'M-Step'이라는 두 단계를 실행하는데, 전체 실행(runs)의 약 15%가 수렴과정이나 EM 반복의 최대치 도달에 사용된다. 'runout'은 선택할 모형 결과의 묶음을 보여주는데, 'runs = 20'인 경우, 'E-Step'과 'M-Step' 두 단계를 감안할 때 'runout'의 수는 4개로 나타난다. 이 때문에 〈그림 29〉에서 4개 모형들이 나왔으며, 모형별로 일관성 값과 배타성 값을 부호로 구별했다. 가운데에 나타나는 '1, 2, 3, 4' 숫자는 각 모형이 갖는 일관성과 배타성의 평균값이다. 'agendaSelect$semcoh'는 10개 주제별 의미 일관성 값을, 'agendaSelect$exclusivity'는  배타성 값을 4개 모형별로 보여준다.

### (4) 시각화와 결과로부터 구조 토픽 모델링 해석

```
(agendaPrevFit.labels <- labelTopics(agendaPrevFit, c(1:10)))
Topic 1 Top Words:
        Highest Prob: 마약왕, 영화, 송강호, 이야기를, 우민호, 금지, 배우
        FREX: 마약왕, 송강호, 우민호, 개봉, 영화, 조정석, 이야기를
        Lift: 이두삼, 개봉, 배두나, 송강호, 우민호, 조정석, 건대입구점에서
        Score: 마약왕, 마약도, 우민호, 송강호, 조정석, 개봉, 배두나
Topic 2 Top Words:
        Highest Prob: 버닝썬, 마약, 서울, 클럽, 투약, 의혹, 서울경찰청
        FREX: 버닝썬, 클럽, 의혹, 서울경찰청, 광역수사대, 의혹을, 아들
        Lift: 광역수사대, 버닝썬, 클럽, 서울경찰청, 의혹, 아들, 유명
        Score: 광역수사대, 버닝썬, 클럽, 의혹, 서울경찰청, 조사를, 의혹을
```

27 $C_k = \sum_{i=2}^{M}\sum_{j=1}^{i-1}\log(\frac{D(v_i, v_j)+1}{D(v_j)})$는 주제 $k$에 대한 의미 일관성 공식으로 $D(v_i, v_j)$는 $v_i$와 $v_j$가 한 문서에서 함께 나타나는 빈도다(Roberts et al., 2018).

```
Topic 3 Top Words:
     Highest Prob: 마약, 마약을, 당시, 때문에, 많은, 사건, 과거
     FREX: 많은, 사건, 과거, 마약의, 때문에, 복용, 많이
     Lift: 마약의, 사건에, 복용, 논란이, 사건, 많은, 제공
     Score: 마약의, 사건, 많은, 복용, 때문에, 사건에, 논란이
Topic 4 Top Words:
     Highest Prob: 마약, 치료, 않은, 필로폰, 약을, 약물, 마약류
     FREX: 치료, 약을, 중독, 않은, 약물, 사회, 김현빈
     Lift: 중독, 치료, 김현빈, 약을, 약물, 사회, 쉽지
     Score: 치료, 중독, 약물, 대한민국, 약을, 김현빈, 사회
Topic 5 Top Words:
     Highest Prob: 투약, 마약, 구속, 황하나, 남양유업, 혐의로, 외손녀
     FREX: 남양유업, 구속, 외손녀, 황씨는, 황하나, 강남구, 영장실질심사
     Lift: 강남구, 황씨는, 심문, 영장실질심사, 창업주, 피의자, 외손녀
     Score: 강남구, 남양유업, 황하나, 외손녀, 황씨는, 박유천, 창업주의
Topic 6 Top Words:
     Highest Prob: 로버트, 마약, 혐의로, 할리, 투약, 경찰은, 방송인
     FREX: 로버트, 할리, 방송인, 체포된, 법률, 소변, 관리에
     Lift: 로버트, 할리, 방송인, 체포된, 자택에서, 방송, 마친
     Score: 로버트, 할리, 방송인, 체포된, 경찰은, 경기남부지방경찰청, 구속영장을
Topic 7 Top Words:
     Highest Prob: 마약, 마약류, 미국, 지난해, 국내, 이들은, 필로폰
     FREX: 이들은, 미국, 국내, 코카인, 최대, 거래, 적발
     Lift: 나타났다, 최대, 적발, 이들은, 코카인, 나온다, 국내
     Score: 나타났다, 미국, 최대, 마약류, 코카인, 대마, 국내
Topic 8 Top Words:
     Highest Prob: 마약, 박유천은, 박유천의, 마약을, 투약, 박유천이, 경찰
     FREX: 박유천은, 박유천의, 박유천이, 황하나가, 황하나와, 입장을, 박유천
     Score: 박유천은, 박유천의, 방송된, 박유천이, 황하나가, 황하나와, 박유천
Topic 9 Top Words:
     Highest Prob: 경찰은, 마약, 경찰에, 필로폰, 경찰, 혐의를, 함께
     FREX: 경찰에, 경찰은, 이들, 체포됐다, 필로폰을, 반응이, 성분이
     Lift: 이들, 체포됐다, 경찰에, 예정, 있던, 여부를, 마약류관리에관한법률
     Score: 이들, 경찰은, 경찰에, 혐의를, 경찰, 필로폰을, 마약류관리에관한법률
Topic 10 Top Words:
     Lift: 방송된, 황하나가, 황하나와, 박유천은, 박유천의, 황하나의, 이호연
     Highest Prob: 혐의로, 징역, 마약, 지난해, 혐의, 대마를, sns
     FREX: 징역, 대마를, 선고, 년을, 대마초를, 집행유예, sns
     Lift: 판매, 부장, 대마를, 대마초를, 징역, 년을, 선고
     Score: 판매, 징역, 대마, 혐의로, 대마를, 년을, 선고
```

STM으로 평가한 주제들을 탐색하는 방법은 두 가지다. 첫 번째는 주제들과 연관된 단어들의 집합을 살피며, 두 번째는 각 주제와 밀접하게 관련된 실제 문서들을 점검한다. 첫 번째 방법은 'labelTopics(agendaPrevFit, c(1:10))' 코드를 사용하는데, 4개 기준에 따라 단어들의 집합을 결정한다. 'Highest Prob'은 출현 확률값이 가장 높은 단어들을 파악하며, 'FREX'[28]는 단어의 전체 빈도로 단어에 가중치를 줘 단어들이 해당 주제에 얼마나 배타적으로 묶이는가를 평가한다. 'Lift'는 다른 주제에 나타나는 단어들의 빈도로 나눠 다른 주제에 덜 나타나는 단어들에 높은 가중치를 준다. 'Score'는 해당 주제에 속하는 단어의 로그 빈도를 다른 주제들에 출현한 이 단어의 로그 빈도로 나눈 값이다. 위의 결과는 4개 기준 값이 큰 단어 7개를 20개 주제별로 제시했다.

두 번째 방법으로 본 저자는 기사문이 길기 때문에 처음 200자만 추출해 각 주제의 의미를 잘 보여주는 예시 기사문을 아래 코드로 파악했다. 'stringr' 패키지의 'str_extract_all'은 'regex("^.{1,200}")'이라는 정규식으로 1자부터 200자까지의 글자를 추출했으며, '주제 3', '주제 7', '주제 10'의 예시 기사문 200자를 아래와 같이 보여준다.

```
shortdoc <- str_extract_all(corpus_total$story, regex("^.{1,200}"))
(thoughts3 <- findThoughts(agendaPrevFit, texts = shortdoc,  n = 2, topics =
3)$docs[[1]])
[1]"마약 찾아낸 탐지견·후보견 11마리 새 가족 찾아요
   [가족이 되어주세요] 특별판  2년 전 이 맘 때 인천"
[2]"미군, 세계 최강 전투기 동원해 탈레반 마약밭 쑥대밭으로
   존 니컬슨 아프간 주둔 미군 사령관이 20일 아프간 카불에서 기자회견을 열고 발언
```

28 $FREX_{k,v} = \left(\frac{w}{ECDF(\beta_{k,v} / \sum_{j=1}^{K} \beta_{j,v})} + \frac{1-w}{ECDF(\beta_{k,v})}\right)^{-1}$, $ECDF$는 경험적 $CDF$이며 $w$는 가중치다(Roberts et al., 2018).

```
을 하고 있다. 카불=AFP 연합뉴스 도널드 트럼프 미 행정부가 지난 8월 아프가니스
탄 병력 증파를 "

(thoughts7 <- findThoughts(agendaPrevFit, texts = shortdoc,  n = 2, topics =
7)$docs[[1]])
[1]"콜롬비아, 마약이 진 자리에 장미가 피었다  "
[2]"양귀비 쿠키·대마 초콜릿… 신종마약 해외직구 급증
  양귀비종자 쿠키(왼쪽 위부터 시계방향), 대마 오일, 대마 카트리지, 양귀비종자 샐러
  드드레싱. 대검찰청 제공직장인 A씨는 지난해 호주 사이트에서 양귀비종자 쿠키 5.6
  ㎏을 직접구매하고, 항"

(thoughts10 <- findThoughts(agendaPrevFit, texts = shortdoc,  n = 2, topics =
10)$docs[[1]])
[1]"'마약 혐의' 이찬오, 1심 선고 공판… '징역 3년' '집행유예 4년'
  이찬오 셰프가 1심에서 집행유예를 선고했다. 한국일보 자료사진마약 복용 혐의로 기소된
  이찬오 셰프가 1심에서 집행유예를 선고 받았다.24일 서울중앙지법 형사합의30부"

[2]"'마약 혐의' 이찬오, 항소심서도 집행유예 선고
  '마약 혐의' 이찬오가 집행유예를 선고 받았다. JTBC 제공유명 셰프 이찬오가 '마약
  혐의' 2심에서도 집행유예를 선고 받았다.서울고법 형사4부는 7일 마약류 관리에 관
  한 법률 위반(대마) 혐의로 기소된 이찬오의 항소심 선고 공판에서 1심과 같은"
```

3개 주제를 잘 보여주는 이 예시들을 그림으로 표현하기 위해 'plotQuote' 함수를 사용했으며, 'par(mfrow = c(1, 3), mar = c(.5, .5, 1, .5), cex = 1.5)'라는 시각화 설정을 함으로써 3개 주제가 하나의 행으로 나타나게 했다. 'mfrow = c(1, 3)'이 행 하나에 열을 3개로 설정한다는 뜻이며, 'mar = c(.5, .5, 1, .5)'는 아래, 왼쪽, 위, 오른쪽의 여백 줄 수를 의미한다. 'cex = 1.5'는 기본 설정(1)과 비교해 시각화 내용의 크기를 확대하거나 축소할 때 쓰는 요소로 '1.5'는 기본 설정보다 크게 한다는 얘기다.

```
par(mfrow = c(1, 3), mar = c(.5, .5, 1, .5), cex = 1.5)
plotQuote(thoughts3, width = 30, main = "Topic 3")
plotQuote(thoughts7, width = 30, main = "Topic 7")
plotQuote(thoughts10, width = 30, main = "Topic 10")
```

〈그림 31〉 주제 3, 주제 7, 주제 10의 예시 기사문

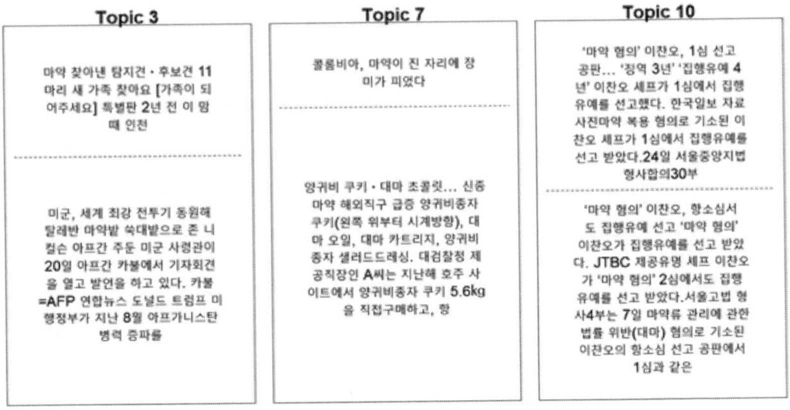


## (5) 메타 데이터와 주제의 관계 평가

공변량인 기사 작성 날짜가 20개 주제를 예측하는 관계를 분석하기 위해 'estimateEffect' 함수를 사용하는데, 'uncertainty'는 주제 비중의 측정 불확실성을 근사하게 추정하는 절차로 기본 방법은 'Global'이다. 이는 대역 모수(global parameter)로 생성한 평균 공변량 행렬에 근사화시키는 방식을 채택한다. 's(year + month)'는 b-spline 변형변수를 뜻한다. 'stmobj'는 구조 토픽 모델링의 모형 결과를 의미한다.

```
prep <- estimateEffect(1:20 ~ s(year+ month), agendaPrevFit,
   meta = out$meta, uncertainty = "Global")
summary(prep, topics = c(1:10))
Call:
estimateEffect(formula = 1:10 ~ s(year + month), stmobj = agendaPrevFit,
metadata = out$meta, uncertainty = "Global")


Topic 1:

Coefficients:
   Estimate Std. Error t value Pr(>|t|)
```

```
(Intercept)           0.06498    0.05181     1.25           0.21
s(year + month)1      0.01396    0.26131     0.05           0.96
s(year + month)2      0.00333    0.36567     0.01           0.99
s(year + month)3      0.00529    0.18775     0.03           0.98
s(year + month)4     -0.05375    0.05692    -0.94           0.35
s(year + month)5     -0.05377    0.13280    -0.40           0.69
s(year + month)6     -0.03291    0.16505    -0.20           0.84
s(year + month)7     -0.04756    0.16511    -0.29           0.77
s(year + month)8     -0.13399    0.22909    -0.58           0.56
s(year + month)9      1.12449    0.25931     4.34      2.0e-05 ***
s(year + month)10     0.42413    0.07821     5.42      1.2e-07 ***
---
Signif. codes:0 '***' 0.001 '**' 0.01 '*' 0.05 '.' 0.1 ' ' 1


Topic 2:

Coefficients:
  Estimate Std. Error t value Pr(>|t|)
(Intercept)           0.0345     0.0413      0.84        0.4043
s(year + month)1     -0.6073     0.2756     -2.20        0.0283 *
s(year + month)2      1.0557     0.3904      2.70        0.0072 **
s(year + month)3      0.0820     0.1837      0.45        0.6557
s(year + month)4      0.0126     0.0462      0.27        0.7853
s(year + month)5     -0.0190     0.1100     -0.17        0.8632
s(year + month)6      0.0493     0.1391      0.35        0.7235
s(year + month)7      0.1205     0.1454      0.83        0.4078
s(year + month)8      0.0224     0.2025      0.11        0.9120
s(year + month)9     -0.0592     0.2143     -0.28        0.7824
s(year + month)10    -0.0308     0.0538     -0.57        0.5681
---
Signif. codes:0 '***' 0.001 '**' 0.01 '*' 0.05 '.' 0.1 ' ' 1


Topic 3:

Coefficients:
                     Estimate   Estimate   t value     Pr(>|t|)
(Intercept)           0.1010     0.0424      2.38        0.018 *
s(year + month)1      0.3373     0.1965      1.72        0.087 .
s(year + month)2     -0.3804     0.2692     -1.41        0.159
```

| | | | | |
|---|---|---|---|---|
| s(year + month)3 | 0.1980 | 0.1367 | 1.45 | 0.148 |
| s(year + month)4 | -0.0234 | 0.0442 | -0.53 | 0.596 |
| s(year + month)5 | -0.0350 | 0.1010 | -0.35 | 0.729 |
| s(year + month)6 | 0.0767 | 0.1257 | 0.61 | 0.542 |
| s(year + month)7 | -0.0847 | 0.1292 | -0.66 | 0.512 |
| s(year + month)8 | 0.3229 | 0.1804 | 1.79 | 0.075 . |
| s(year + month)9 | -0.3294 | 0.1974 | -1.67 | 0.096 . |
| s(year + month)10 | 0.0022 | 0.0561 | 0.04 | 0.969 |

---

Signif. codes:0 '***' 0.001 '**' 0.01 '*' 0.05 '.' 0.1 ' ' 1

Topic 4:

Coefficients:

| | Estimate | Estimate | t value | Pr(>\|t\|) |
|---|---|---|---|---|
| (Intercept) | 0.4515 | 0.0451 | 10.02 | < 2e-16 *** |
| s(year + month)1 | -0.3988 | 0.1768 | -2.26 | 0.0248 * |
| s(year + month)2 | -0.4899 | 0.2477 | -1.98 | 0.0489 * |
| s(year + month)3 | -0.3545 | 0.1364 | -2.60 | 0.0098 ** |
| s(year + month)4 | -0.4112 | 0.0488 | -8.43 | 1.4e-15 *** |
| s(year + month)5 | -0.3093 | 0.1235 | -2.50 | 0.0128 * |
| s(year + month)6 | -0.2737 | 0.1402 | -1.95 | 0.0518 . |
| s(year + month)7 | -0.5111 | 0.1357 | -3.77 | 0.0002 *** |
| s(year + month)8 | -0.1499 | 0.1723 | -0.87 | 0.3850 |
| s(year + month)9 | -0.7296 | 0.1843 | -3.96 | 9.4e-05 *** |
| s(year + month)10 | -0.3986 | 0.0573 | -6.96 | 2.0e-11 *** |

---

Signif. codes:0 '***' 0.001 '**' 0.01 '*' 0.05 '.' 0.1 ' ' 1

Topic 5:

Coefficients:

| | Estimate | Estimate | t value | Pr(>\|t\|) |
|---|---|---|---|---|
| (Intercept) | 0.01208 | 0.03950 | 0.31 | 0.76 |
| s(year + month)1 | 0.04187 | 0.18873 | 0.22 | 0.82 |
| s(year + month)2 | 0.00751 | 0.25731 | 0.03 | 0.98 |
| s(year + month)3 | -0.03673 | 0.14049 | -0.26 | 0.79 |
| s(year + month)4 | 0.20165 | 0.04603 | 4.38 | 1.6e-05 *** |
| s(year + month)5 | 0.07731 | 0.11014 | 0.70 | 0.48 |

```
s(year + month)6      0.00663    0.12866     0.05     0.96
s(year + month)7      0.06580    0.12726     0.52     0.61
s(year + month)8     -0.07866    0.16854    -0.47     0.64
s(year + month)9      0.08818    0.18473     0.48     0.63
s(year + month)10     0.01661    0.05377     0.31     0.76
---
Signif. codes:0 '***' 0.001 '**' 0.01 '*' 0.05 '.' 0.1 ' ' 1


Topic 6:

Coefficients:
                    Estimate   Estimate   t value   Pr(>|t|)

(Intercept)           0.0104     0.0431      0.24      0.810
s(year + month)1      0.0247     0.2031      0.12      0.903
s(year + month)2      0.0863     0.2744      0.31      0.753
s(year + month)3     -0.1157     0.1423     -0.81      0.417
s(year + month)4      0.1214     0.0489      2.48      0.014 *
s(year + month)5      0.2347     0.1188      1.97      0.049 *
s(year + month)6     -0.0932     0.1308     -0.71      0.477
s(year + month)7      0.0519     0.1337      0.39      0.698
s(year + month)8      0.0193     0.1890      0.10      0.919
s(year + month)9      0.0624     0.2131      0.29      0.770
s(year + month)10     0.0442     0.0621      0.71      0.477
---
Signif. codes:0 '***' 0.001 '**' 0.01 '*' 0.05 '.' 0.1 ' ' 1


Topic 7:

Coefficients:
                    Estimate   Estimate   t value   Pr(>|t|)
(Intercept)          0.11603    0.05162      2.25      0.025 *
s(year + month)1     0.17680    0.25368      0.70      0.486
s(year + month)2    -0.09326    0.35425     -0.26      0.793
s(year + month)3     0.06163    0.17620      0.35      0.727
s(year + month)4    -0.05606    0.05463     -1.03      0.306
s(year + month)5     0.11522    0.12972      0.89      0.375
s(year + month)6    -0.12751    0.16214     -0.79      0.432
s(year + month)7     0.21229    0.16734      1.27      0.206
```

| | | | | |
|---|---|---|---|---|
| s(year + month)8 | 0.00982 | 0.23142 | 0.04 | 0.966 |
| s(year + month)9 | -0.23921 | 0.25229 | -0.95 | 0.344 |
| s(year + month)10 | -0.02604 | 0.06928 | -0.38 | 0.707 |

---

Signif. codes:0 '***' 0.001 '**' 0.01 '*' 0.05 '.' 0.1 ' ' 1

Topic 8:

Coefficients:

| | Estimate | Estimate | t value | Pr(>\|t\|) |
|---|---|---|---|---|
| (Intercept) | 0.023548 | 0.051854 | 0.45 | 0.65006 |
| s(year + month)1 | 0.109443 | 0.262500 | 0.42 | 0.67702 |
| s(year + month)2 | -0.056014 | 0.361157 | -0.16 | 0.87685 |
| s(year + month)3 | 0.075452 | 0.195235 | 0.39 | 0.69942 |
| s(year + month)4 | 0.202260 | 0.058531 | 3.46 | 0.00063 *** |
| s(year + month)5 | 0.128080 | 0.138437 | 0.93 | 0.35559 |
| s(year + month)6 | -0.074452 | 0.160618 | -0.46 | 0.64331 |
| s(year + month)7 | 0.064909 | 0.160981 | 0.40 | 0.68707 |
| s(year + month)8 | -0.070088 | 0.219943 | -0.32 | 0.75020 |
| s(year + month)9 | 0.109764 | 0.238940 | 0.46 | 0.64628 |
| s(year + month)10 | 0.000734 | 0.070444 | 0.01 | 0.99170 |

---

Signif. codes:0 '***' 0.001 '**' 0.01 '*' 0.05 '.' 0.1 ' ' 1

Topic 9:

Coefficients:

| | Estimate | Estimate | t value | Pr(>\|t\|) |
|---|---|---|---|---|
| (Intercept) | 0.1274 | 0.0521 | 2.44 | 0.015 * |
| s(year + month)1 | 0.0289 | 0.2471 | 0.12 | 0.907 |
| s(year + month)2 | 0.1828 | 0.3335 | 0.55 | 0.584 |
| s(year + month)3 | -0.2144 | 0.1677 | -1.28 | 0.202 |
| s(year + month)4 | -0.0105 | 0.0576 | -0.18 | 0.856 |
| s(year + month)5 | -0.0371 | 0.1234 | -0.30 | 0.764 |
| s(year + month)6 | -0.0580 | 0.1606 | -0.36 | 0.718 |
| s(year + month)7 | 0.1328 | 0.1582 | 0.84 | 0.402 |
| s(year + month)8 | 0.0932 | 0.2401 | 0.39 | 0.698 |
| s(year + month)8 | 0.0932 | 0.2401 | 0.39 | 0.698 |
| s(year + month)9 | -0.1902 | 0.2505 | -0.76 | 0.448 |
| s(year + month)10 | -0.0678 | 0.0689 | -0.98 | 0.326 |

```
---
Signif. codes:0 '***' 0.001 '**' 0.01 '*' 0.05 '.' 0.1 ' ' 1


Topic 10:

Coefficients:
                     Estimate    Estimate    t value     Pr(>|t|)
(Intercept)          0.05782     0.04768     1.21        0.22614
s(year + month)1     0.26651     0.23607     1.13        0.25980
s(year + month)2     -0.30838    0.31778     -0.97       0.33258
s(year + month)3     0.29703     0.18415     1.61        0.10777
s(year + month)4     0.01728     0.05209     0.33        0.74036
s(year + month)5     -0.10347    0.12856     -0.80       0.42156
s(year + month)6     0.53557     0.15432     3.47        0.00059 ***
s(year + month)7     -0.00762    0.15454     -0.05       0.96068
s(year + month)8     -0.02995    0.21275     -0.14       0.88815
s(year + month)9     0.16119     0.23297     0.69        0.48953
s(year + month)10    0.03584     0.06627     0.54        0.58905
---
Signif. codes:0 '***' 0.001 '**' 0.01 '*' 0.05 '.' 0.1 ' ' 1
```

독자들은 이 예측 분석 결과에서 회귀 추정값(estimate)이 왜 10개로 나타날까라는 의문을 제기할 것이다. 답은 스프라인(spline)을 수행하는 's' 함수의 설정에 있다. 'https://github.com/bstewart/stm/blob/master/R/s.R'에 'bstewart/stm'으로 공개되어 있는 이 함수의 코드에 답이 있다. 굵게 표시한 것은 본 저자가 추가한 부분이다.

```
s <- function(x, df, ...) {
   if(class(x)=="Date") {
     warning("A Date object coerced to numeric.
             Converting variable in advance will stop this warning in the
future.
             Postprocessing tools may not work with dates.")
     x <- as.numeric(x)
   }

   nval <- length(unique(x))
   if(missing(df)) {
     df <- min(10, (nval-1))
   }
   obj <- splines::bs(x, df,...)
   attr(obj, "class") <- c("s", attr(obj, "class")) #we need this to ensure that our
predict generics trigger
   return(obj)
}
```

'**df** 〈− min(**10**, (nval−1))'의 코드가 10개의 회귀 추정값만 보여주는 이유다. 'x'는 'year + month'인데 'year'는 2017, 2018, 2019년 3개이며 'month'는 1월부터 12월까지 12개이다. 따라서 '**df** 〈− min(**10**, (nval−1))'의 값은 10이 되기 때문에 10개의 회귀 추정값이 출력된다.

분석 문서에서 나타나는 확률값이 높은 상위 주제들과 이에 해당하는 상위 3개 단어들의 모습을 시각화하기 위해 아래의 코드를 사용했다. 'xlim = c(0, .4)'는 확률값의 최대치를 0.4로 설정했으며, 이 값을 넘는 주제들은 없는 것으로 나타났다.

```
par(cex = 1.3)
plot(agendaPrevFit, type = "summary", xlim = c(0, .4))
```

〈그림 32〉 10개 주제에 속하는 상위 3개 단어들의 기대 확률값

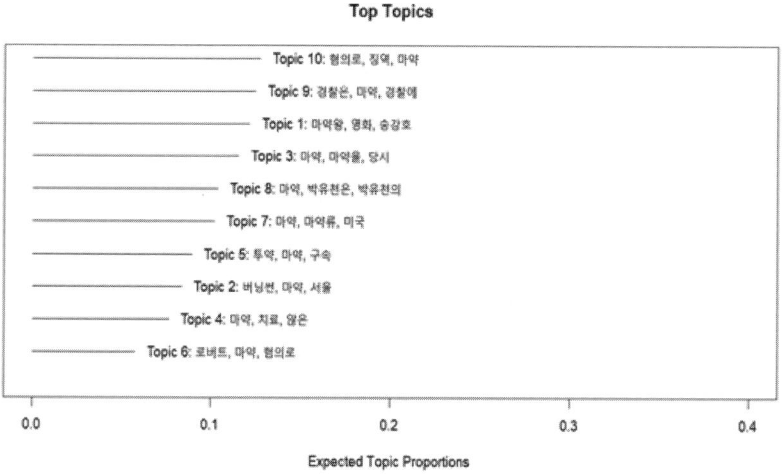


본 저자는 'labelTopics'로 제시된 7개 상위 단어들과 'findThoughts'로 나타난 예시 기사문을 토대로 주제 10은 '마약판결', 주제 9는 '필로폰 투약 검거', 주제 1은 '마약왕 영화', 주제 3은 '마약범죄', 주제 8은 '박유천 마약투약', 주제 7은 '마약 국내거래 적발', 주제 5는 '황하나 마약사건', 주제 2는 '버닝썬 마약유통의혹', 주제 4는 '필로폰 중독', 주제 6은 '연예인 마약투약체포'로 각각 명명했다.

### (6) 시각화로 결과 제시

공변량인 기사 작성 날짜에 따른 주제들의 출현 확률을 살펴본다.

```
par(mfrow = c(2, 3), cex = 1)
for(i in c(10, 9, 1, 3, 8, 7)){
   plot(prep, "year", method = "continuous", topics = i,
        main = paste0(agendaPrevFit.labels$prob[i, 1:3], collapse = ", "),
        printlegend = FALSE)
}
```

'c(10, 9, 1, 3, 8, 7)'은 주제들 중에 상위 6개 주제만 선택한다는 뜻이다. 'method = '의 선택 사항은 'pointestimate', 'difference', 'continuous' 3개가 있으며, 날짜가 연속변수이기 때문에 'method = continuous'를 택했다. 'agendaPrevFit.labels$prob'은 출현 확률값이 높은 상위 7개 단어들을 포함하는데, 'agendaPrevFit.labels$prob[i, 1:3]'은 이 중에서 첫 번째부터 세 번째 단어만 선택했다. 'agendaPrevFit.labels$prob[i, 1:7]'로 설정할 수 있으나 〈그림 32〉에서 알 수 있듯이, 각 도표의 제목에 7개 단어를 모두 담기 어려워 3개로 제한했다.

〈그림 33〉 기사 작성 날짜에 따른 상위 6개 주제의 기대 확률값 변화

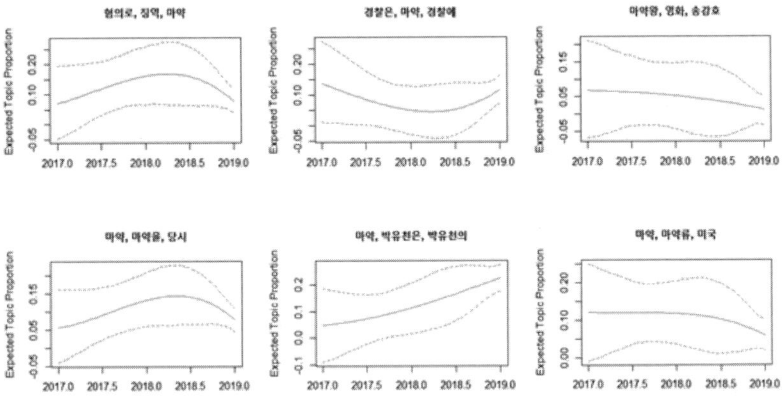


〈그림 33〉은 공변량인 기사 작성 날짜에 따라 상위 주제 6개의 비중이 변화하는 양상을 보여준다. 주제 10인 '마약판결'의 비중은 2017년부터 2018년 초반까지 증가하다가 이후부터는 감소했으며, 주제 3(마약범죄)의 비중도 비슷한 양상을 보였다. 반면에 주제 9(필로폰 투약 검거)의 비중은 2017년부터 2018년 초반까지 감소하다가 이후부터 증가했다. 주제 1(마약왕 영화)과 주제 7(마약 국내거래 적발)의 비중은 감소 추세이며 주제 8(박유천 마약투약)의 비중은 증가 추세로 나타났다.

```
stm::cloud(agendaPrevFit, topic = 10, type = "model", max.words = 70, scale
= c(0.2, 2.2))
```

〈그림 34〉 주제 10의 단어 구름

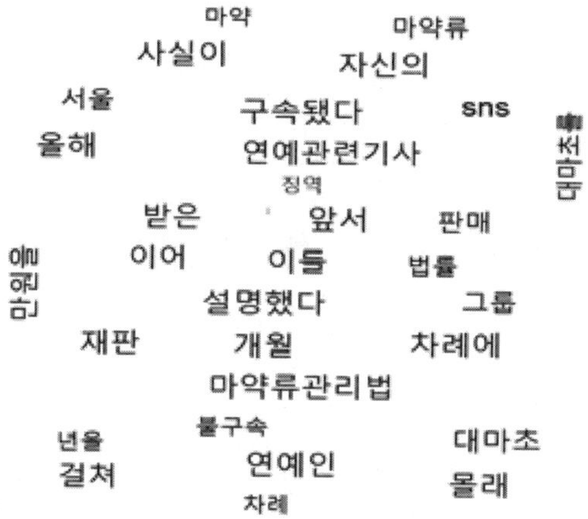


〈그림 34〉는 주제 10을 보여주는 단어 70개를 'scale = c(0.2, 2.2)'라는 단어 크기로 설정해 시각화했다. 가장 낮은 단어가 0.2이며 가장 큰 단어는 2.2이다.

```
mod.out.corr <- topicCorr(agendaPrevFit); par(cex = 1.2)
plot(mod.out.corr,
    topics = c(10, 9, 1, 3, 8, 7, 5, 2, 4, 6),
    vertex.color = "gray", vertex.label.cex = 1.3,
    vertex.size = 30, vertex.label.color = "black", vertex.label.font = 2,
    vlabels = c("마약판결", "필로폰 투약 검거", "마약왕 영화",
                "마약범죄", "박유천 마약투약", "마약 국내거래 적발",
                "황하나 마약사건", "버닝썬 마약유통의혹", "필로폰 중독", "연예인 마약
                투약체포"))
```

'topicCorr(agendaPrevFit)' 코드로 주제 간에 상관관계를 계산한 뒤에 이를 'plot' 함수에 투입해 상관관계를 시각화했다. 흥미롭게도 이 함수는 각 노드의 이름을 한글로 입력할 수 있게 한다. 'topics = c(10, 9, 1, 3,

8, 7, 5, 2, 4, 6)'은 〈그림 32〉의 주제별 기대 확률값 순서를 반영한 것이다. 시각화 결과는 〈그림 35〉에 나와 있다.

〈그림 35〉 10개 주제들의 상관관계의 시각화

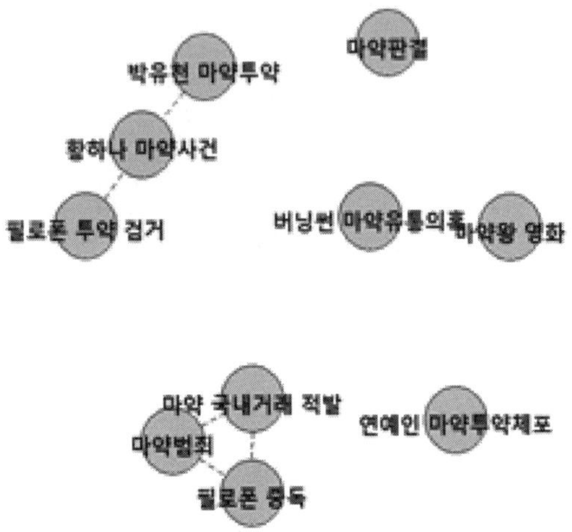


'필로폰 투약 검거'와 '황하나 마약사건', '박유천 마약투약' 3개 주제가 연결되어 있으며 '마약범죄'와 '필로폰 중독', '마약 국내거래 적발' 주제도 서로 연관되어 나타났다. 그러나 '마약판결', '버닝썬 마약유통의혹', '마약왕 영화', '연예인 마약투약체포'는 이들과 떨어져 존재했다.

# 제10장
# 문서의 벡터화와 뉴스 의제 추출

# 제10장
# 문서의 벡터화와 뉴스 의제 추출

## 1) 문서의 벡터화(text to vectors)의 개념

문서의 벡터화는 단어들 이면에 있는 의미를 학습하는 비지도 알고리즘을 기반으로 하는 분석 기법으로, 2013년 구글 개발자들이 공개한 'word2vec' 패키지와 스탠포드대학의 NLP 집단이 개발한 'GloVe' 방법이 등장하면서 주목을 받았다(Kwartler, 2017). '문서의 벡터화'라는 개념을 이해하는 것이 중요한데, 기계 학습 정보를 제공하는 개방 플랫폼인 'TensorFlow' 사이트에 따르면, 벡터 공간에 단어 재현(word representation)과 단어 장착(word embedding)이라는 개념이 있다. 자연어 처리 시스템은 단어들을 구별할 수 있는 기초 상징으로 보고 단어들마다 고유한 식별 부호를 주는데, 이 경우에 단어들 간에 관계를 파악하기 힘들고 데이터의 행렬 구조가 희박해지는(sparse) 문제점이 있다. 이를 해결하기 위해 의미론적으로 유사한 단어들을 가깝게 위치시킨 끊임이 없는 벡터 공간에 해당 단어들을 재현하거나 장착하는 '벡터공간 모형(VSMs: vector space models)'이 자연어 처리 분야에 등장했다. 이 모형은 동일한 맥락에서 출현하는 단어들은 의미를 공유한다는 분포 가설(distributional hypothesis)에 토대를 둔다.

벡터 재현은 빈도(count) 기반의 방법과 예측 방법으로 갈라지는데, 빈도 기반의 방법은 특정한 단어가 텍스트 말뭉치(corpus)에서 인접한 단어들과 공출현하는 정도에 관한 통계치를 산출해 이를 해당 단어의 벡터에 위치시킨다. 반면에 예측 방법은 학습된 장착 벡터라는 관점에서 근접한 단어들로부터 특정 단어를 예측한다. 'word2vec'은 텍스트에서 단어 장착을 학습하는 예측 모형으로, 맥락 단어들로부터 목표 단어들을 예측하는 'CBOW(Continuous Bag-of-Words)' 모형과 목표 단어들로부터 맥락 단어들을 예측하는 'Skip-gram' 모형으로 구분된다. 구체적 내용은 'TensorFlow' 사이트에서 확인할 수 있으며 주소는 'https://www.tensorflow.org/tutorials/representation/word2vec'이다. 선행 연구자들(Mikolov, Chen, Corrado, & Dean, 2013a, p. 5)은 두 모형을 〈그림 36〉처럼 시각화했다.

'CBOW' 모형은 과거 시점 t-2와 t-1의 단어들과 미래 시점 t+1, t+2의 단어들로 구성된 벡터로부터 현재 시점 t의 단어를 예측한다. 과거와 미래 시점에 있는 단어들이 맥락으로 작용하는 셈이다. 'Skip-gram' 모형은 현재 단어로부터 과거 시점과 미래 시점에 있는 단어들을 예측한다.

〈그림 36〉 CBOW와 Skip-gram의 모형도

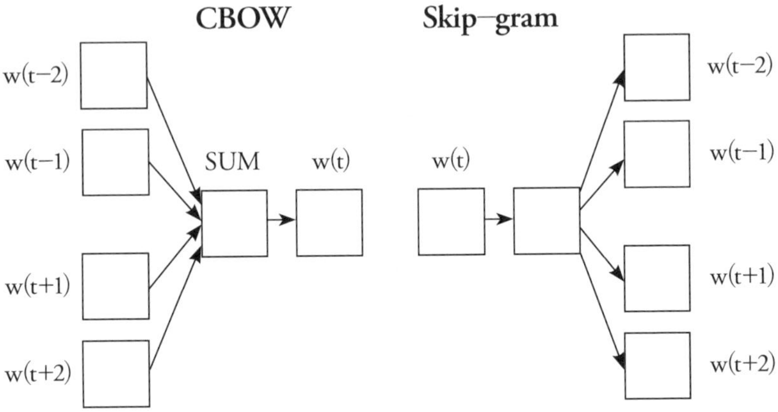


문서의 벡터화를 이해하는데 필요한 기초 개념으로 벡터 재현과 단어 장착의 의미를 실제 예로 살펴본다. '좋은 날을 보내세요'와 '아주 좋은 날 보내세요'라는 의미가 비슷한 2개 문장이 있을 때, 어휘(V)는 다음과 같이 구성된다(Karani, 2018).

V = {아주, 좋은, 날, 을, 보내세요}

어휘에 해당하는 단어에 '1'이라는 값을 주는 방식을 적용하면, 아래처럼 부호화를 거쳐 단어 벡터들이 도출된다.

아주 = [1, 0, 0, 0, 0]′; 좋은 = [0, 1, 0, 0, 0]′;
날 = [0, 0, 1, 0, 0]′; 을 = [0, 0, 0, 1, 0]′;
보내세요 = [0, 0, 0, 0, 1]′ (′는 전치(transpose)를 의미함)

이 부호화는 5개의 차원 공간(dimensional space)에 존재하며, 각 단어는 5개 차원에서 한 공간을 차지하며 유사한 맥락을 공유하는 단어들은 이 공간에서 가깝게 위치한다(Karani, 2018). 단어들 간에 유사도는 코사인 유사도로 측정된다. 단어 벡터를 구성하는 단어의 수가 차원의 수와 일치한다는 점은 눈여겨 볼 대목이다. 다시 말해, 단어 장착 $W : words \rightarrow R^n$은 특정 언어의 단어들을 가령, 차원의 수가 200개에서 500개인 벡터에 위치시키는 함수다(Olah, 2014).

구글 코드 아카이브(Google Code Archive, 2013)에 따르면, 'word2vec' 패키지는 텍스트 말뭉치를 입력해 결과물로 단어 벡터를 생성하는데, 이를 위해 먼저 훈련 텍스트에서 어휘 목록을 도출한 뒤에 단어들의 벡터 재현을 학습한다. 'CBOW'와 'Skip−gram'은 이 패키지의 핵심 학습 알고리즘이며 단어 벡터는 흥미로운 언어 정규성을 보인다. 예를 들어, 'vector("Paris") − vector("France") + vector("Italy")'라는 단순한 산술 결과는 vector("Rome")에 매우 근접한다. 또한 'vector("king") − vector("man") + vector("woman")'은 vector("queen")에 인접한다. 인접도는 코사인 유사도로 측정되며, 이처럼 단어 벡터에서 강력한 정규성을 파악하려면 대규모 차원의 벡터를 토대로 한 수십억 개 이상의 단어와 같은 대용량 데이터를 학습해야 한다(Google Code Archive, 2013). word2vec 패키지는 1천억 개의 단어들을 사용해 모형을 학습시킬 수 있다.

이런 기본 개념들을 고려할 때, 'CBOW'와 'Skip−gram' 모형의 계산 복잡도(computational complexity)[29]와 학습을 통한 예측의 정확도

29 CBOW 모형의 복잡도, $Q = N \times D + D \times \log_2(V)$; Skip−gram 모형의 복잡도, $Q = C \times (D + D \times \log_2(V))$, $C$는 단어들의 최대 거리임. 가령 $C$가 5인 경우, $<1 ; C>$의 범주에서 숫자 $R$을 무작위로 선택해 이 $R$개의 단어들을 과거와 미래 시점에서 각각 입력 값으로 사용하며 결과 값은 $(R + R)$개가 된다(Mikolov et al., 2013a).

(accuracy)는 중요하게 고려할 개념들이다. 계산 복잡도는 모형을 충분히 훈련시키는데 필요한 모수(parameter)의 개수를 의미하며, 두 모형의 복잡도 공식은 부호화하는 단어 수(N), 어휘 크기(V), 단어 재현 수(D)라는 값들로 구성된다(Mikolov et al., 2013a).

두 모형의 예측 정확도는 구문론(syntactics)과 의미론(semantics) 측면에서 차이가 난다. 벡터 차원이 1,000개이고 훈련 단어 수가 60억 개인 경우, CBOW 모형의 정확도는 의미론적으로 57.3%이고 구문론적으로 68.9%이고 전체적으로 63.7%로 나타났다. 반면에 Skip-gram 모형의 정확도는 의미론적으로 66.1%, 구문론적으로 65.1%, 전체적으로 65.6%로 조사됐다(Mikolov et al., 2013a). '신경망 언어 모형(NNLM: neural net language model)'의 경우는 100개의 벡터 차원에 60억 개의 훈련 단어를 토대로 할 때, 정확도가 의미론적으로는 34.2%, 구문론적으로는 64.5%, 전체적으로는 50.8%로 나타났다. 훈련 시간의 효율성 측면에서 NNLM의 훈련 시간은 180개의 CPU 코어를 써서 14일이 걸려 가장 효율성이 떨어진 반면에 CBOW 모형의 훈련 시간은 140개 코어로 2일이, Skip-gram 모형의 훈련 시간은 125개 코어로 2.5일이 걸렸다.

이처럼 신경망으로 학습한 단어들을 벡터 공간에 분포시켜 재현하는 모형은 선형적인 정규성을 잠재의미분석(Latent Semantic Analysis)보다 더 잘 유지한다. 또한 이 모형은 토픽 모델링의 잠재디리클레할당(Latent Dirichlet Allocation)이 대규모 데이터를 분석할 때 계산이 훨씬 복잡하고 오래 걸리는 단점도 극복할 수 있다(Mikolov et al., 2013a). CBOW 모형과 Skip-gram 모형, 관련 표집 등에 관한 통계학적 논의는 선행 연구(Rong, 2016)에 상세하게 나온다.

이 같은 문서의 벡터화는 한 데이터에서 추출한 단어들의 재현 관계를 전혀 다른 데이터에도 적용할 수 있다는 점에서 자동 번역 등 자연어 처리 분야에서 주목받는 기법이다. 영어와 중국어에는 뜻이 유사한 단어들이 있는데, 이 단어들을 각각 '$W_{en}$'와 '$W_{zh}$'라는 단어 장착을 생성하면 유사한 단어들이 단어 벡터 공간에 인접해 나타난다(Olah, 2014). 예를 들어, 'Skip-gram' 모형은 수도의 뜻이 무엇인지를 제공하지 않은 채, 국가명과 수도 이름에 관한 1,000개의 차원 벡터를 학습해 국가명과 수도 이름의 관계를 정확하게 파악해 이를 2차원으로 재현했다(Mikolov, Sutskever, Chen, Corrado, & Dean, 2013b). 문서에서 단어 추출과 관련해 문장에서 주변 단어들을 예측하기 위해 알고리즘이 단어 벡터를 학습할 경우, 이 벡터는 특정 단어가 출현하는 맥락의 분포를 재현한다(Mikolov et al., 2013b).

## 2) 문서의 벡터화 분석으로 뉴스 의제 추출

'text2vec' 패키지는 벡터 기반의 접근을 빠르게 처리하며, 대용량 문서 덩어리(corpus), 단어 가중치(TF-IDF), 불필요한 어휘 제거(pruning)를 처리한다. 이 패키지로 영어 문서를 벡터화해 의제를 추출하는 코드를 아래에 기술한다.

영어 문서를 처리하는 코드다. 먼저, 'Airbnb-boston_only.csv' 데이터를 ' https://github.com/kwartler/text_mining/blob/master/Airbnb-boston_only.zip'에서 내려 받는다.

```
path <- "C:\\Users\\limj\\Documents\\text2vec"
setwd(path); getwd()

x <- c("data.table", "text2vec", "tm")
install.packages(x); lapply(x, require, character.only = TRUE)

text <- fread("Airbnb-boston_only.csv")

system.time(text <- fread("Airbnb-boston_only.csv"))
user  system elapsed
1.27    0.15    1.08

system.time(text <- read.csv("Airbnb-boston_only.csv"))
user  system elapsed
90.55  0.57    93.31
```

fread는 data.table 패키지가 제공하는 함수로 대용량 파일을 빠르게 불러들이는데 쓰인다.

R의 기본 함수로 제공되는 read.csv와 이 함수의 처리 속도를 비교해 보면 효율성을 쉽게 알 수 있다. fread는 'Airbnb–boston_only.csv'를 불러들이는데 1.08초 걸렸으나, read.csv는 무려 93.31초가 걸렸다.

```
Encoding(text$comments) <- "UTF-8"
class(text)
[1] "data.frame"

airbnb <- data.table(review_id = text$reviewer_id,
                     comments = text$comments,
                     review_scores_rating = text$review_scores_rating)
class(airbnb)
[1] "data.table" "data.frame"

class(airbnb$comments)
[1] "character"
```

text$comments에 영어가 아닌 외국어 문자(á, ì, ù)가 포함되어 있는 경우가 있어 이를 'UTF–8'로 처리해야 한다.

text의 데이터 속성이 데이터 프레임이지만, 이를 data.table 함수로 처리하면 속성이 데이터 테이블과 데이터 프레임으로 구성된다. airbnb$comments의 데이터 속성이 문자(character)이어야 텍스트 마이닝 처리가 가능하기 때문에, 이를 위해 class 함수로 데이터 속성을 점검한다.

이어서 tm 패키지로 불용어(stopwords), 문장 부호, 공백, 숫자 등을 삭제하고 소문자로 만드는 전처리 과정을 실시한다.

```
airbnb$comments <- removeWords(airbnb$comments, c(stopwords("en"),
"Boston"))
airbnb$comments <- removePunctuation(airbnb$comments)
airbnb$comments <- stripWhitespace(airbnb$comments)
airbnb$comments <- removeNumbers(airbnb$comments)
airbnb$comments <- tolower(airbnb$comments)
```

string을 나누는 함수를 이용해 43,123개의 이용자 댓글을 각각 단어로 쪼개서 리스트(list) 형태로 제시하는 것이 필요하다.

```
tokens <- strsplit(airbnb$comments, split = " ", fixed = TRUE)
tokens[[995]]
 [1] "this" "great" "space"
 [4] "conveniently" "located" "downtown"
 [7] "public" "transportation" "check"
[10] "easy" "thanks" "jason"
[13] "comfortable" "space" "great"
[16] "airbnb" "experience"
```

이름이 암시하듯이 'tokens'는 각 댓글의 표현들을 단어 별로 나눈 것이다. 995번째 댓글을 구성하는 요소들을 불러보면, 개별 단어들이 " "로 구분되어 나타난다. 이 단어들을 토대로 어휘(vocabulary)를 만드는 것이 필요한데, 이를 위해서는 tokens에 해당하는 요소들을 상대로 n-gram을 만드는 과정을 반복해야 한다. 이 반복 과정은 itoken 함수로 진행한다.

```
vocab <- create_vocabulary(itoken(tokens), ngram = c(1, 1))
```

ngram이 1인 것은 하나의 단어(unigram)라는 뜻이며 c(2, 2)로 변경하면 2개 단어(bigram)로 구성한다는 의미다. 도출한 어휘들 중에서 빈도가 낮은 단위들을 제거하는 '가지치기(prune)'를 실시한다. 다시 말해, 빈도가 5개 이상인 어휘들만 골라낸다.

```
vocab <- prune_vocabulary(vocab, term_count_min = 5L)
class(vocab)
[1] "text2vec_vocabulary" "data.frame"
vocab2 <- vocab[order(-vocab$term_count), ]
vocab2

Number of docs: 43123
0 stopwords: ...
ngram_min = 1; ngram_max = 1
Vocabulary:
          term  term_count doc_count
    1:    the      39016      23765
    2:      i      37631      17749
    3:  great      25996      18741
    4:   stay      23489      17956
    5:  place      19660      14457
---
10815:seasonal       5          5
10816: chegar        5          5
10817: skating       5          5
10818: katia 5       5
10819:  dose         5          4
```

vocab의 데이터 속성은 'text2vec_vocabular'와 '데이터 프레임'이며 단어 빈도에 따라 정렬하면 빈도가 높은 단어순으로 나타난다. vocab2로 결과를 불러오면, 상위 5개 단어와 하위 5개 단어를 보여준다.

다음 단계는 단어공출현행렬(TCM: term co-occurrence matrix)을 만든다.

```
iter <- itoken(tokens, progressbar = TRUE)
vectorizer <- vocab_vectorizer(vocab)
tcm <- create_tcm(iter, vectorizer, skip_grams_window = 5L)
==============================================| 100%
```

TCM을 만들기 위해서는 itoken 함수로 구분된 요소들(tokens)을 상대로 반복해서 어휘를 도출하는 과정이 필요하다. vocab_vectorizer 함수는 구분된 요소들을 벡터 공간으로 전환하는 객체를 만든다. 다시 말해, 이 함수는 단어들을 자세한 기준(indices)에 연결시킨다. create_tcm 함수는 'GloVe' 단어삽입모형(word embedding model)을 사용해 TCM을 만든다. itoken 함수의 progressbar를 활성화시키면 '=========| 100%'처럼 분석 진행 과정을 퍼센트로 보여준다. 'skip_grams_window = 5L'은 신경망(neural network) 알고리즘이 목표 단어를 기준으로 앞에 있는 5개 단어와 뒤에 있는 5개 단어를 사용한다는 뜻이다.

```
str(tcm)
Formal class 'dgTMatrix' [package "Matrix"] with 6 slots
..@ i          : int [1:1552308] 9384 7705 10481 3243 844 7290 3901 9153
                 4090 3231 ...
..@ j          : int [1:1552308] 10130 10748 10548 6265 9781 10570 8680
                 10649 10102 9893 ...
..@ Dim        : int [1:2] 10819 10819
..@ Dimnames: List of 2
.. ..$ : chr [1:10819] "prochaine" "switzerland" "disruption" "trotzdem" ...
.. ..$ : chr [1:10819] "prochaine" "switzerland" "disruption" "trotzdem" ...
..@ x          : num [1:1552308] 0.2 0.2 1.533 0.333 0.5 ...
..@ factors : list()
```

str 함수로 tcm의 세부 속성을 확인할 수 있는데, 행렬의 행과 열의 값을 보여주며 행렬이 10,819 × 10,819로 구성됨을 제시한다.

```
glove <- GlobalVectors$new(word_vectors_size = 50,
                           vocabulary = vocab,
                           x_max = 10)
wv_main <- fit_transform(tcm, glove, n_iter = 20)
wv_context <- glove$components
INFO [2019-01-27 12:13:21] 2019-01-27 12:13:21 - epoch 1, expected cost 0.0958
INFO [2019-01-27 12:13:22] 2019-01-27 12:13:22 - epoch 2, expected cost 0.0570
INFO [2019-01-27 12:13:22] 2019-01-27 12:13:22 - epoch 3, expected cost 0.0487
INFO [2019-01-27 12:13:23] 2019-01-27 12:13:23 - epoch 4, expected cost 0.0441
INFO [2019-01-27 12:13:24] 2019-01-27 12:13:24 - epoch 5, expected cost 0.0411
INFO [2019-01-27 12:13:25] 2019-01-27 12:13:25 - epoch 6, expected cost 0.0390
INFO [2019-01-27 12:13:26] 2019-01-27 12:13:26 - epoch 7, expected cost 0.0374
INFO [2019-01-27 12:13:26] 2019-01-27 12:13:26 - epoch 8, expected cost 0.0362
INFO [2019-01-27 12:13:27] 2019-01-27 12:13:27 - epoch 9, expected cost 0.0352
INFO [2019-01-27 12:13:28] 2019-01-27 12:13:28 - epoch 10, expected cost 0.0343
INFO [2019-01-27 12:13:29] 2019-01-27 12:13:29 - epoch 11, expected cost 0.0336
INFO [2019-01-27 12:13:30] 2019-01-27 12:13:30 - epoch 12, expected cost 0.0331
INFO [2019-01-27 12:13:31] 2019-01-27 12:13:31 - epoch 13, expected cost 0.0326
INFO [2019-01-27 12:13:31] 2019-01-27 12:13:31 - epoch 14, expected cost 0.0321
INFO [2019-01-27 12:13:32] 2019-01-27 12:13:32 - epoch 15, expected cost 0.0317
INFO [2019-01-27 12:13:33] 2019-01-27 12:13:33 - epoch 16, expected cost 0.0314
INFO [2019-01-27 12:13:34] 2019-01-27 12:13:34 - epoch 17, expected cost 0.0311
INFO [2019-01-27 12:13:34] 2019-01-27 12:13:34 - epoch 18, expected cost 0.0308
INFO [2019-01-27 12:13:35] 2019-01-27 12:13:35 - epoch 19, expected cost 0.0305
INFO [2019-01-27 12:13:36] 2019-01-27 12:13:36 - epoch 20, expected cost 0.0303

dim(wv_context)
[1] 50 10819
```

'word_vectors_size = 50'은 단어공출현행렬(TCM)에 10,819 단어 벡터와 각 단어 벡터에 50개의 값이 존재한다는 의미이며, 'x_max'는 공출현의 최대 수치다. 'n_iter = 20'은 최적화 알고리즘(optimization algorithm)이 적용되는 횟수이며 여기서는 20회이고, 각 회차를 'epoch'이라고 한다. 알고리즘은 각 회 차에 모형의 학습 비율(learning rate)을 조정한다. fit_transform 함수는 'glove' 모형에 TCM을 적합시킨 뒤에 TCM을 변환시킨다.

```
word.vectors <- wv_main + t(wv_context)
dim(word.vectors)
[1] 10819      50
rownames(tcm) == rownames(word.vectors)
```

'wv_main'과 맥락변수의 전치(transpose)인 't(wv_context)'를 합해 단어 벡터를 만들어 의미와 맥락을 파악한다. 이 단어 벡터와 TCM의 행 이름을 비교하면 동일하며, 단어 벡터는 10,819개의 단어들에 대해서 50개의 값을 담는다. 단어 벡터에서 'walk'에 해당하는 부분을 선택한 뒤에, 'disappointed'에 해당하는 부분을 제외하고 'good'에 해당하는 부분을 더한다. 이 결과, Airbnb 댓글 중에서 실망을 제외한 걷기에 좋은 위치라는 내용을 담은 것들만 나타난다.

```
good.walks <- word.vectors["walk", , drop = FALSE] - word.
vectors["disappointed", , drop = FALSE] + word.vectors["good", , drop =
FALSE]
good.walks
        [,1]      [,2]      [,3]     [,4]      [,5]     [,6]     [,7]     [,8]     [,9]
walk 1.3527 -0.81697 0.21139  1.4544  0.49544 -1.2034  2.1195  1.35830.36914
        [,10]     [,11]     [,12]     [,13]     [,14]     [,15]     [,16]     [,17]    [,18]
walk -1.0498  -1.2588   -1.1718   -3.3524  0.57821 -0.54989 0.90416  1.8117 -0.97286
        [,19]     [,20]     [,21]     [,22]     [,23]     [,24]     [,25]     [,26]    [,27]
walk 1.8186 -0.060278 1.5515 -0.76602 -0.65208 0.74612  1.0241  -1.1392 -1.2929
        [,28]     [,29]     [,30]     [,31]     [,32]     [,33]     [,34]    [,35]
walk 0.74228  -0.97515  0.041505  -0.55252  0.074976  1.8746  -2.2312 -0.39949
        [,36]     [,37]     [,38]     [,39]     [,40]     [,41]     [,42]     [,43]
walk -0.25272  1.6229   -0.27811   -1.9725   2.8403  0.040321-0.73126 -0.63553
        [,44]     [,45]     [,46]     [,47]     [,48]     [,49]     [,50]
walk-0.30745 1.5431  0.91865  -1.3813  0.7309  1.4429 -1.3733

cos_sim <- sim2(x = good.walks, y = word.vectors, method = "cosine",
norm = "l2")
# top 10 vector terms from good.walks
top10 <- head(sort(cos_sim[1, ], decreasing = TRUE), 10)
top10.terms <- as.data.frame(top10)
top10.terms
```

```
             top10
close       0.83826
walk        0.82762
t           0.80196
subway      0.79390
short       0.77592
downtown    0.76512
also        0.76308
near        0.76208
good        0.75467
away        0.74870
```

good.walks는 'walk'라는 이름으로 '1 × 50'이라는 행렬로 초공간(hyperspace)에서 각 x축과 y축 간에 형성된 값들을 담는다. 이 행렬의 행 값과 전체 단어 벡터의 행 값에 존재하는 코사인 유사도(cosine similarity)를 계산하고 'norm = "l2"'로 행렬 값을 표준화한다. 이후, 유사도 값이 큰 10개 단어들을 추출해 보면, 알고리즘은 'Airbnb의 걷기에 좋은 위치'라는 의미로 걷기에 가깝고 T 대중교통, 지하철, 시내에 가까운 곳이라는 점을 파악해 제시한다.

```
dirty.sink <- word.vectors["sink", , drop = FALSE] - word.vectors["condition",
, drop = FALSE] + word.vectors["dirty", , drop = FALSE]

cos_sim2 <- sim2(x = dirty.sink, y = word.vectors, method = "cosine", norm = "l2")
# top 10 vector terms from dirty.sink
top10.2 <- head(sort(cos_sim2[1, ], decreasing = TRUE), 10)
top10.terms2 <- as.data.frame(top10.2)
top10.terms2
              top10.2
sink          0.83442
dirty         0.77047
dishes        0.74861
toilet        0.64390
kitchenette   0.64035
microwave     0.62326
bathtub       0.59330
refrigerator  0.57860
minifridge    0.57654
toaster       0.55069
```

비슷한 방식으로 단어 벡터에서 'sink'에 해당하는 부분을 선택하고 'condition'에 해당하는 부분을 뺀 뒤에 'dirty'에 해당하는 부분을 추가한 결과, Airbnb 댓글 중에서 '더러운 싱크대(dirty.sink)'라는 의미에 해당하는 상위 10개 단어들이 나타났다. 이들의 조합을 보면, '더러운 싱크대'라는 의미에는 그릇, 화장실, 부엌, 전자레인지, 욕조, 냉장고, 미니 냉장고, 토스트기 등이 더럽다는 점이 있는 것으로 나타났다.

반대로 2개의 상위 10개 단어들의 조합을 검토해 보면, 각각 '걷기에 좋은 위치'와 '더러운 싱크대'라는 의미를 발견할 수 있으며, 이를 토대로 '도보 접근성'과 '위생 상태'라는 속성 의제(attribute agenda)를 파악할 수 있다. Airbnb 댓글에서 이처럼 구체적인 의제를 발견하려면, 단어 벡터를 토대로 코사인 유사도로 중요한 단어들의 조합을 도출해 이들 간에 관계를 분석하는 것이 필요하다. 의제의 최종 이름은 연구자가 관련 지식과 맥락을 고려해 가장 이해하기 쉬운 것으로 선택한다.

# 제11장
# 그랜저 인과 관계와 뉴스 프레임, 의제

제11장

# 그랜저 인과 관계와 뉴스 프레임, 의제

## 1) 그랜저 인과 관계의 개념

그랜저(Granger)는 1969년 'Econometrica'에 발표한 논문('Investigating Causal Relations by Econometric Models and Cross–Spectral Methods')에 자신이 개발한 인과 관계 모형을 자세하게 기술했다. 먼저, 그는 인과 관계(causality)의 개념을 $\sigma^2(X|U) < \sigma^2(X|\overline{U-Y})$[30]가 성립할때 $Y$가 $X$를 인과한다고 정의하고, $Y_t \Rightarrow X_t$로 표시했다. 다시 말해, $Y_t$를 제외한 정보가 아니라 모든 가용한 정보를 사용해 $X_t$를 더 잘 예측한다면, $Y_t$가 $X_t$

30 $\sigma^2(X|U)$는 예측 오차 시계열인 $\epsilon_t(X|U)$의 분산(variance)으로 $X_t - P_t(X_t|U_t)$로 표시된다. $P_t(X_t|U_t)$는 $U_t$라는 집합(set) 값들이 존재할 때 $X_t$를 예측하는 최적의 비편향 최소제곱 변수를 뜻한다. '$\sigma^2(X|U) < \sigma^2(X|\overline{U-Y})$'는 모든 가용한 정보를 사용할 때 오차 시계열의 분산 값이 $Y_t$를 제외한 정보들을 사용한 경우에 발생하는 오차 시계열의 분산 값보다 작다는 의미다. 즉 $Y_t$가 중요한 정보다.

를 인과한다는 설명이다. 이 분산 수식을 확장해 $\sigma^2(X|\overline{U})<\sigma^2(X|\overline{U-Y})$와 $\sigma^2(Y|\overline{U})<\sigma^2(Y|\overline{U-Y})$가 동시에 존재하면, 쌍방향 인과 관계인 피드백(feedback)이 $Y_t \Leftrightarrow X_t$처럼 발생한다. $Y_t$가 $X_t$를 인과하고 $X_t$가 $Y_t$를 인과하는 모습이다.

그랜저는 '순간 인과 관계(instantaneous causality)'라는 개념도 제시했다. $\sigma^2(X|\overline{U}, \overline{Y})<\sigma^2(X|\overline{U})$가 성립되면, $X_t$의 현재 값은 $Y_t$의 현재 값이 포함됐을 때에 그렇지 않을 경우보다 더 잘 예측될 수 있어 순간 인과 관계($Y_t \Rightarrow X_t$)가 발생한다. 인과 관계가 발생하는 시차(lag)는 '$\sigma^2(X|U-Y(k))<\sigma^2(X|U-Y(k+1))$'을 충족하는 최소 $k$값으로 정의된다. 인과 관계, 피드백 등 이 4개 개념들은 정상 시계열(stationary time series)을 가정하며 비정상 시계열(non-stationary time series)의 경우, 인과 관계의 존재가 시간에 따라 바뀔 수 있다(Granger, 1969).

이 수식들을 검토해 보면, 그랜저가 제안한 인과 관계는 특정 시계열들의 조건에서 발생하는 예측성(predictability)에 토대를 둠을 알 수 있다. '예측'이라는 점에 주목할 필요가 있다. $X_t$와 $Y_t$라는 2개 시계열이 있을 때 한 시계열이 다른 시계열을 예측할 수 있는 정보를 보유한 경우, 인과 관계가 일어난다는 얘기다. 그랜저는 $Y_t$라는 시계열이 $X_t$를 예측하는데 도움이 되는 정보들을 과거의 시점에서 보유했고, 이 정보들이 다른 예측 변수인 시계열에는 없다면, $Y_t$가 $X_t$를 인과하며 시간의 개념이 중요하다고 강조한다(Granger, 1969, p. 430). 따라서 비확률(nonstochastic) 시계열처럼 자신의 과거 항으로부터 예측되는 순수 결정적 시계열은 자신의 과거 이외에는 다른 인과 관계를 보유할 수 없다.

유사한 맥락에서 그랜저 인과 관계는 진정한 인과 관계를 뜻하기보다는, 시간상 먼저 일어난 변수가 후행하는 다른 변수를 예측하는 관계를 설명한다(Sørensen, 2005). 이 점에서 그랜저 인과 관계는 2개 변수 간에 관계를 설명할 때 유용하게 사용할 수 있다. 그러나 그랜저 인과 관계에서 제3의 변수를 고려하는 일은 가능하다. 먼저, 그랜저 인과 관계를 수식으로 접근하면 그 속성을 선명하게 파악할 수 있다.

시계열 데이터에만 적용되는 그랜저 인과 관계는 다음과 같이 표현할 수 있다. 그랜저 인과 관계에 적용할 때 필요한 데이터의 성격이 시계열이라는 점은 분석가들이 필히 주목해야 할 부분이다.

$$Y_t = \alpha + \phi Y_{t\text{-}1} + \beta_1 X_{t\text{-}1} + \epsilon_t, \epsilon_t \sim WN(0, \sigma^2)$$

이 모형은 $X_{t\text{-}1}$의 값이 $Y_t$의 값을 설명한다는 점을 보여주는데, 계수 $\beta_1$은 $X_{t\text{-}1}$가 $Y_t$에 미치는 영향을 측정하며, $\beta_1 = 0$이면 $X_{t\text{-}1}$가 $Y_t$를 그랜저 인과하지 못한다(Buteikis, 2018a). $WN$은 백색 잡음(white noise)이다. 자세히 보면, 연구자는 $\beta_1 = 0$ 또는 $X$가 $Y$를 그랜저 인과하지 못한다는 귀무가설을 검증하는데, 분석 결과에서 $\hat{\beta}_1$이 통계학적으로 유의하면, 이 귀무가설은 기각된다. 이 일련의 과정이 바로 그랜저 인과 관계 검증(Granger causality test)이다. $\beta_1$을 다항식의 $\beta_i$로 확장하면 아래의 식처럼 무제한 모형(unrestricted model)이 도출된다(Buteikis, 2018a). '$\delta$'는 그리스 알파벳의 4번째 글자인 'Delta'의 소문자이고 '$\phi$'는 그리스 알파벳의 21번째 글자인 'Phi'의 소문자다.

$$Y_t = \alpha + \delta t + \phi_1 Y_{t\text{-}1} + \cdots + \phi_p Y_{t\text{-}p} + \beta_1 X_{t\text{-}1} + \cdots + \beta_q X_{t\text{-}q} + \epsilon_t, \epsilon_t \sim WN(0,\sigma^2)$$

모든 $\beta_1$가 0이면 $X$가 $Y$를 그랜저 인과하지 못하며, $\hat{\beta}_i$의 결합 유의(joint significance)가 통계학적으로 의미가 있으면, $X$가 $Y$를 그랜저 인과한다. $X$와 $Y$가 단위근(unit root)이 없을 경우, 보통최소제곱회귀(ordinary least squares regression)로 아래의 제한 모형(restricted model)을 추정한다.

$$Y_t = \alpha + \delta t + \phi_1 Y_{t-1} + \cdots + \phi_p Y_{t-p} + \epsilon_t,\ \epsilon_t \sim WN(0, \sigma^2)$$

이 2개 모형을 비교할 때 쓰는 통계는 $F$ 검정[31]으로 $F$값이 유의하면 $X$가 $Y$를 그랜저 인과한다고 기술할 수 있다. $X$와 $Y$간에 그랜저 인과 관계의 방향성이 분명하지 않으면, $Y$를 반응변수로 하는 식과 $X$를 반응변수로 하는 별도의 식을 각각 설정해 검증하면 된다. $X$, $Y$, $Z$라는 3개 변수 간에 그랜저 인과 관계도 볼 수 있는데, 아래처럼 $X$와 $Z$를 $Y$에 회귀하면 된다(Buteikis, 2018a).

$$Y_t = \alpha + \phi Y_{t-1} + \beta_1 X_{t-1} + \beta_2 Z_{t-1} + \epsilon_t,\ \epsilon_t \sim WN(0, \sigma^2)$$

이처럼 그랜저 인과 관계는 변수들 간에 쌍방향의 영향을 볼 수 있기 때문에 의제설정 연구의 범주를 확장하는데 기여할 수 있다(이완수, 2009). 쌍방향의 그랜저 인과 관계를 검증함으로써 어떤 매체의 의제가 영향이 있는가를 파악할 수 있다.

시계열 데이터를 분석할 때 숙지할 개념들을 소개한다. 단위근과 무작위 보행(random walk)이 있는데, 근(root)은 다항식에서 각 항이다. 예를 들어, 1차 자기회귀식(first order autoregressive equation)인 AR(1) 시

31 $F = \dfrac{(SSR_R - SSR_{UR})/q}{SSR_{UR}/(T - q - (p + 2))}$

계열은 $Y_t = \alpha + \phi Y_{t-1} + \epsilon_t, \epsilon_t \sim WN(0, \sigma^2)$이고, 이때 $\phi = 1$이면 이 시계열에는 단위근이 있다(Buteikis, 2018b). 이 단위근은 비정상이며 무작위 보행에 해당한다. 무작위 보행은 $Y_t$에서 $\alpha = 0$과 $\phi = 1$일 때 $Y_t = Y_{t-1} + \epsilon_t, \epsilon_t \sim WN(0, \sigma^2)$의 모습으로 나타난다. 이 점에서 무작위 보행은 단위근 시계열의 특수한 경우이며 $\alpha = 0$이기 때문에 무작위 보행은 추세(trending)의 성격이 없다(Li, 2014).

이 유형의 시계열을 AR(p)로 확장한 시계열에서도 단위근의 의미는 동일하게 나타난다. $Y_t = \alpha + \phi Y_{t-1} + \cdots + \phi Y_{t-p} + \epsilon_t, \epsilon_t \sim WN(0, \sigma^2)$인 경우에 역특성방정식(inverse characteristic equation)인 $1 - \phi_1 z - \cdots - \phi_p z^p = 0$에서 최소한 하나의 근이 1이면 이 시계열에 단위근이 존재한다.

정상 시계열은 단위근이 없는 상태로 일정한 평균치를 중심으로 상하로 움직이며, 시간에 의존하지 않는 유한 분산(finite variance)을 보이기 때문에 예측하기가 용이하며 충격(shock)의 효과는 시간이 지나면서 사라진다(Libanio, 2005). 비정상 시계열은 결정적(deterministic) 형태를 보이지 않으며, 분산 값은 시간에 의존해 시간이 무한대로 갈수록 분산 값도 무한대로 커져 예측하기 어렵다. 또한 비정상의 시계열은 무작위 충격에 영속적인 영향을 받는 문제점이 있으며, 단위근이 있는 시계열은 무작위 보행을 따른다. 비정상 시계열은 '확률 과정(stochastic process)'으로 모형화한다(Libanio, 2005).

'lag'는 시계열에서 이전 값들을 의미하는데, 시차 값으로 불리고 R 코드는 'lag()'이며 $Y_t$의 시차 값 1은 $Y_{t-1}$이고 $Y_t$의 j번째 시차 값은 $Y_{t-j}$이다(Hanck, Arnold, Gerber, & Schmelzer, 2019). 차분은 시점 t와 t−1 간의 차이를 말하는데, 시계열의 1차 차분은 '$\Delta Y_t = Y_t - Y_{t-1}$'을 뜻하며 R

코드는 'diff(Y)'이다. 종종 시계열의 로그값을 토대로 1차 차분하는 것이 편리한데, '$\Delta\log(Y_t) = \log(Y_t) - \log(Y_{t-1})$'로 표현하며 R 코드는 'log(Y/lag(Y))'이다. $100\Delta\log(Y_t)$는 $Y_t$와 $Y_{t-1}$간에 변화 백분율의 근사값이다.

본 저자는 그랜저 인과 관계의 이론적 개념이 적용되는 과정을 파악하기 위해, 뉴스 프레임이나 뉴스 의제의 상관성을 그랜저 인과 관계로 분석한 국내외 논문을 검토한다. 언론학 연구자들(이찬주·임종섭, 2018)은 〈조선일보〉, 〈중앙일보〉, 〈한겨레〉, 〈경향신문〉이 김영란법과 관련해 보도한 기사와 이 기사의 댓글을 90일 간의 시점에서 수집해 텍스트 마이닝 기법으로 분석해 '내수 경제 위기', '언론 자유 침해' 등 11개 하위 프레임과 이들을 묶어 '경제 여파', '법안 쟁점' 등 4개 상위 프레임을 추출했다. 이후에 이 연구자들은 4개 상위 프레임이 나타난 기사와 댓글 간에 영향 관계를 그랜저 인과 관계로 분석해 댓글의 '법안 쟁점' 프레임이 뒤따르는 기사의 동일한 프레임에 영향을 미쳤다는 점을 발견했다. 이들은 시계열의 표본 수인 시점의 개수가 중요하다고 지적하고, 시점 개수가 40개 미만이면 알고리즘에 따라 결과가 달라지는 문제점이 있다는 선행 연구(Zachariadis, 2007)를 제시했다.

다른 연구자(김병철, 2019)는 네이버에서 '메르스 검색량'이라는 반응변수와 '메르스 감염자 수', '메르스 누적 사망자수', '메르스 완치자 수', '메르스 언론 보도량'이라는 4개 독립변수 간에 그랜저 인과 관계를 분석했다. 이 연구는 선행 연구(Buteikis, 2018a)가 제시한 *X, Y, Z*라는 3개 변수들이 아니라, 5개 변수들의 인과 관계를 설정한 점이 특이하며, 표본 수는 2015년 5월부터 12월까지 주별을 기준으로 32개 정도로 기준인 40개보다 작은 표본이다. 이에 따라 알고리즘을 달리하면 결과가 달라질 가능성이 있지만, 이 점은 이 연구에서 언급되지 않았다. 분석 결과, 메르스 언론 보도량이 메르스 검색 행위를 그랜저 인과하는 것으로 나타났다.

사회과학 연구자들(김병철·김재준·류근관, 2009)은 2004년 4월부터 2007년 12월까지 〈조선일보〉, 〈한겨레〉 등 일간 신문, 경제 신문 등의 보도에 나타난 '퍼주기' 용어의 사용 빈도와 대북 정책과 국정 운영 지지율 간에 인과 관계를 조사했다. 표본 수는 월을 기준으로 총 88개다. 분석 결과, 〈조선일보〉와 〈중앙일보〉, 〈동아일보〉가 다른 일간 신문들의 '퍼주기' 용어 사용을 그랜저 인과했으며, 〈한국경제〉와 〈매일경제〉, 〈서울경제〉가 이 3개 일간 신문의 용어 사용을 그랜저 인과했다. 또한 〈조선일보〉가 3개 경제 신문의 용어 사용에 개입해 신문들 간에 위계적 영향 관계가 존재하는 것으로 나타났다.

행정학 연구자들(우윤석·이은정, 2011)은 월을 단위로 2003년 2월부터 2008년 7월까지 67개의 표본을 사용해 〈조선일보〉, 〈중앙일보〉, 〈한겨레〉, 〈경향신문〉, 〈매일경제〉 5개 신문이 보도한 강남 아파트 가격과 관련한 기사 건수와 국민은행의 주택가격통계치를 시계열로 구성해 그랜저 인과 관계를 분석했다. 기사 건수는 강남 연립주택과 광역시 아파트의 매매 가격, 수도권 연립주택의 전세 가격을 각각 그랜저 인과했다. 반대로 강남 아파트, 강남 연립주택, 강북 아파트, 수도권 아파트, 수도권 연립주택의 매매 가격은 5개 신문의 기사 건수를 그랜저 인과했으며, 강남 아파트와 강북 아파트, 수도권 아파트, 광역시 아파트, 광역시 연립주택의 전세 가격도 이 신문들의 기사 건수에 영향을 미쳤다.

경제 뉴스의 의제설정에 초점을 맞춘 언론학자들(이완수·심재철, 2007)은 1998년 12월부터 2005년 12월까지 85개월의 시점에서 경기동행지수와 경기선행지수로 구성된 경기종합지수, 소비자 기대지수와 소비자 평가지수, 대통령의 월별 국정수행능력 평가 여론조사 자료, 〈조선일보〉, 〈동아일보〉, 〈KBS〉, 〈SBS〉의 경제 뉴스 제목에 나타난 논조, 부정적 논조의 기사 보도량을 분석했다. 이 연구자들은 이 변수들 간에 예측 관계를 보기 위해 벡터자기회귀모형(VAR: vector autoregressive model)을 실시하고 그랜저 인과 관계를 검증했다. 그 결과, 김대중 정부때 경기선행지수는 각각 1개월과 4개월의 차이를 두고 부정적 뉴스의 보도량을 그랜저 인과했으며, 소비자 평가지수는 1개월과 3개월의 차이를 두고 대통령 지지도를 그랜저 인과했다. 경제 뉴스의 논조는 3개월의 차이를 두고 경기동행지수를 그랜저 인과한 것으로 나타났다.

다른 언론학자(최영재, 2008)는 노무현 대통령이 취임한 이후 2003년 3월부터 2005년 12월까지 34개월의 시점에서 〈조선일보〉, 〈한겨레〉, 〈KBS〉가 노 대통령에 대해 다룬 기사의 주제와 보도 태도, 대통령이 발표한 의제의 정서적 속성, 대통령 지지도, 소비자 평가지수 간에 영향 관계를 VAR 모형과 그랜저 인과 관계로 분석하고 영향력의 방향성을 반응함수(response function)로 조사했다. 이 결과, 〈조선일보〉가 노 대통령을 부정적으로 보도할수록 지지도가 떨어졌으며, 노 대통령이 부정적인 수사를 많이 사용할수록 〈조선일보〉는 대통령을 부정적으로 보도했다. 이 연구는 VAR이 이전 시차에 측정한 반응변수의 값들을 독립변수로 사용해 시계열의 자기상관(autocorrelation)을 해결한다는 점에 주목하는 한편, VAR 모형이 독립변수들 간에 다중공선성의 문제를 극복하지 못하기 때문에 그랜저 인과 관계로 영향 관계를 검증했다. 이 연구는 변수들 간에 구체적인 영향력의 방향성을 반응함수의 부호로 판별했다.

국외 연구자들도 그랜저 인과 관계로 다양한 변수들 간에 영향 관계를 분석했다. 독일 연구자(Lischka, 2015)는 2002년 1월부터 2011년 6월까지 114개월에 걸쳐 독일의 3개 주요 방송사와 타블로이드 일간 신문이 보도한 경제관련 기사들을 수집해 이 기사들의 논조(긍정, 중립, 부정), 기사 보도량, 경제 지표(산업생산지표와 실업률), 경제와 실업에 관한 국민의 기대 간에 영향 관계를 VAR 모형과 그랜저 인과 관계로 분석했다. 기사 논조는 경제 불황에서 국민 기대를 그랜저 인과했으며, 경제 관련 기사가 많을수록 국민들은 경제를 긍정적으로 인식했으며 실업률도 감소할 것으로 예상했다. 국민들의 긍정적 기대는 산업생산지표의 증가를 그랜저 인과했다. 이 연구자는 VAR 모형의 의미를 다음과 같이 제시하고 그랜저 인과 관계와 관련 분석 절차를 설명했다.

$$\Delta Y_t = \alpha_1 + \beta_1 \Delta Y_{t-n} + \lambda_1 \Delta X_{t-n} + \epsilon_{1t}$$

$$\Delta X_t = \alpha_2 + \lambda_2 \Delta X_{t-n} + \beta_2 \Delta Y_{t-n} + \epsilon_{2t}$$

$\alpha$는 상수항이며 $\beta_1$과 $\lambda_2$는 반응변수의 자기상관 계수이며 $\lambda_1$과 $\beta_2$는 독립변수의 계수이고 $\epsilon$는 오차항이다. VAR 모형은 변수를 자신의 이전 값과 다른 변수의 이전 값의 결과로 묘사하며, 그랜저 인과 관계는 VAR 모형을 토대로 자신의 이전 값이 아니라 다른 변수의 이전 값을 사용해 시차와 예상 등을 분석해 해당 변수를 예측한다(Lischka, 2015). 먼저, VAR 모형을 추정한 뒤에, 위의 첫 번째 공식처럼 $X_{t-n}$이 $Y_t$

를 예측하는가를 검증하며 VAR 모형의 부호는 양의 관계인지 음의 관계인지를 드러낸다. $R^2$값과 계수들의 유의값이 높고 잔차가 자기상관이며 Durbin–Watson의 *d*값이 작은 '가짜 상관(spurious correlation)'을 차단하려면, 데이터의 정상성(stationarity)이 필요하다. 이 연구자는 '확대 Dickey–Fuller (ADF: Augmented Dickey Fuller)' 검증으로 단위근이 존재하는 정도를 조사했으며, 'Kwiatkowski–Phillips–Schmidt–Shin (KPSS)'으로 각 시계열의 추세와 정상성을 평가했다.

인도의 정당 선거 운동과 언론 보도에 주목한 연구자들(Baumann, Zheng, & McCombs, 2018)은 716건의 언론 기사와 458건의 정당 선거 메시지 간에 의제설정 효과를 그랜저 인과 관계로 분석해 두 주체 간에 쌍방향의 영향 관계가 발생하는 것을 파악했다. '네트워크 의제설정(NAS: network agenda setting)'이라는 관점에서 미국 연구자들(Vargo & Guo, 2017)은 〈뉴욕타임스〉, 〈워싱턴포스트〉, 〈AP〉와 〈UPI〉 등 뉴스 통신사, 기존의 전통 매체, 온라인 정파적 매체, 온라인 신생 매체 간에 의제 영향 관계를 그랜저 인과 관계로 조사했다. 이 매체들이 서로 영향을 주고받는 쌍방향의 관계를 보였는데, 〈뉴욕타임스〉와 〈워싱턴포스트〉는 온라인 정파적 매체의 12개 의제를 그랜저 인과했으며, 뉴스 통신사는 이 두 신문의 3개 의제를 그랜저 인과했다.

R을 이용해 시계열 데이터를 분석하는 방식과 관련 개념은 이미 2002년에 학술지 논문에 상세하게 나온다(Racine & Hyndman, 2002). 예를 들어, ARIMA 모형의 경우 'ts'와 'tseries' 패키지를 R 분석 환경에 장착한 뒤에 'arima0' 함수로 분석 결과를 도출할 수 있다. 다음 장은 R을 활용해 시계열 간에 그랜저 인과 관계가 존재하는가를 분석하는 방

식과 관련 코드를 살펴본다.

### 2) 그랜저 인과 관계로 본 뉴스 프레임 또는 의제의 영향 관계

그랜저 인과 관계의 분석 절차를 비교적 상세하게 기술한 선행 연구들이 있다(박기현·김진경, 2013; 이찬주·임종섭, 2018; Zachariadis, 2007). 그랜저 인과 관계는 기본 전제인 정상 시계열을 사용하는데, 비정상 시계열의 경우에는 변수를 차분해 정상으로 만든 뒤에 분석을 진행한다(박기현·김진경, 2013; Zachariadis, 2007). 이 선행 연구자들은 비정상 시계열을 사용하면, 관련이 없는 변수들 간에 의미 있는 회귀 관계가 있다는 가짜 회귀(spurious regression)가 발생한다고 지적한다. 이들이 제시한 그랜저 인과 관계 분석의 개념을 도식화하면 다음과 같다.

〈그림 37〉 그랜저 인과 관계의 분석 흐름: 공적분과 벡터오차수정모형

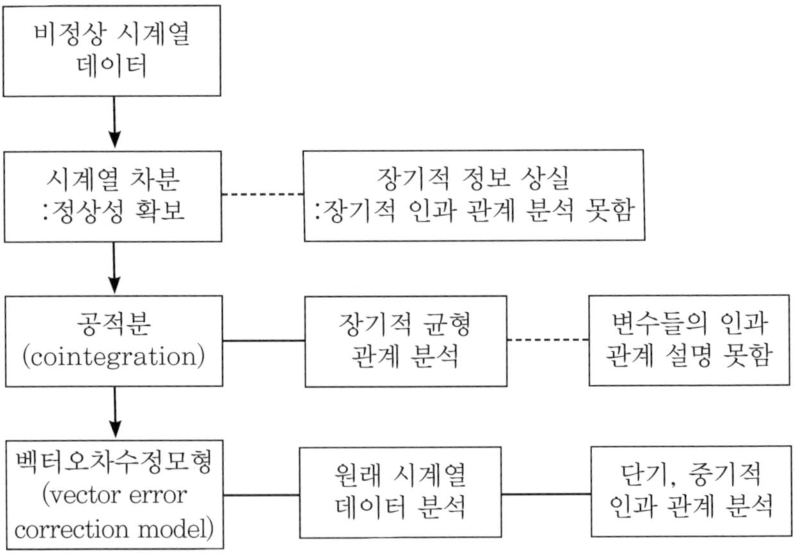

점선은 단점을 의미하며 실선은 장점이고 화살표는 분석의 흐름을 뜻한다.

이 도식화를 정리하면, 1980년대 이후 인과 관계 연구는 단위근 검정을 실시해 변수들이 안정한 상태인지를 점검하고 공적분 분석을 실시한 뒤에 단기와 장기적 인과 관계를 파악하기 위해 '벡터오차수정(VEC: vector error correction)' 모형을 진행한다(Zachariadis, 2007). 시계열의 표본 크기가 25~35개로 적은 경우에는 '자기회귀분포시차(ARDL: autoregressive distributed lag)' 모형이 공적분 모형보다 더 적절하며, 표본 크기가 50개 이하인 경우, 2개 변수나 3개 변수 간에 인과 관계를 분석할 때 요하센(Johansen)이 제시한 VEC 모형이 더 효과적이다(Zachariadis, 2007). 이 선행 연구자는 'ARDL', '토다-야마모토(Toda-Yamamoto)', 'VEC 모형'을 동시에 비교해 두 변수 간에 그랜저 인과 관계를 제시했다. 토다-야마모토 모형은 변수들을 공적분하는 것과 상관없이 그랜저 인과 관계가 없는 정도를 검증한다. VEC 모형의 수식은 다음과 같다.

$$\text{VEC 모형: } y_t = \hat{\mu} + \hat{\theta} DU_t + \hat{\beta}_t + \gamma DT_t + \hat{d} D(TB)_t + \hat{a} y_{t\text{-}1} + \sum_{i=1}^{k} \hat{c}_t \Delta y_{t\text{-}1} + \hat{e}_t$$

*DU*는 가변수(dummy variable)로 시계열 구조가 바뀌는 연도 전까지 변수 값은 0이며 그 이후부터는 1이다. 가변수인 *DT*의 값은 이 구조 변경 이후 연도부터는 *t*이며 이전 연도에는 0이며 또 다른 가변수인 *D*(*TB*)의 값은 구조 변경 이후 1년에 1이며 다른 모든 연도에는 0이다. $\hat{e}_t$는 $(0, \sigma^2)$의 값을 취하는 시계열이다.

VEC 모형을 진행하는 첫 번째 단계로, 변수들이 비정상의 상태이면 1차 차분(first differences)을 실시한 이후에 모형을 평가하는데, 이 때 변수들 간에 장기 관계에 관한 정보가 사라지는 문제점이 있다. 이 문제는 공적분 분석으로 해결할 수 있다(Zachariadis, 2007).

두 번째로 공적분 분석을 진행한 이후에 VEC 모형을 예측하는데, 1차 차분한 변수들과 장기 관계를 오차수정으로 포함시켜 진행한다.

$$\Delta e_t = \alpha_{01} + \alpha_{11}\Delta e_{t-1} + \alpha_{21}\Delta y_{t-1} + \alpha_{31}(e_{t-1} + by_{t-1} + c) + u_{1t}$$

$$\Delta y_t = \alpha_{02} + \alpha_{12}\Delta e_{t-1} + \alpha_{22}\Delta y_{t-1} + \alpha_{32}(e_{t-1} + by_{t-1} + c) + u_{2t}$$

$\Delta e_t$는 변수 $e_t$의 자연 로그(natural logarithm)이고 $\Delta y_t$는 변수 $y_t$의 자연 로그를 포함한 것이며 위의 수식에서 괄호 안의 변수들은 오차수정 변수들이다. $\epsilon_t$는 백색 잡음의 오류 과정을 뜻한다. ARDL 모형의 수식은 다음과 같다.

$$\text{ARDL 모형: } \Delta e_t = \beta_0 + \sum_{i=1}^{m} \beta_{1i}\Delta e_{t-i} + \sum_{j=0}^{n} \beta_{2j}\Delta y_{t-j} + \beta_3 e_{t-1} + \beta_4 y_{t-1} + \epsilon_t$$

토다-야마모토 모형을 R로 분석하기 위해서는 먼저, 적분 검증을 실시해 시계열에 적분이 존재하지 않으면 보통의 그랜저 인과 관계 검증을 실시한다(Pfeiffer, 2012). 이후에 차분하지 않은 상태에서 VAR 모형을 구성하고 시차의 수를 결정한다. 다음 단계로 오지정(misspecification) 검증을 실시하고 VAR 모형에 적분의 최대치를 시차의 수에 추가한다. 마지막으로 왈드 검증(Wald test)을 실시한다.

이와 함께, 벡터자기회귀(VAR: vector autoregressive) 모형은 반응변수의 현재 값이 자신의 이전 값과 다른 시계열의 이전 값에 영향을 받는 관계를 분석한다(우윤석·이은정, 2011). 관련 수식은 다음과 같다.

$$\text{VAR 모형} : X_t = A_0 + \sum_{i=1}^{p} A_i X_{t-i} + \epsilon_t$$

$X_t$는 변수들로 구성된 $n \times 1$ 벡터이고 $A_0$은 상수항 벡터이며 $A_i$는 $n \times n$ 행렬이고 $\epsilon_t$는 $n \times 1$ 오차항 벡터를 뜻한다(우윤석·이은정, 2011). VAR 모형은 분석가가 변수의 순서를 바꾸면 분석 결과가 바뀌는 한계점이 있다. 회귀모형은 독립변수의 영향이 시간에 따라 일정하다고 가정하는 경직성이 있으며, ARIMA 모형은 과거의 규칙성이 미래에도 유지된다고 보고 예측하지만 변수들 간에 상호작용을 배제하는 일변량 분석이라는 한계점이 있다(문권순, 1997). 이런 한계점을 극복한 모형이 VAR 모형으로 충격반응분석(impulse response analysis)으로 한 변수의 변화가 내생변수(endogenous variable)에 미치는 영향을 진단할 수 있으며, 분산분해(variance decomposition)로 내생변수가 전체 변동에 차지하는 정도를 추정할 수 있다(문권순, 1997).

본 저자는 언론사 간에 의제 흐름을 그랜저 인과 관계로 분석하기 위해, 〈조선일보〉와 〈한겨레〉가 보도한 '북한'과 '김정은'에 관한 기사들을 2019년 6월 1일부터 7월 15일까지 45일 기간에 수집해 기사 제목에서 의제를 추출했다. 기사 전문을 모두 분석할 수 있으나 예시 차원에서 제목만 사용했으며, 기간은 6월 30일에 있었던 미국과 북한의 판문점 정상 회담을 고려했으며 7월 15일은 본 저서가 집필되던 시점이다. 이 기간에 두 신문사의 웹 사이트에서 '북한'을 검색어로 입력해 제5장에서 다룬 웹 스크래핑 코드로 기사와 사설, 논설위원의 칼럼 등을 수집했다. 〈조선일보〉 사이트에서 173건을 확보했으며, 〈한겨레〉 사이트에서는 190건을 파악했다. 이 기사들의 제목과 부제목을 읽으면서 의제를 추출했는데, 의제는 해당 기사 제목과 부제목이 다루는 현안으로 정치, 사회 공간에서 두 주체들이 개입하는 사안을 의미한다. 이 결과, 〈조선일보〉 기사에서는 '김정은 통치 스타일', '문재인 정부 비판', '북미 실무협상' 등 64개 의제, 〈한겨레〉 기사에서는 '6.12 공동성명 1주년', '김정은 친서', '북 조전, 조화' 등 63개의 의제가 출현했다.

〈조선일보〉와 〈한겨레〉의 북한 의제 간에 영향 관계를 조사하기 위해 두 신문 의제의 비중을 시계열 데이터로 구성했다. 45일 간에 두 신문의 개별 북한 의제 빈도는 시점별로 모두 1이며, 이 빈도의 총합은 각각 173과 190이다. 개별 빈도를 이 총합으로 나눈 값을 북한 의제의 비중으로 명명했다. 비중이 높은 의제일수록 신문이 중요하게 보도했다고 풀이할 수 있다.

〈그림 38〉 보수 신문과 진보 신문이 다룬 북한 의제의 비중 추세

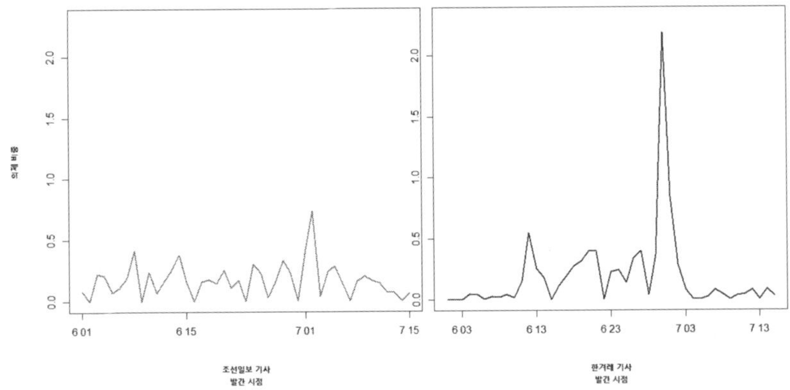


〈그림 38〉처럼 특정 추세를 보이는 두 신문의 북한 의제 간에 인과관계를 파악하기 위해서는 시계열 자료가 필요하다. 아래 코드를 활용해 'newspaper_ts'라는 시계열 데이터를 만들었다. 'inds'는 2019년 6월

1일부터 7월 15일까지 각 시점을 포함하는 날짜 벡터다. '%j'는 001부터 366까지 '일자'를 의미하는 전환 부호로 관련 부호들의 의미는 R의 'help' 검색창에 'strptime' 함수를 입력하면 자세하게 나온다.

```
x <- c("openxlsx", "lubridate", "tidyverse", "tseries", "dynlm", "vars", "knitr",
"tsDyn", "dynamac", "aod")

# openxlsx — read.xlsx(), write.xlsx(): 엑셀 파일 불러오기와 저장하기
# "lubridate" — parse_date_time(): '2019-06-01'과 같은 날짜로 전환,
# "tidyverse" — 파이프 함수(%>%), group_by(): 데이터 묶기, summarise(): 평균 등
통계값 구하기, arrange(-desc()): 오림차순 정렬하기
# tseries — adf.test(): 단위근 존재 여부 평가
# dynlm) — dynlm(): 동적 선형 모형
# vars — VAR(): 벡터자기상관(VAR) 추정, serial.test(): 계열상관 오차 평가, stability():
시계열의 경험적 변동 산출
# knitr — kable(): 표 만들기
# tsDyn) — VECM(): VEC 모형 평가
# dynamac — dynardl(): ARDL 모형 평가
# aod — wald.test(): T-Y 모형의 그랜저 인과 관계 평가

install.packages(x); lapply(x, require, character.only = T)
inds <- seq(as.Date("2019-06-01"), as.Date("2019-07-15"), by = "days")
newspaper_ts <- ts(newspaper, start = c(2019, as.numeric(format(inds[1],
"%j"))),
          end = c(2019, as.numeric(format(inds[45], "%j"))), frequency = 365)
```

본 저자는 시계열 데이터를 만들고 분석하기 위해 'openxlsx', 'lubridate', 'tidyverse', 'tseries', 'dynlm', 'vars', 'knitr', 'tsDyn', 'dynamac', 'aod' 10개 패키지들을 RStudio 환경에 장착했다. 각 패키지의 용도는 위에 설명해 놓았다.

〈조선일보〉와 〈한겨레〉 기사의 시계열을 분석하기 전에 시계열의 비정상성 여부를 판단하기 위해, 'tseries' 패키지의 'adf.test' 함수로 2개 시계열에 단위근이 존재하는지를 '확대 Dickey-Fuller (ADF)' 검증으로 평가했다. 이 결과, 두 시계열에 비정상성이 존재해 'timeSeries' 패키지

의 'diff' 함수로 차분(difference)했으며 정상성이 확보됐다. 자세한 코드는 아래와 같다.

```
adf.test(newspaper_ts[, "NKagenda.prop.chosun"])
# Augmented Dickey-Fuller Test
# data: newspaper_ts[, "NKagenda.prop.chosun"]
# Dickey-Fuller = -2.02, Lag order = 3, p-value = 0.57
# alternative hypothesis: stationary

adf.test(newspaper_ts[, "NKagenda.prop.hani"])
# Augmented Dickey-Fuller Test
# data: newspaper_ts[, "NKagenda.prop.hani"]
# Dickey-Fuller = -2.65, Lag order = 3, p-value = 0.32
# alternative hypothesis: stationary

adf.test(diff(newspaper_ts[, "NKagenda.prop.chosun"]))
# Augmented Dickey-Fuller Test
# data: diff(newspaper_ts[, "NKagenda.prop.chosun"])
# Dickey-Fuller = -4.8, Lag order = 3, p-value = 0.01
# alternative hypothesis: stationary
# Warning message: In adf.test(diff(newspaper_ts[, "NKagenda.prop.chosun"])) :
  p-value smaller than printed p-value

adf.test(diff(newspaper_ts[, "NKagenda.prop.hani"]))
# Augmented Dickey-Fuller Test
# data: diff(newspaper_ts[, "NKagenda.prop.hani"])
# Dickey-Fuller = -4.46, Lag order = 3, p-value = 0.01
# alternative hypothesis: stationary
# Warning message: In adf.test(diff(newspaper_ts[, "NKagenda.prop.hani"])) :
  p-value smaller than printed p-value
```

이후에 본 저자는 VEC 모형을 실시하는 근거로 공적분(cointegration)이 존재하는가를 아래 코드로 확인했다. 'dynlm' 패키지의 'dynlm' 함수로 공적분 여부를 판별했는데, 이 함수는 시계열 데이터를 사용해 동적선형모형(dynamic linear model)을 분석한다.

```
newspaper.dyn <- dynlm(NKagenda.prop.hani ~ NKagenda.prop.chosun -
1, data = newspaper_ts)
kable(tidy(newspaper.dyn), digits = 3, format = "pandoc",
        caption = "보수 진보신문의 북한 의제 비중의 공적분 결과")

Table: 보수 진보신문의 북한 의제 비중의 공적분 결과

term                          estimate  std.error  statistic  p.value
----------------------------  ---------- ---------- ---------- ----------
NKagenda.prop.chosun             0.633      0.255      2.487      0.017

newspaper.rsd <- resid(newspaper.dyn)
newspaper2.dyn <- dynlm(d(newspaper.rsd) ~ L(newspaper.rsd) - 1)
summary(newspaper2.dyn)
Time series regression with "ts" data:
Start = 2019(153), End = 2019(196)

Call:
dynlm(formula = d(newspaper.rsd) ~ L(newspaper.rsd) - 1)

Residuals:
   Min       1Q     Median    3Q      Max
-0.3604 -0.0848 -0.0212 0.1357 2.1167
Coefficients:
                  Estimate Std. Error  t value   Pr(>|t|)
L(newspaper.rsd)  -0.698      0.145    -4.8   1.9e-05 ***
---
Signif. codes: 0 '***' 0.001 '**' 0.01 '*' 0.05 '.' 0.1 ' ' 1

Residual standard error: 0.361 on 43 degrees of freedom
Multiple R-squared: 0.349,    Adjusted R-squared: 0.334
F-statistic: 23.1 on 1 and 43 DF, p-value: 1.93e-05
```

'knitr' 패키지의 'kable' 함수는 분석 결과를 'latex', 'html', 'markdown', 'pandoc', 'rst'의 양식으로 표를 출력해준다. 위의 표를 보면 p값이 0.017로 유의하게 나타났다. 또한 'dynlm(d(newspaper.rsd) ~ L(newspaper.rsd) − 1)'의 코드에서 'd()' 함수는 변수의 차분을 보여주며 'L()' 함수는 이 변수의 적절한 시차를 계산한다. 예를 들어, 'd(u, 1)'은

이전 시점으로부터 'u' 변수의 차분을 계산하며, 'L(g, 0:3)'은 현재 시점과 과거 3개 시점에서 'g' 변수의 계수를 산출한다(Czar, 2017).

'dynlm' 함수로 'newspaper.dyn'의 잔차(residual)를 차분한 값과 시차를 취한 값 간에 동적선형모형을 추가로 분석했을 때, 역시 p값이 .001보다 훨씬 작게 나타났다. 두 결과를 종합하면, 두 시계열에 공분적이 없다는 귀무가설은 기각된다는 점을 알 수 있으며, 이에 따라 VEC 모형으로 두 신문의 북한 의제 비중이 어떤 인과 관계가 있는가를 파악하는 일은 타당하다.

VEC 모형을 분석하기 위해서는 시차(lag)의 수를 결정해야 하는데, 'vars' 패키지의 'VARselect' 함수로 시계열에서 최적의 시차를 추출했다. 자세한 코드는 아래와 같다.

```
newspaper_ts2 <– newspaper_ts[, -1]
VARselect(newspaper_ts2, lag.max = 5, type = “both”)
$selection

AIC(n)  HQ(n)  SC(n)  FPE(n)
   2       2      2      2
$criteria
              1          2          3         4          5
AIC(n) -6.0619977 -6.3789736 -6.2086135-6.2086982 -6.0460211
HQ(n)  -5.9398686 -6.1957800 -5.9643553-5.9033754 -5.6796338
SC(n)  -5.7242218 -5.8723098 -5.5330617-5.3642585 -5.0326934
FPE(n) 0.0023329  0.0017046  0.0020341 0.0020559  0.0024591
```

'AIC', 'HQ', 'SC', 'FPE' 4개 지표는 '2'를 최적의 시차로 제시한다. 시차 2를 사용해 'tsDyn' 패키지의 'VECM' 함수로 보수 신문과 진보 신문의 시계열 데이터에 VEC 모형을 적용해 유의한 인과 관계를 추적했다.

```
agenda_prop <- VECM(newspaper_ts2, lag = 2, estim = "ML")
summary(agenda_prop)
#############
###Model VECM
#############
Full sample size: 45    End sample size: 42
Number of variables: 2          Number of estimated slope parameters 12
AIC -260.83    BIC -238.24     SSR 5.329
Cointegrating vector (estimated by ML):
        NKagenda.prop.chosun NKagenda.prop.hani
r1      1          -0.25735

                                              ECT                   Intercept
Equation NKagenda.prop.chosun-1.1739(0.2902)***     0.1432(0.0399)***
Equation NKagenda.prop.hani     1.6137(1.0218)          -0.2015(0.1404)
                              NKagenda.prop.chosun -1NKagenda.prop.hani -1
Equation NKagenda.prop.chosun0.0130(0.1803)            -0.2036(0.0838)*
Equation NKagenda.prop.hani    -0.9512(0.6349)           0.1045(0.2950)
                              NKagenda.prop.chosun -2 NKagenda.prop.hani -2
Equation NKagenda.prop.chosun-0.0984(0.1102)            0.0611(0.0734)
Equation NKagenda.prop.hani    -0.2477(0.3882)          -0.0184(0.2584)

coefs_all <- summary(agenda_prop)$coefMat
coefs_all[grep("ECT", rownames(coefs_all)),]
                              Estimate  Std. Error t value        Pr(>|t|)
NKagenda.prop.chosun:ECT-1.1739   0.29017 -4.0455     0.00026393
NKagenda.prop.hani:ECT     1.6137          1.02185      1.5792 0.12304505
```

'ECT'는 'error correction term'의 약자로 오차 수정항이며 계수는 보통 음의 값을 보이는데, 〈조선일보〉의 북한 의제 비중이 '−1.1739'라는 음의 계수로 나타난다. 이는 이 불균형의 117 퍼센트는 2일 안에 수정될 것이라는 의미다. 〈조선일보〉와 〈한겨레〉의 북한 의제 비중이라는 2개 시계열이 분석 대상이기 때문에 위의 결과는 268쪽의 수식으로 표현된다. 독자들은 각 계수들이 수식에 연결되는 과정을 파악해 보기를 바란다.

$$\Delta Y_t = 0.1432^{***} - 1.1739^{***} ECT_{t\text{-}1} + 0.0130 Y_{t\text{-}1} - 0.2036^{*} X_{t\text{-}1} - 0.0984 Y_{t\text{-}2} + 0.0611 X_{t\text{-}2}$$

$$\Delta X_t = -0.2015 + 1.6137 ECT_{t\text{-}1} - 0.9512 Y_{t\text{-}1} + 0.1045 X_{t\text{-}1} - 0.2477 Y_{t\text{-}2} - 0.0184 X_{t\text{-}2}$$

$\Delta Y_t$는 〈조선일보〉의 북한 의제 비중을 나타내는 시계열이며, $\Delta X_t$는 〈한겨레〉의 북한 의제 비중을 담은 시계열이다. 위의 수식을 보면, 최적의 시차가 2일이기 때문에 2일 전에 〈한겨레〉 기사에 나타난 북한 의제 비중이 다음 날 〈조선일보〉 기사의 북한 의제 비중에 영향을 미치는 것으로 드러났다. 다른 방향으로 인과 관계는 없었다.

ARDL 모형을 동일한 시계열에 적용한 결과는 다음과 같은데, 결과는 VEC 모형과는 다르게 나타났다.

```
ardl.newspaper <- dynardl(NKagenda.prop.chosun ~ NKagenda.prop.hani,
data = newspaper,
        lags = list("NKagenda.prop.chosun" = 1, "NKagenda.prop.hani" = 2),
        diffs = c("NKagenda.prop.chosun", "NKagenda.prop.hani"),
        ec = TRUE, simulate = FALSE)
summary(ardl.newspaper)

Call:
lm(formula = as.formula(paste(paste(dvnamelist), "~", paste(colnames(IVs),
    collapse = "+"), collapse = " ")))

Residuals:
     Min          1Q        Median        3Q         Max
-1.965e-17  -3.747e-18  -2.137e-19  1.755e-18 2.058e-17

Coefficients:
                              Estimate   Std. Error    t value      Pr(>|t|)
(Intercept)                 -4.274e-17  2.856e-18  -1.496e+01   < 2e-16 ***
l.1.NKagenda.prop.chosun2.372e-16  1.869e-17   1.269e+01   3.07e-15 ***
d.1.NKagenda.prop.chosun1.000e+001.213e-17   8.241e+16   < 2e-16 ***
d.1.NKagenda.prop.hani   -8.302e-19 3.638e-18  -2.280e-01     0.821
l.2.NKagenda.prop.hani    8.721e-18  5.280e-18   1.652e+00     0.107
---
Signif. codes: 0 '***' 0.001 '**' 0.01 '*' 0.05 '.' 0.1 ' ' 1
Residual standard error: 7.928e-18 on 38 degrees of freedom
```

```
(2 observations deleted due to missingness)
Multiple R-squared:        1,    Adjusted R-squared:     1
F-statistic: 6.897e+33 on 4 and 38 DF, p-value: < 2.2e-16

Warning message: In summary.lm(object$model) : essentially perfect fit:
summary may be unreliable
```

먼저 〈한겨레〉 기사에 나타난 북한 의제 비중이 〈조선일보〉 기사의 의제 비중에 영향을 미치지 못했으며, 이전 시점에서 〈조선일보〉 기사의 비중이 현재 시점의 이 신문 기사 비중에 개입했다. 이 관계를 보여주는 식은 다음과 같다.

$$\Delta Y_t = -4.274e-17 + 2.372e-16LY_{t\text{-}1} + 1.000e + 00DY_t$$

그러나 이 관계성은 완전 적합이어서 시점의 수를 45개보다 더 늘리고 추가 변수들을 고려해 다시 분석할 필요가 있다. 마지막으로 토다-야마모토(T-Y) 모형으로 두 신문의 시계열 사이에 인과 관계를 분석했으며 사용한 코드와 결과는 아래와 같다. 'plot(stability(AG))'으로 나타난 'OLS-CUSUM'은 보통최소제곱(ordinary least squares) 잔차의 합이 변동하는 과정을 일차원으로 추정할 때 사용하는 방식이며, 'CUSUM'은 누적 합인 'CUmulative SUMs'의 약자다.

```
AG <- VAR(newspaper[, 2:3], p = 2, type = "both")
st.AG <- serial.test(AG); str(st.AG); st.AG
        Portmanteau Test (asymptotic)
data: Residuals of VAR object AG
Chi-squared = 54.275, df = 56, p-value = 0.5404

#정상성(stability) 분석
1/roots(AG)
[1] 1.586861 1.586861 1.846300 5.221086
plot(stability(AG))
```

〈그림 39〉 보수 신문과 진보 신문의 시계열의 안정성 검증 결과

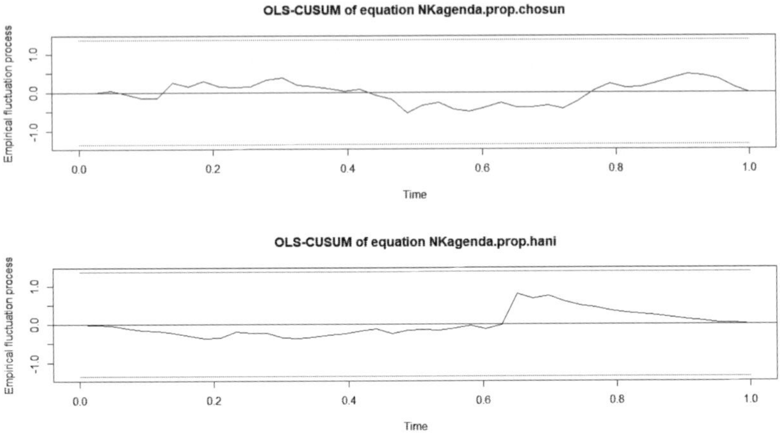


〈그림 39〉를 보면, 잔차의 합이 변하는 양상이 5%의 유의수준인 빨간 색의 임계선(critical value) 안쪽에 존재하기 때문에 VAR 모형의 결과 값들은 안정성이 있는 것으로 나타났다. 잔차의 합이 임계선 밖으로 나가는 경우에는 계수 등 결과 값들이 불안정하다는 점을 뜻한다. 'CUSUM' 검정($W_t$)[32]의 공식에서, $\beta$ 벡터가 시점 간에 변화가 없으면 $E(W_t)$는 0이지만, $\beta$ 벡터가 변하면 $W_t$는 0인 평균값에서 벗어난다. 0점 평균에서 이탈하는 유의성은 5% 유의선(significance line)으로 평가한다 (EViews, 2019).

```
AG$varresult
$NKagenda.prop.chosun

Call:
lm(formula = y ~ -1 + ., data = datamat)
```

32 $W_t = \sum_{r=k+1}^{t} w_r/s$, $w$는 되풀이 잔차(recursive residual)이고 $s$는 이 잔차의 표준편차다.

```
Coefficients:
NKagenda.prop.chosun.l1NKagenda.prop.hani.l1
        -0.314575                0.086322
NKagenda.prop.chosun.l2NKagenda.prop.hani.l2
        -0.211024                0.263369
          const                    trend
         0.245661               -0.002034

$NKagenda.prop.hani

Call:
lm(formula = y ~ -1 + ., data = datamat)

Coefficients:
NKagenda.prop.chosun.l1NKagenda.prop.hani.l1
        -0.314575                0.086322
NKagenda.prop.chosun.l2NKagenda.prop.hani.l2
        -0.211024                0.263369
          const                    trend
         0.245661               -0.002034

$NKagenda.prop.hani

Call:
lm(formula = y ~ -1 + ., data = datamat)

Coefficients:
NKagenda.prop.chosun.l1NKagenda.prop.hani.l1
        0.3356869               0.5030495
NKagenda.prop.chosun.l2 NKagenda.prop.hani.l2
        0.3270878              -0.2130012
          const                    trend
        0.0120904               0.0004938

summary(AG)
VAR Estimation Results:
=========================
Endogenous variables: NKagenda.prop.chosun, NKagenda.prop.hani
Deterministic variables: both
Sample size: 43
Log Likelihood: 30.608
```

```
Roots of the characteristic polynomial:
0.6302 0.6302 0.5416 0.1915
Call:
VAR(y = newspaper[, 2:3], p = 2, type = "both")

Estimation results for equation NKagenda.prop.chosun:
=========================================================
NKagenda.prop.chosun = NKagenda.prop.chosun.l1 + NKagenda.prop.
hani.l1 + NKagenda.prop.chosun.l2 + NKagenda.prop.hani.l2 + const + trend

          Estimate               Std.        Error       t value        Pr(>|t|)
NKagenda.prop.chosun.l1-0.314575  0.130557    -2.409        0.0211 *
NKagenda.prop.hani.l1    0.086322  0.050283    1.717         0.0944 .
NKagenda.prop.chosun.l2-0.211024  0.110016    -1.918        0.0628 .
NKagenda.prop.hani.l2    0.263369  0.057950    4.545      5.70e-05 ***
const  0.245661          0.043695     5.622   2.04e-06 ***
trend  -0.002034         0.001261     -1.613      0.1153
---
Signif. codes:  0 '***' 0.001 '**' 0.01 '*' 0.05 '.' 0.1 ' ' 1

Residual standard error: 0.1013 on 37 degrees of freedom
Multiple R-Squared: 0.5581,Adjusted R-squared: 0.4984
F-statistic: 9.346 on 5 and 37 DF,  p-value: 8.021e-06

Estimation results for equation NKagenda.prop.hani:
=========================================================
NKagenda.prop.hani = NKagenda.prop.chosun.l1 + NKagenda.prop.hani.l1
+ NKagenda.prop.chosun.l2 + NKagenda.prop.hani.l2 + const + trend

          Estimate              Std. Error     t value        Pr(>|t|)
NKagenda.prop.chosun.l1 0.3356869  0.4354679     0.771        0.44568
NKagenda.prop.hani.l1    0.5030495  0.1677192     2.999      0.00482 **
NKagenda.prop.chosun.l2 0.3270878  0.3669567     0.891        0.37850
NKagenda.prop.hani.l2   -0.2130012  0.1932921    -1.102        0.27759
const    0.0120904        0.1457430       0.083      0.93433
trend    0.0004938        0.0042062       0.117      0.90719
---
Signif. codes:  0 '***' 0.001 '**' 0.01 '*' 0.05 '.' 0.1 ' ' 1

Residual standard error: 0.3379 on 37 degrees of freedom
Multiple R-Squared: 0.2159,    Adjusted R-squared: 0.1099
```

```
F-statistic: 2.037 on 5 and 37 DF,  p-value: 0.09589
Covariance matrix of residuals:
                      NKagenda.prop.chosun NKagenda.prop.hani
NKagenda.prop.chosun            0.010265          -0.007561
NKagenda.prop.hani             -0.007561           0.114201

Correlation matrix of residuals:
                      NKagenda.prop.chosun NKagenda.prop.hani
NKagenda.prop.chosun              1.0000            -0.2208
NKagenda.prop.hani               -0.2208             1.0000
```

이상의 결과를 토대로 토다-야마모토 모형에서 두 신문의 시계열에 그랜저 인과 관계가 존재하는지 여부는 'Wald-test'로 확인한다. 분산-공분산 행렬을 도출해 〈조선일보〉와 〈한겨레〉의 북한 의제 비중이 어떤 열에 있는가를 파악해 이를 'Terms = c(2, 4, 5, 6)' 형태로 입력해야 한다. 아래 코드는 이 결과를 보여준다.

```
# Wald-test for Granger causality:
#variance-covariance matrix
vcov(AG$varresult[[1]])

                        NKagenda.prop.chosun.l1 NKagenda.prop.hani.l1
NKagenda.prop.chosun.l1           1.704502e-02          1.970601e-03
NKagenda.prop.hani.l1             1.970601e-03          2.528429e-03
NKagenda.prop.chosun.l2          -4.376740e-04         -1.640053e-04
NKagenda.prop.hani.l2            -4.224157e-03         -1.432041e-03
const                            -2.716984e-03         -5.087954e-04
trend                             1.200084e-05         -7.945551e-07
                        NKagenda.prop.chosun.l2 NKagenda.prop.hani.l2  const
NKagenda.prop.chosun.l1  -4.376740e-04          -4.224157e-03  -2.716984e-03
NKagenda.prop.hani.l1    -1.640053e-04          -1.432041e-03  -5.087954e-04
NKagenda.prop.chosun.l2   1.210361e-02           3.762789e-04  -1.836838e-03
NKagenda.prop.hani.l2     3.762789e-04           3.358253e-03   5.020781e-04
const                    -1.836838e-03           5.020781e-04   1.909240e-03
trend                    -9.889471e-06          -8.738453e-06  -3.666587e-05
                                 trend
NKagenda.prop.chosun.l1   1.200084e-05
NKagenda.prop.hani.l1    -7.945551e-07
```

```
NKagenda.prop.chosun.l2 -9.889471e-06
NKagenda.prop.hani.l2   -8.738453e-06
const                   -3.666587e-05
trend                    1.590284e-06
```

위의 분산–공분산 행렬에서 〈한겨레〉 기사의 북한 의제 비중이 두 번째와 네 번째 열에 존재하고 상수와 추세가 각각 다섯 번째와 여섯 번째 열에 위치해 이를 벡터로 묶어 아래와 같이 'aod' 패키지의 'wald.test' 함수로 〈한겨레〉 기사의 북한 의제 비중이 〈조선일보〉 기사의 의제 비중을 그랜저 인과하지 않는다는 귀무가설을 검증했다.

```
# H0: Hani does not Granger-cause Chosun
wald.test(b = coef(AG$varresult[[1]]), Sigma = vcov(AG$varresult[[1]]),
          Terms = c(2, 4, 5, 6))

Wald test:
----------
Chi-squared test:
X2 = 90.8, df = 4, P(> X2) = 0.0
```

그 결과, 카이검정($\chi^2$)이 90.8로 비교적 크고 p값이 0.01보다 훨씬 작아 유의한 것으로 나타나 귀무가설은 기각됐다. 따라서 〈한겨레〉 기사의 북한 의제 비중이 〈조선일보〉 기사의 북한 의제 비중을 그랜저 인과한 것으로 조사됐다. 반대로 〈조선일보〉 기사의 북한 의제 비중이 〈한겨레〉 기사의 북한 의제 비중을 그랜저 인과하는가를 추가로 검증했다.

```
#variance-covariance matrix
vcov(AG$varresult[[2]])

                        NKagenda.prop.chosun.l1 NKagenda.prop.hani.l1
NKagenda.prop.chosun.l1      0.1896323220          2.192368e-02
NKagenda.prop.hani.l1        0.0219236773          2.812973e-02
NKagenda.prop.chosun.l2     -0.0048692886         -1.824621e-03
NKagenda.prop.hani.l2       -0.0469953380         -1.593200e-02
const                       -0.0302274749         -5.660541e-03
```

```
trend                          0.0001335139          -8.839725e-06
                   NKagenda.prop.chosun.l2 NKagenda.prop.hani.l2   const
NKagenda.prop.chosun.l1 -0.0048692886    -4.699534e-02     -0.0302274749
NKagenda.prop.hani.l1   -0.0018246213    -1.593200e-02     -0.0056605412
NKagenda.prop.chosun.l2  0.1346571838     4.186245e-03     -0.0204355206
NKagenda.prop.hani.l2    0.0041862452     3.736183e-02      0.0055858080
const                   -0.0204355206     5.585808e-03      0.0212410153
trend                   -0.0001100241    -9.721859e-05     -0.0004079217
trend
NKagenda.prop.chosun.l1      1.335139e-04
NKagenda.prop.hani.l1       -8.839725e-06
NKagenda.prop.chosun.l2     -1.100241e-04
NKagenda.prop.hani.l2       -9.721859e-05
const  -4.079217e-04
trend   1.769251e-05

# H0: Chosun does not Granger-cause hani
wald.test(b = coef(AG$varresult[[2]]), Sigma = vcov(AG$varresult[[2]]),
          Terms = c(1, 3, 5, 6))

Wald test:
----------
Chi-squared test:
X2 = 6.0, df = 4, P(> X2) = 0.2
```

위에 제시한 분산-공분산 행렬에서 〈조선일보〉 기사의 북한 의제 비중이 첫 번째와 세 번째 열에 존재하고 상수와 추세가 각각 다섯 번째와 여섯 번째 열에 위치해 이를 벡터로 묶어 아래와 같이 'wald.test' 함수로 귀무가설을 검증했다. 그 결과, 카이검정($\chi^2$)이 6.0으로 작고 p 값이 0.2로 유의하지 않아 귀무가설은 유지됐다. 따라서 〈한겨레〉 기사의 북한 의제 비중이 〈조선일보〉 기사의 북한 의제 비중에 영향을 미친다는 추론이 가능하며, 이는 VEC 모형으로 검증한 결과와 동일하다.

정리하면, VEC 모형과 토다-야마모토(T-Y) 모형은 〈한겨레〉 기사의 북한 의제 비중이 〈조선일보〉 기사의 북한 의제 비중에 일방향으로 영향을 미친다는 결과를 도출했으나, ARDL 모형은 이 관계가 없다는 결과를 보여줬다.

세 모형 간에 이처럼 불일치하는 결과는 선행 연구(Zachariadis, 2007)에서도 동일하게 나타났으며, 주원인은 시계열의 표본 크기에 있는 것으로 확인됐다. 이 선행 연구에 따르면, 에너지 소비와 경제활동 간에 그랜저 인과 관계를 조사할 때, 시계열 표본이 56개인 경우에는 VEC 모형, T−Y 모형, ARDL 모형이 동일한 결과를 보였다. 그러나 시계열 표본 크기를 40개로 줄여 분석했을 때에는 6개의 반응변수 중 2개에서 VEC 모형과 T−Y 모형이 일치하고 ARDL 모형은 일치하지 않았으며, 반대로 나머지 2개에서는 VEC 모형과 ARDL 모형이 동일한 결과를 산출했다. 따라서 연구자들은 시계열의 표본 크기를 50개 이상으로 구성해 이 3개 모형이 같은 결과를 도출하는지를 검증할 필요가 있다.

# 제12장
# 기계 학습 기반의 뉴스 연구

제12장
# 기계 학습 기반의 뉴스 연구

## 1) 해석의 문제

이 책에 수록된 각종 코드와 결과물은 R 프로그래밍 언어에 장착한 분석 패키지들에서 비롯했다. 이 코드와 결과물을 관통하는 개념은 알고리즘(algorithm)이다. 국립국어원에 따르면, 알고리즘과 알고리듬이 함께 쓰이며 순화한 용어는 '셈법'이나 '풀이법'이다. 국립국어원 사전은 이 개념을 "어떤 문제의 해결을 위하여 입력된 자료를 토대로 하여 원하는 출력을 유도하여 내는 규칙의 집합'으로 정의한다. '문제 해결'과 '규칙의 집합'이라는 표현이 알고리즘을 설명하는 핵심 요소라고 하겠다. 프린스턴대학 컴퓨터 공학자들은 알고리즘을 컴퓨터 프로그램이 아니라 문제를 해결하는데 필요한 절차들을 자세히 제시하는, 유한하고 결정적이며 좋은 문제 해결 방법이라고 설명한다(Sedgewick &

Wayne, 2011). 이들은 알고리즘의 부산물이나 결과로 데이터 구조가 생성되며, 연구자들은 알고리즘을 이해하기 위해 이 데이터 구조를 조사한다고 말한다. 간단한 알고리즘은 복잡한 데이터 구조나 간단한 데이터 구조를 사용한다.

다른 컴퓨터 공학 연구자들은 알고리즘을 특정 값이나 일련의 값을 '입력'으로 투입해 특정 값이나 일련의 값을 '결과'로 도출하는 잘 정의된 계산 과정(computational procedure)이라고 정의한다(Cormen, Leiserson, Rivest, & Stein, 2009). 다시 말해, 알고리즘은 잘 구체화된 계산 문제를 해결하는 도구로 입력을 결과로 전환하는 일련의 계산 절차다.

따라서 알고리즘을 프로그래밍 언어와 같은 것으로 오해하면 안 된다. 알고리즘은 특정 프로그래밍 언어로 컴퓨터에서 작업을 수행하는데 알맞은 도구다(Sedgewick & Wayne, 2011). 본 저서가 제시한 R 코드들은 일정한 문제를 해결하는, 또는 뉴스 텍스트에서 특정한 프레임이나 의제를 추출하는 절차이거나 파악한 프레임이나 의제 간에 영향 관계를 보는 방식 등을 수행하는 계산 부호들이다. R 프로그래밍 언어가 이해할 수 있는 코드들은 알고리즘의 예다.

이 알고리즘의 속성을 이해하지 못할 경우, 분석 절차나 결과를 잘못 파악하거나 틀린 해석을 내놓을 수 있다. 본 저자는 프로그래밍 언어를 사용해 뉴스 텍스트에서 프레임이나 의제를 자동으로 추출하는 방식이 갖는 신뢰성이나 타당성을 평가하기 전에 이런 분석 절차를 정확히 이해하는 자세가 필요하다고 강조한다. 자칫 실체를 제대로 진단하지 못하고 설익은 비판을 내놓을 수 있기 때문이다.

텍스트 등 비구조화 데이터를 알고리즘으로 분석하는 방식을 경계하고 비판하는 흐름은 이미 국내외 학계에 상당히 존재한다. 공학 연구자들(Mittelstadt, Allo, Taddeo, Wachter, & Floridi, 2016)은 대규모의 개발자들이 상당 기간에 걸쳐 알고리즘을 만드는데, 이 과정에 내재한 가치, 편견, 이들의 연관 등을 포괄해 이해하기는 어렵다고 지적한다. 다시 말해, 일반인들이 알고리즘의 논리를 알기 힘들기 때문에 알고리즘에 기반을 둔 결정을 반박하는 일은 쉽지 않다.

또는 알고리즘 자체보다는 이를 활용하는 주체인 인간이 문제를 일으킬 수 있다. 알고리즘을 뉴스 제작에 적용한 로봇 저널리즘의 문제점으로 이미 편향된 시각을 지닌 언론사와 기자들이 로봇이 기사를 쓰는 과정에 개입해 인권침해가 발생할 수 있다(조병욱·박병원, 2017). 다른 관점에서 알고리즘은 축적된 과거 데이터에 의존하기 때문에 이미 형성된 사회와 역사의 편향성을 강화할 수 있고, 계량화된 데이터만 쓰기 때문에 모든 데이터를 활용하지 못해 전체 여론을 대변하지 못한다(오세욱, 2016).

그러나 동일한 데이터를 다른 코드로 다시 조사해 분석 결과들을 교차 검증하는 방식은 충분히 가능하며, 이 과정에서 뉴스 텍스트에서 추출한 의미를 파악하고 이 분석의 타당성을 평가할 수 있다. 물론 이를 위해서는 코드에 내재한 알고리즘의 특성과 데이터 분석에 깔려 있는 통계학의 지식이 필요하다. 이를 모를 경우, 통계의 가정과 개념 등을 이해하지 못한 채 SPSS로 데이터를 분석하고 그 결과를 그대로 받아들이는 '단순화의 오류'를 범할 수 있다.

일부 연구자들은 트윗글, 기사 댓글 등 특정 집단들이 주도하는 글에서 여론을 추론하는 일은 타당하지 않다고 지적하지만, 기존의 여론 조사가 무작위 표본을 사용하더라도 이 표본이 전체 유권자를 정확하게 대변한다고 보장하기는 어렵다. 특히, 변화가 심한 여론을 단면으로 추정하는 여론 조사의 신뢰성은 이미 2016년 11월 8일 열린 미국 대통령 선거 결과를 잘못 판단하면서 크게 떨어진 상태다. 이 때문에 소셜 미디어나 빅데이터에서 여론을 추적하려는 시도가 계속된다. 지지하는 후보자가 없는 일반 시민들이 소셜 미디어에 쓴 글을 정당하게 수집해 시점별로 분석한다면, 단발성의 여론 조사보다 정확한 결과를 예측할 수 있다.

본 저서가 제안한 프레임과 의제의 자동 추출과 관련해 인간의 분석이 더 신뢰할 수 있고 정확하다고 반론을 펴는 독자들도 많을 것이다. 하지만 간과해서는 안 될 부분은 인간이 직접 분석한 연구가 갖는 문제점과 한계도 만만치 않다는 점이다. 가령, 선행 연구가 사용한 뉴스 프레임을 분석 주제나 분석 대상이 다른 상황에 그대로 적용하는 연구들을 볼 수 있다. 특정 국가 연구자들이 뉴스 텍스트에서 발견한 프레임들을 정치, 사회, 문화 등 상이한 환경에 있는 연구자들이 차용할 경우, 이 프레임들에 성격이 다른 뉴스 텍스트를 맞추는 문제점이 발생한다. 비슷한 지적은 근거이론방법(grounded theory method)을 적용하면서 기존의 개념이나 틀로 데이터에 접근하는 '강제(force)'의 모습에서도 나타난다(김인숙, 2011). 기존 연구의 프레임이나 의제를 그대로 적용할 경우, 상황이 다른 뉴스 텍스트에서 발현하는 새로운 개념이나 범주들을 고려하지 못할 가능성이 크다(임종섭·김명준, 2015).

또한, 시간과 비용, 신뢰도 측면에서 인간 조사원들이 수십만 건 또는 수백만 건의 기사문을 정확하게 분석해 프레임이나 의제를 추출하기는 어려운 일이다. 물론, 국내외 언론사에서는 대규모 텍스트를 수집해 비교적 단순한 분석 업무를 독자들에게 맡기는 '집단조달(crowdsourcing)'이라는 방식이 이미 등장했다. 영국의 〈가디언(Guardian)〉은 2009년 6월 18일 영국 의회 의원 646명이 사용한 영수증 문서 70만 건을 확보한 뒤에, 독자들에게 각 의원의 영수증 문서마다 댓글 달기, 관심 있는 내용을 표시하기, 문서 내용이 얼마나 재미있는가를 평가하기, 문서에 번호 입력하기라는 네 가지 분석 업무를 의뢰했다(Rogers, 2009). 그러나 뉴스 텍스트에 내재한 프레임, 의제 등 개념을 발견하는 일을 훈련받지 않은 독자들에게 맡길 수는 없다. 또한, 수백만 건 또는 수천만 건의 기사문을 분석하는 일은 훈련된 대학원생 조사원 수백 명 이상으로도 거의 불가능하다. 이런 현실적 한계를 극복하기 위해 등장한 방식이 프로그래밍 언어를 사용한 자동 추출 기법이다. 이 기법이 갖는 신뢰성과 타당성은 인간 분석가의 결과와 비교하거나 다양한 알고리즘으로 도출한 결과들을 교차 검증함으로써 점검할 수 있다. 중요한 점은 이 과정을 주도하고 결정하는 주체는 알고리즘이 아니라 인간 연구자라는 것이다. 해당 데이터와 관련 분야에서 상당한 연구 경험과 탄탄한 지식을 갖춘 전문 연구자만이 알고리즘 기반의 자동 추출 과정과 결과의 의미를 신중하게 판단할 수 있기 때문이다.

코드로 도출한 결과에 의미를 부여하고 한계점을 인지하는 일은 연구자의 해석 능력에 속한다. 니체(Nietzsche, 2010)가 지적한 것처럼, 해석이라는 인지 활동은 객체를 온전하게 파악하고 이해하는 최적의 수단이다. 현재 수준의 알고리즘은 이 해석의 활동을 담당할 수 없으며 연구자가 치밀하게 수행해야 한다. 알고리즘으로 프레임 등 개념을 자동으로 추출하는 방식은 인간의 해석에 도움이 되는 정보와 관계를 제시한다(임종섭, 2019). 이 점에서 자동 추출 결과를 어떻게 바라보고 해석할 것인가라는 중요한 문제가 존재한다. 연구자가 프레임이나 의제를 코드로 자동 추출한 결과를 판단할 때 다음의 요소들을 고려할 필요가 있다.

첫 번째, 프레임이나 의제라고 명명하는 근거를 확인해야 한다. 의미 연결망 분석과 군집 분석으로 프레임을 추출할 때에 주목할 부분은 핵심 단어들의 공출현 행렬이다. 두 분석은 어떤 프레임을 지칭하는 단어들이 함께 출현하는 양상을 추적해 연결망과 군집으로 시각화한다. 단어 공출현 행렬의 의미를 주의 깊게 살펴보고 이들을 시각화한 연결망과 군집을 비교해 추출하려는 프레임 유형이 타당한가를 평가해야 한다. 프레임의 이름을 명명하기 위해서는 연구자가 관련 분야의 지식과 경험을 바탕으로 최상의 이름을 찾아야 한다.

토픽 모델링으로 뉴스 텍스트에서 의제를 발견하기 위해, 주제(topic)의 수를 결정한 뒤에 주제별로 관련성이 높은 단어들의 개수를 몇 개로 할 것인가는 의제를 파악하는데 중요한 일이다. 10개의 단어들로 의제를 추정하거나 때로는 20개의 단어들이 필요할 수도 있다. 본 저자는 해석하는데 필요한 정보를 가능한 많이 제공해야 한다고 판단해 20개 정도를 참고 기준으로 제안한다. 문서의 벡터화로 기사문에서 의제를 추출할 때 신경망(neural network) 알고리즘을 적용한다. 이 알고리즘은 찾고자 하는 목표 단어를 중심으로 앞선 단어 5개와 뒤따르는 단어 5개를 하나의 창(window)으로 사용한다. 연구자는 추출하는 의제를 판별할 때 이 창의 개념을 눈여겨봐야 한다. 이유는 이 창의 수를 바꾸면 의제를 암시하는 단어들의 집합도 달라지기 때문이다.

두 번째, 추출한 단어들의 의미가 분명하고 확실하게 드러나지 않는 경우도 있을 수 있다. 특히 분야가 다른 연구자들이 알고리즘으로 파악한 단어들을 보고 동의할 수 있는 의미 해석이 어렵다면, 그 원인을 파악해야 한다. 가령, 단어들이 너무 추상적이거나 단어들 간에 연결성이 떨어질 수 있다. 이 경우에 단어들이 나타난 기사문을 하나의 사례로 확인해 어떤 맥락에서 사용된 단어들인지를 확인하는 작업이 필요하다. 이 과정은 추출한 개념이나 범주를 수정하면서 정교하게 만드는 반복성을 띠는데, 질적 연구에서 쓰는 근거이론방법과 유사하다. 제 4장에서 기술한 것처럼, 알고리즘 기반의 분석은 질적 방식처럼 열린 자세로 반복하는 단계를 사용하는 만큼, 연구자가 해석의 충실성을 높이기 위해서는 분석 절차와 결과를 다시 들여다보고 단어들의 의미 연결성을 꼼꼼히 진단하는 과정이 중요하다.

세 번째, 연구자가 다른 알고리즘으로 동일한 뉴스 텍스트를 분석할 때에 출현하는 단어들의 유형과 의미 연결의 정도가 이전 알고리즘과 비교해 달라질 가능성이 있다. 단어들의 양상을 연결망이나 군집으로 재현하면, 그 결과는 더 선명하게 차이가 날 수도 있다. 이는 분석의 오류가 아니라 분석 방식의 차이에서 비롯하는 현상이다. 같은 뉴스 텍스트를 다른 관점의 연구자들이 따로 읽을 경우, 결과가 달라지는 것과 유사하다. 이 '다름'은 오히려 파악하고자 하는 의제나 프레임의 해석적 의미를 좀 더 풍부하게 하는 요소라고 본 저자는 판단한다. 연구자가 뉴스 텍스트에서 의제나 프레임을 추출할 때 하나의 알고리즘 기법 대신에 여러 알고리즘들을 적용해 그 차이점과 유사점을 비교한다면, 더 완성된 개념을 발견할 수 있다. 그 예로, 국내 일간 신문이나 지상파 방송사가 보도한 기사문을 대규모로 수집한 뒤에 토픽 모델링과 문서의 벡터화라는 별개의 기법으로 분석해 발견한 의제들을 비교하는 방식도 흥미로운 시도일 것이다.

### 2) 코드로 세상 읽기

이제 독자들은 본 저서가 제시한 실제 코드들을 뉴스 텍스트뿐만 아니라 관심 있는 텍스트에 적용해 프레임이나 의제를 추출할 수 있다. 또한, 우리 주변에 매일 쌓이는 글들을 하나의 텍스트 또는 단어의 집합체로 구체화해 거대한 데이터로 관리할 수 있다. 이 중에 개인의 카카오톡 메시지는 글을 올리는 일반인들의 언어 사용 양상과 인지, 심리 상태를 상당히 정확하게 파악할 수 있는 흥미로운 데이터다. 그러나 사생활을 침해할 수 있어 연구 목적이라도 이를 확보해 분석하기는 어려운 상황이다. 일반인에게 열려 있는 기사 댓글이나 페이스북, 트위터, 블로그 등 소셜 미디어에 실린 글, TV 드라마, 유튜브의 방송물 등은 일반인의 언어 사용을 어느 정도 재현하는 의미 있는 데이터라고 하겠다.

본 저자는 이 논리를 더 확장해 데이터는 우리 삶이라고 정의하고자 한다. 데이터에서 이를 사용한 사람들의 의도, 인지, 감정 등을 판단할 수 있기 때문에 이제 데이터는 메시지이며 삶의 모습을 잘 대변하는 실체다. 데이터를 알고리즘에 투입하는 계량 데이터로만 한정하는 접근은 이에 해당하지 않는 데이터를 배제한다. 더 적절한 태도는 충실한 데이터를 어떻게 확보할 것인가이다. 사생활 정보를 담은 데이터는 이 정보를 모두 삭제하고 이의 사용을 문서로 명확하게 동의를 받고 나서 사용할 수 있다. 대용량의 데이터를 이런 방식으로 어떻게 확보할 것인가는 연구자, 정부 기관, 기업, 개인 등 다양한 주체들이 동의하는 수준에서 결정할 필요가 있다. 의료와 보건, 정치, 경제, 사회 등 각 분야에서 발생하는 정보들을 문서화한 자료는 정부의 공공데이터포털이라는 창구로 접근할 수 있는 상황이다. 그러나 제공되는 자료는 정부가 이미 걸러낸 2차 자료가 대부분이며, 실제 필요한 자료는 이 창구에는 별로 없는 실정이다. 이처럼 필요한 정보는 정부나 기업 등이 공개하지 않아 '빅데이터'라는 거대 자료는 추상의 개념으로 존재할 뿐, 실제 연구자나 일반 시민은 접근하지 못한다.

그럼에도 불구하고 연구자와 시민이 알고리즘으로 데이터를 분석해 이전에 보지 못한 의미를 찾아내는 환경은 이미 존재한다. 본 저서도 그런 환경을 구성하는 일부다. 유튜브에는 MIT나 하버드 등 세계 최상위 대학들이 공개 강의로 자체 강좌들을 일반인들에게 제공한다. 기본 통계부터 기계 학습에 필요한 선형대수학(linear algebra)과 확률통계 등 유용한 학습 강좌가 넘쳐 난다. 이제 코드 짜기와 통계 지식을 나름대로 탄탄하게 갖춘다면, 세상의 데이터를 스스로 분석해 숨어 있는 추세나 유형, 의제, 프레임 등을 찾아낼 수 있다.

그러나 이 과정은 몇 개월의 노력으로 달성할 수 있는 일이 아니다. 당장, 본 저서가 다룬 R 프로그래밍 언어로 데이터를 수집하고 분석하려면 프로그래밍 언어의 논리, 개념, 구조 등을 충실하게 이해해야 한다. 또한 R은 통계학자가 통계학자를 위해 만든 언어이기 때문에 통계를 모르면 중급, 고급 단계에서 분석을 수행할 때 상당한 어려움을 겪는다.

본 저자는 프로그래밍 언어를 사용해 뉴스 텍스트에서 특정 개념을 자동으로 추출하는 방식을 실제 연구나 뉴스 제작에 활용하려면 다음의 지식을 먼저 확보할 것을 제안한다.

첫째, 쉽게 접근할 수 있으며 아직까지 무료판이 보급되는 R이나 파이썬 등 프로그래밍 언어의 기본 개념과 논리를 익혀야 한다. R을 배우려면, Galili(2015)의 'Tutorials for learning R'을 참고하면 좋다. 이 입문서는 R에 대한 기본 개념부터 단계별 배울 내용을 쉽게 설명하고, 본 연구가 사용한 RStudio 이외에도 Architect, R-commander, Deducer 등 다양한 분석 인터페이스를 소개한다. 이 입문서의 공유건수는 6,200건에 이를 정도로 인기가 있으며, 초급, 중급, 고급 수준에 따라 R을 배우는 정보가 있다. 본 저자는 연구자나 일반 시민이 R을 분석에 활용하려면 매일 R을 다루면서 1년 정도 집중할 것을 권장한다.

둘째, 평균, 표준편차, 선형회귀 등 기본 통계부터 문서 벡터화, 토픽 모델링, 그랜저 인과 관계 등에 적용되는 고급 통계를 차례로 익혀야 한다. 이는 상당 기간에 걸쳐 학습과 분석 경험이 필요하기 때문에 꾸준히 진행하는 자세가 중요할 것이다. 정규 교육 과정이 아니더라도 유튜브의 무료 강좌나 'DataCamp(https://www.datacamp.com/)'와 같은 온라인 강좌, 대학의 방법론 특별 강좌 등 배울 수 있는 기회는 풍부하다.

프로그래밍 언어의 관점에서 R을 좀 더 체계적으로 접근하려면 체임벌스(Chambers, 2008)의 'Software for Data Analysis: Programming with R'이라는 책이 좋은 출발점이 될 것이다. 이 책을 충분히 이해하려면 R로 데이터를 분석한 경험이 있어야 하지만, 반복해 읽다보면, 점차 이해도가 늘 것이다.

알고리즘으로 드넓은 데이터의 세상을 헤집고 다니며 새로운 의미와 정보, 지식을 찾는데 이 책이 작은 도움이 되기를 바란다.

### 3) 결론

본 저서는 총 12장에 걸쳐서 프로그래밍 언어인 R이 제공하는 다양한 텍스트 마이닝 기법을 이론과 분석이라는 관점에서 고찰하고 실제 사례를 코드로 제시했다. 먼저, 본 저서는 '뉴스'라는 개념을 이론적 차원에서 분명하게 제시했으며, 대규모로 쌓인 뉴스 텍스트에서 프레임과 의제를 추출하는 방식이 갖는 타당성을 설명했다. 이 접근 방식은 이미 학계에서 '컴퓨터 기술 커뮤니케이션 과학(computational communication science)'으로 부상했으며 국내보다는 국외에서 활발한 연구 성과가 나온다. 본 저서는 R에 관한 개념과 절차를 제시해 관심 있는 연구자들에게 도움이 될 것이다. 특히, 본 저서가 기술한 텍스트 마이닝 절차와 디지털 공간에서 기사 등을 수집하는 웹 스크래핑(scraping) 기법은 대규모 뉴스 텍스트를 분석할 때 유용하게 접목시킬 수 있다.

본 저서는 텍스트 마이닝에서 단어 공출현이 중요한 개념임을 분명하게 지적하고, 이를 토대로 의미 연결망과 군집 분석으로 뉴스 프레임을 추출하는 과정을 밀도 깊게 설명했다. 이 과정은 석박사 대학원생들과 관련 연구자들이 실제 상황에 맞게 응용하는데 기여할 수 있다.

이와 함께 본 저서는 최근 사회과학 분야에서 인기를 끄는 토픽 모델링의 개념과 분석 절차를 선행 연구 고찰과 함께 자세하게 기술해 이 기법에 관심 있는 연구자들에게 도움을 주고자 했다. 본 저서는 기본 토픽 모델링을 넘어서 공변량이 텍스트에 출현하는 주제 비중에 개입하는 관계를 고려하는 구조 토픽 모델링도 코드로 제시한 만큼, 이를 실제 뉴스 텍스트에 적용할 때 도움이 될 것이다.

토픽 모델링은 텍스트에서 단어들이 차지하는 맥락보다는 단어들의 빈도에 주목하는 '단어 주머니(Bag of Word)'를 전제한다. 따라서 이 방식은 맥락을 놓치는 한계점이 있는데, 이를 보완한 개념이 문서의 벡터화이다. 본 저서는 이 개념과 실제 코드를 쉽게 설명하고 문서 벡터화로 의제를 추출하는 과정을 제시했다. 본 저자는 이 기법을 관련 연구자들이 적극 활용하기를 기대한다. 연구자들이 텍스트 마이닝으로 파악한 프레임이나 의제가 변동하는 흐름을 시계열로 접근해 인과 관계를 추적할 수 있도록, 본 저서는 그랜저 인과 관계에 쓰는 기법들을 진단하고 자세한 코드를 제시했다.

텍스트 마이닝과 관련해 본 저서가 다루지 않은 개념들로 '지지 벡터 기계(Support Vector Machine)', '의사결정 나무(decision tree)', '랜덤 포레스트(random forest)' 등이 있다. 이들을 적용해 뉴스 텍스트에서 추출한 프레임이나 의제가 다른 변수들과 어떤 관련성을 갖는가를 체계적으로 분석할 필요가 있다.

본 저서가 예시로 사용한 데이터 크기는 비교적 작은 만큼, 후속 연구자들은 병렬 처리를 활용해 수십만 건 또는 수백만 건에 이르는 뉴스 텍스트를 분석해 인간 중심 접근이 놓치는 새로운 이론적 개념들을 발견해야 한다. 이런 연구 성과가 축적된다면, 방대한 규모의 뉴스 텍스트에서 알고리즘 기반으로 자동 추출한 개념들을 인간 분석가들이 고민해 독특한 이론적 틀을 도출할 수 있으며 사회 흐름도 파악할 수 있다.

## 참고문헌

강국진·김성해 (2013). 재정건전성 담론 해체하기 - 미디어담론에 내포된 프레임 구조와 변화를 중심으로. 〈한국언론정보학보〉, 63호, 5-25.

강범일·송민·조화순 (2013). 토픽 모델링을 이용한 신문 자료의 오피니언 마이닝에 대한 연구. 〈한국문헌정보학회지〉, 47권 4호, 315-334.

권지현·안차수 (2016). 중앙 일간지 4대강 사업 보도에 대한 프레임 분석 - 보수신문과 진보신문의 칼럼 및 사설을 중심으로. 〈언론학연구〉, 20권 3호, 5-36.

금준경 (2017). "로봇저널리즘? 사람들 안 보는 기사 만들고 있다" 로봇저널리즘 도입에 따른 언론계 반응, "보도자료 스트레이트만 쓰는 기자들은 위협받을 것". 미디어오늘. URL: http://www.mediatoday.co.kr/?mod=news&act=articleView&idxno=137885#csidxeb17c922b025c42ae6d9b93a703df29

김갑수 (2013). 초등학생들을 위한 계산사고 교육 모델 개발. 〈정보교육학회논문지〉, 17권 1호, 73-81.

김동욱·이수원 (2017). 단어 유사도를 통한 뉴스 토픽 추출. 〈정보과학회논문지〉, 44권 11호, 1138-1148.

김병조·전용주·김지현·홍창의·김태영 (2014). Computational Thinking에 기반한 IT융합형 인재상에 관한 연구. 〈한국컴퓨터교육학회 동계 학술발표논문지〉, 18권 1호, 27-33.

김병철 (2019). 메르스 보도가 메르스 정보 검색행위에 미치는 영향. 〈커뮤니케이션학 연구〉, 27권 1호, 207-224.

김병철·김재준·류근관 (2009). 미디어 유행어와 여론의 그랜저 인과관계. 〈한국언론학보〉, 53권 1호, 412-438.

김성용·오세준 (2016). 정부의 부동산 정책에 대한 언론의 보도 프레임 분석. 〈한국콘텐츠학회논문지〉, 16권 7호, 221-230.
김영국 (2009). 주제 (Topic) 와 주어 (Subject): 영어와 한국어의 비교 연구. 〈언어연구〉, 26권 2호, 1-14.
김원용·이동훈 (2005). 언론보도의 프레임 유형화 연구 - 국내 원자력관련 신문보도를 중심으로. 〈한국언론학보〉, 49권 6호, 166-197.
김인숙 (2011). 근거이론의 분기: Glaser와 Strauss의 차이를 중심으로. 〈사회복지연구〉, 42권 2호, 351-379.
김춘식·이영화 (2008). 참여정부의 언론정책에 관한 뉴스 프레임 연구 - '취재지원시스템 선진화방안' 보도 분석을 중심으로. 〈한국언론학보〉, 52권 2호, 303-327.
김형석·김보섭·서덕성·류나현·강필성·정세희·홍명화 (2016, 11월). 〈토픽 모델링 기반의 뉴스기사 품질 평가방법론〉. 대한산업공학회 추계학술대회.
나미수 (2004). 핵폐기장 유치에 대한 텔레비전 뉴스 프레임 분석 - KBS, MBC의 전국 및 뉴스를 중심으로. 〈한국언론정보학보〉, 26호, 157-208.
나종걸 외 (2014). 전산유체역학을 이용한 Fischer-Tropsch 마이크로채널 반응기의 채널 구조 영향 분석. Korean Chemical Engineering Research, 52권 6호, 826-833.
노병준·서정순·이종욱·박대희·정용화(2016). 온라인 뉴스를 활용한 키워드 네트워크 기반의 구제역 파급효과 분석. 〈한국정보기술학회논문지〉, 14권 9호, 143-152.
문권순 (1997). 벡터자기회귀(VAR)모형의 이해, 〈통계분석연구〉, 2권 1호, 23-56.
박기수 (2011). 4대강 사업 뉴스에 대한 보도 프레임 연구 - 경향신문·동아일보·한국일보 등 3개 종합일간지를 중심으로. 〈한국언론학보〉, 55권 4호, 5-26.
박기현·김진경 (2013). 부문별 에너지소비와 경제성장의 인과관계 분석. 〈에너지경제연구〉, 12권 2호, 59-83.
박승정·전진오·김선우·김성태 (2017). 국내 주요일간지의 대통령 이슈소유권에 대한 빅데이터 분석 - LDA(latent Dirichlet allocation) 토픽 모델링(Topic Modeling)을 중심으로.

〈정치정보연구〉, 20권 3호, 25−55.
반현·McCombs, M. E. (2007). 의제설정 이론의 재고찰: 5단계 진화 모델을 중심으로. 〈커뮤니케이션 이론〉, 3(2), 7−53.
방성현·이건호 (2013). 일간지 기사와 보도자료 프레임 비교를 통한 비구성적 현실 탐색 − 4대강 사업 사례분석. 〈한국언론학보〉, 57권 1호, 163−186.
서명덕 (2018, 5월). 〈로봇저널리즘의 가능성〉. 관훈클럽과 언론진흥재단의 '인공지능 시대의 뉴스 제작과 소비' 세미나. 제주: 서귀포KAL호텔.
서화진 (1992). 한국어의 주제 (Topic) 에 관한 화용론적 분석. 〈언어연구〉, 6권, 17−36.
신승재·나병후·신동혁·나영연 (2017, 12월). 〈인공 신경망 기반 뉴스기사의 토픽 분석 및 문서 분류 동시 수행 모델 개발〉. 한국정보과학회 학술발표논문집.
안주영·안규빈·송민 (2016). 텍스트 마이닝을 이용한 매체별 에볼라 주제 분석 − 바이오 분야 연구논문과 뉴스 텍스트 데이터를 이용하여. 〈한국문헌정보학회지〉, 50권 2호, 289−307.
오세욱 (2016). 저널리즘과 알고리즘의 융합에 대한 탐색적 연구. 〈사이버커뮤니케이션학보〉, 33권 3호, 51−101.
우윤석·이은정 (2011). 언론보도와 시계열 주택가격 간의 관계에 관한 연구. 〈주택연구〉, 19권 4호, 111−134.
유영돈·마정미 (2015). '세종시 갈등'에 대한 뉴스 프레임 연구 − 7개 전국 일간지 기사 분석을 중심으로. 〈한국언론학보〉, 59권 3호, 29−59.
유희재·유성희·김진웅 (2016). 말뭉치언어학 관점에서 신문기사 범죄사건 명명 방식 분석. 〈담화와인지〉, 23권 2호, 21−51.
윤수현 (2018, 3, 27). 대구일보 로봇 기자가 2018 프로야구에 등장했다. [인터뷰] 김요한 개발자 "에이프 덕분에 인간 기자 취재 능력 커져". URL: http://www.mediaus.co.kr/news/articleView.html?idxno=119585
이대현·윤도영 (2011). 리튬이온 전지의 충방전 특성에 대한 전산 모델링. 〈에너지공학〉, 20권 4호, 278−285.
이민철·김혜진 (2018). 텍스트 마이닝 기법을 적용한 뉴스 데이터에서의 사건 네트워크 구축. 〈지능정보연구〉, 24권 1호, 183−203.

이완수 (2009). 의제설정이론에서 그랜저 인과관계 모형의 방법론적 타당성 연구. 〈커뮤니케이션이론〉, 5권 2호, 54−100.

이완수·심재철 (2007). 집합적 경제보도와 국가적 경제상황 및 국민적 경제 인식이 대통령지지도에 미치는 영향에 관한 시계열 분석. 〈한국방송학보〉, 21권 2호, 506−545.

이원표 (2009). 신문에서의 새로운 장르, '뉴스분석' − 언어 및 담화적 실현과 혼합적 성격. 〈담화와인지〉, 16권 3호, 129−170.

이준웅 (2005). 갈등적 사안에 대한 여론 변화를 설명하기 위한 프레이밍 모형 검증 연구 − 정부의 통일 정책에 대한 뉴스 프레임의 형성과 해석적 프레임의 구성을 중심으로. 〈한국언론학보〉, 49권 1호, 133−162.

이준웅·김성희 (2018). 미세먼지 재해 보도의 프레임 분석: 구조적 주제모형(Structural Topic Modeling)의 적용. 〈한국언론학보〉, 62권 4호, 125−158.

이찬주·임종섭 (2018). 언론 프레임의 온라인 문화적 공명이 여론 틀 짓기에 미치는 영향 관계: 김영란법 관련 기사와 댓글에 대한 텍스트 마이닝 및 그랜저 인과 관계 분석을 중심으로. 〈한국언론학보〉, 62권 4호, 81−120.

이태준·이승배·오창동 (2017). 원자력 이슈에 대한 정부와 언론의 커뮤니케이션 전략 비교연구 − 토픽모델링(Topic Modeling)의 적용. 〈언론과학연구〉, 17권 3호, 172−229.

임양준 (2010). 공공사업 관련 사회적 갈등보도에 대한 뉴스 프레임 분석− 한반도 대운하 건설 사업을 중심으로. 〈한국언론정보학보〉, 49호, 57−80.

임종섭 (2013). 소셜 미디어 특성을 다룬 신문기사와 공중파 TV뉴스의 프레임 비교분석: 핵심 프레임과 세부 프레임을 중심으로. 〈언론과학연구〉, 13권 3호, 527−555.

______ (2015a). 뉴스 생산과 메시지. 이준웅·박종민·백혜진 (편), 〈커뮤니케이션 과학의 지평〉 (219−260쪽). 서울: 나남.

______ (2015b). 데이터 저널리즘. 서울: 커뮤니케이션북스.

______ (2015c). 소셜 미디어와 언론의 관계성. 서울: 커뮤니케이션북스.

______ (2019). 방송 뉴스 프레임의 자동 추출 기법에 관한 탐색적 연구: 지

상파 방송사, 종합편성채널, 보도전문채널의 부동산 정책 보도를 중심으로. 〈방송과 커뮤니케이션〉, 20권 1호, 47-96.

임종섭·김명준 (2015). 근거이론방법의 고찰과 언론학 연구에 주는 함의: 보수신문과 진보신문의 탈북자 기획기사 분석을 중심으로. 〈한국언론학보〉, 59권 2호, 425-450.

정명균 (1994). 난류유동의 계산 모형. 〈대한기계학회지〉, 34권 9호, 688-697.

정해용 (2014). IT 유창성과 컴퓨팅적 사고 개념을 이용한 대학 정보교양 교육에 관한 실증적 연구. 〈Journal of The Korea Society of Computer and Information〉, 19권 2호, 263-274.

조병욱·박병원 (2017). 로봇저널리즘의 윤리 기준에 대한 제언. 〈미래연구〉, 2권 1호, 5-55.

주취란 (2010). 언어, 교육: 주제문을 통한 한국학생의 중국어 학습지도 연구-중, 한 주제문의 비교를 중심으로. 〈비교문화연구〉, 19집, 389-409.

최낙진 (2004). 지역신문 뉴스 프레임 비교 - 핵폐기장 관련 보도를 중심으로. 〈한국언론정보학보〉, 27호, 283-316.

최영재 (2008). 대통령의 수사와 언론 보도, 지지도의 상관관계. 〈스피치와 커뮤니케이션〉, 10권, 164-191.

Amdur, B., Redino, C., & Ma, A. (2016). *Using machine learning to measure job skill similarities*. Retrieved from. https://nycdatascience.com/blog/student-works/using-machine-learning-measure-job-skill-similarities/

Baumann, H.-C., Zheng, P., & McCombs, M. (2018). First and second-level agenda-setting in the 2014 Indian general election: a time-series analysis of party-media relation. *Asian Journal of Communication, 28*(2), 205-226.

Bell, A. (1998). The discourse structure of news stories. In A. Bell & P. Garrett (Eds.), *Approaches to media discourse* (pp. 64-104). Malden, MA: Blackwell Publishing.

Bennett, B. (2012). *Logically fallacious: The ultimate collection of over 300 logical fallacies*. Sudbury, MA: Archieboy Holdings.

Blei, D. M. (2012). Probabilistic topic models. *Communications of the ACM, 55*(4), 77–84.

Blei, D. M., Ng, A. Y., & Jordan, M. I. (2003). Latent dirichlet allocation. *Journal of Machine Learning Research, 3*, 993–1022.

Bodenreider, O. (2004). The Unified Medical Language System (UMLS): integrating biomedical terminology. *Nucleic Acids Research, 32*(suppl_1), D267 – D270.

Boehmke, B. (2017). *K-means cluster analysis. US business analytics R programming guide*. Retrieved from http://uc-r.github.io/kmeans_clustering

Borah, P. (2011). Conceptual issues in framing theory: A systematic examination of a decade's Literature. *Journal of Communication, 61*, 246–263.

Bourdieu, P., & Wacquant, L. J. D. (1992). *An invitation to reflexive sociology*.Chicago, IL: University of Chicago Press.

Brandow, R., Mitze, K., & Rau, L. F. (1995). Automatic condensation of electronic publications by sentence selection. *Information Processing & Management, 31*(5), 675–685.

Brookes, G., & McEnery, T. (2019). The utility of topic modelling for discourse studies: A critical evaluation. *Discourse Studies*, 21(1), 3–21.

Bullinaria, J. A., & Levy, J. P. (2007). Extracting semantic representations from word co-occurrence statistics: A computational study. *Behavior Research Methods, 39*(3), 510–526.

Bun, K. K., & Ishizuka, M. (2002). *Topic extraction from news archive using TF* PDF algorithm.* In Proceedings of the Third International Conference on Web Information Systems Engineering, 1–10. Singapore.

Burscher, B., Odijk, D., Vliegenthart, R., de Rijke, M., & de Vreese, C. H. (2014). Teaching the Computer to Code Frames in News: Comparing Two Supervised Machine Learning Approaches to Frame Analysis.

*Communication Methods and Measures, 8*(3), 190-206.

Burscher, B., Vliegenthart, R., & de Vreese, C. H. (2015). Using supervised machine learning to code policy issues can classifiers generalize across contexts? *ANNALS of the American Academy of Political and Social Science, 659*(1), 122-131.

Buteikis, A. (2018a). *Multivariate models: Granger causality, VAR and VECM models*. Retrieved from. http://web.vu.lt/mif/a.buteikis/wp-content/uploads/2018/04/Lecture_07.pdf

Buteikis, A. (2018b). *Time series with unit root*. Retrieved from. http://web.vu.lt/mif/a.buteikis/wp-content/uploads/2018/03/Lecture_04.pdf

Callaghan, K., & Schnell, F. (2001). Assessing the democratic debate: How the news media frame elite policy discourse. *Political Communication, 18*(2), 183-212.

Cancho, R. F. I. (2005). The structure of syntactic dependency networks: Insights from recent advances in network theory. *Problems of Quantitative Linguistics*, 60-75.

Carley, K. M. (1997). Network text analysis: The network position of concepts. In C. W., Roberts (Ed.), *Text analysis for the social sciences: Methods for drawing statistical inferences from texts and transcripts* (pp. 79-102). Mahwah, NJ: Lawrence Erlbaum Associates, Inc.

Carley, K. M., Diesner, J., Reminga, J., & Tsvetovat, M. (2004). An integrated approach to the collection and analysis of network data. Retrieved from. http://citeseerx.ist.psu.edu/viewdoc/download?doi=10.1.1.61.8253&rep=rep1&type=pdf

Carroll, C. E., & McCombs, M. (2003). Agenda-setting effects of business news onthe public's images and opinions about major corporations. *Corporate Reputation Review, 6*(1), 36-46.

Chambers, J. M. (2008). Software for data analysis: Programming with R. Stanford, CA: Stanford University.

Chen, T.-P. (2017, January 24). *In era of journalism cutbacks, a Chinese 'robot reporter'. Wall Street Journal*. Retrieved from. https://blogs.wsj.com/chinarealtime/2017/01/24/in-era-of-journalismcutbacks-a-chinese-robot-reporter/

Chong, D., & Druckman, J. N. (2007). A theory of framing and opinion formation in competitive elite environments. *Journal of Communication*, 57, 99-118.

Cook, F. L., & Skogan, W. G. (1990). Agenda settign and the rise and fall of policy issues: The case of criminal victimization of the elderly. *Environment and Planning C: Government and Policy, 8*, 395-415.

Corman, S. R., Kuhn, T., Mcphee, R. D., & Dooley, K. J. (2002). Studying complex discursive systems: Centering resonance analysis of communication. *Human Communication Research, 28*(2), 157-206.

Cormen, T. H., Leiserson, C., Rivest, R. L., & Stein, C. (2009). *Introduction to algorithms*. Cambridge, MA: MIT Press.

Csardi G., & Nepusz T. (2006). The igraph software package for complex network research. InterJournal, Complex Systems 1695. Retrieved from. http://igraph.org/

Czar, Y. (2017). Time series regression with stationary variables: An introduction to the ARDL model. Retrieved from. https://rpubs.com/cyobero/ardl

Danielian, L. H., & Reese, S. D. (1989). A closer look at intermedia influences on agenda-setting: The cocaine issue of 1986. In P. J., Shoemaker (Ed.), *Communication campaigns about drugs: Government, media, and the public* (pp. 47-66). New Jersey: Lawrence Erlbaum Associates.

Danowski, J. A. (1993). Network analysis of message content. In W. D. Richards, Jr & G. A. Barnett (eds.), *Progress in communication sciences* (Volume XII) (pp. 197-221). Norwood, NJ: Ablex Publishing Corporation.

Danowski, J. A., & Riopelle, K. (2017). Segmenting Chinese texts into words for semantic network analysis. *Journal of Contemporary* Eastern Asia, 16(2), 110-144

David, C. C., Legara, E. F. T., Monterola, C., & Atun, J. M. L. (2014).

News frames of the population issue in the Philippines. *International Journal of Communication, 8*, 1247–1267.

de Vreese, C. H., Peter, J., & Semetko, H. A. (2001). Framing politics at the launch of the Euro: A cross–national comparative study of frames in the news. *Political Communication, 18*(2), 107–122.

Dearing, J. W., & Rogers, E. M. (1996). *Agenda-setting.* Thousand Oaks, CA: SAGE Publications.

Denny, M. J., & Spirling, A. (2017). Text preprocessing for unsupervised learning: Why it matters, when it misleads, and what to do about it. Retrieved from. http://www.nyu.edu/projects/spirling/documents/preprocessing.pdf

Diesner, J., & Carley, K. M. (2004). *Using network text analysis to detect the organizational structure of covert networks.* In Proceedings of the NAACSOS 2004 Conference.

Diesner, J., & Carley, K. M. (2005). *Revealing social structure from texts: Meta-matrix text analysis as a novel method for network text analysis.* In V. K. Narayanan & D. J. Amstrong (Eds.), Causal mapping for research in information technology (pp. 81–108). Hershey, PA: IDEA Group Publishing.

Doerfel, M. L. (1998). What constitutes semantic network analysis? A comparison of research and methodologies. *Connections, 21*(2), 16–26.

Downey, J., & Fenton, N. (2003). New media, counter publicity and the public sphere. *New Media & Society, 5*(2), 185–202.

Druckman, J. N. (2001). The implications of framing effects for citizen competence. *Political Behavior, 23*(3), 225–256.

Druckman, J. N. (2004). Political preference formation: Competition, deliberation, and the (ir)relevance of framing effects. *American Political Science Review, 98*(4), 671–686.

Dunaway, J., Abrajano, M. A., & Branton, R. P. (2010). Agenda setting, public opinion, and the issue of immigration reform. *Social Science Quarterly, 91*(2), 359–378.

Entman, R. M. (1993). Framing: Toward clarification of a fractured paradigm.

*Journal of Communication, 43*(4), 51−58.

Errickson, J. (2017). *Parallel processing in R*. Retrieved from. http://dept.stat.lsa.umich.edu/~jerrick/courses/stat701/notes/parallel.html

EViews (2019). *Stability diagnostics: CUSUM test*. Retrieved from. http://www.eviews.com/help/helpintro.html#page/content%2Ftesting−Stability_Diagnostics.html%23ww183726

Feinerer, I., Hornik, K., & Meyer, D. (2008). Text mining infrastructure in R. *Journal of Statistical Software, 25*(5), 1−54.

Feldman, R., & Dagan, I. (1995). Knowledge discovery in textual databases (KDT). In Proceeding KDD'95 Proceedings of the First International Conference on Knowledge Discovery and Data Mining. 112−117, Montréal, Québec, Canada August 20 − 21, 1995.

Feldman, R., & Sanger, J. (2007). *The text mining handbook: Advanced approachesin analyzing unstructured data*. New York, NY: Cambridge University Press.

Fowler, R. (2013). *Language in the news: Discourse and ideology in the press*. Oxon, UK: Routledge.

Freeman (1978/79). Centrality in social networks: Conceptual clarification. *Social Networks, 1*(3), 215−239.

French, R. M., & Labiouse, C. (2002). Four problems with extracting human semantics from large text corpora. In Proceedings of the 24th Annual Conference of the Cognitive Science Society. NJ: LEA.

Galili, T. (2015). *Tutorials for learning R*. Retrieved from. https://www.r−bloggers.com/how−to−learn−r−2/

Gamson, W. A. (1992). *Talking politics*. New York, NY: Cambridge University Press.

Gamson, W. A., & Modigliani, A. (1987). The changing culture of affirmative action. In R.G. Braungart & M. M. Braungart (Eds.), *Research in political sociology* (Vol. 3, pp. 137−177). Greenwich, CT: JAI Press.

Gamson, W. A., & Modigliani, A. (1989). Media discourse and public opinion on nuclear power: A constructionist approach. *American*

*Journal of Sociology, 95*(1), 1–37.

Gao, Y., Liang, W., Shi, Y., & Huang, Q. (2014). Comparison of directed and weighted co–occurrence networks of six languages. *Physica A: Statistical Mechanics and its Applications, 393(*1), 579–589.

Gitlin, T. (1980). *The whole world is watching: Mass media in the making & unmaking of the New Left.* Berkeley, CA: University of California Press.

Goffman, E. (1974). *Frame analysis: An essay on the organization of experience.* New York, NY: Harper & Row.

Golan, G., & Wanta, W. (2001). Second–level agenda setting in the New Hampshire Primary: A comparison of coverage in three newspapers and public perceptions of candidates. *Journalism & Mass Communication Quarterly, 78*(2), 247–259.

Google Code Archive (2013). *word2vec.* Retrieved from. https://code.google.com/archive/p/word2vec/

Granger, C. W. J. (1969). Investigating causal relations by econometric models and cross–spectral methods. *Econometrica, 37*(3), 424–438.

Grün, B., & Hornik, K. (2011). topicmodels: an R package for fitting topic models. *Journal of Statistical Software*, 40(13), 1–30.

Guo, L., Vu, H. T., & McCombs, M. (2012). An expanded perspective on agenda–setting effects. *Exploring the third level of agenda setting. Revista de Comunicación, 11*, 51–68.

Gupta, V., & Lehal, G. S. (2009). A survey of text mining techniques and applications. *Journal of Emerging Technologies in Web Intelligence, 1*(1), 60–76.

Hanck, C., Arnold, M., Gerber, A., & Schmelzer, M. (2019). Introduction to econometrics with R. Retrieved from. https://www.econometrics–with–r.org/index.html

Heese, B. W., Moser, R. P., & Riley, W. T. (2015). From big data to knowledge in the social sciences. *ANNALS of the American Academy of Political and Social Science, 659*(1), 16–32

Hill, D. B. (1985). Viewer characteristics and agenda setting by television news. *Public Opinion Quarterly, 49*, 340–350.

Hunter, S. D. (2014a). A novel method of network text analysis. *Open Journal of Modern Linguistics, 4*(2), 350–366.

Hunter, S. D. (2014b). *A semi-automated method of network text analysis applied to 150 original screenplays*. In Proceedings of the Joint Workshop on Social Dynamics and Personal Attributes in Social Media, 68 – 76, Baltimore, Maryland USA, June 27.

Ihaka, R., & Gentleman, R. (1996). R: A language for data analysis and graphics.*Journal of Computational and Graphical Statistics, 5*(3), 299–314.

Iyengar, S., & Kinder, D. R. (1987). *News that matters: Television and Americanopinion*. Chicago, IL: University of Chicago Press.

Iyengar, S., & Simon, A. (1993). News coverage of the Gulf crisis and public opinion: A study of agenda–setting, priming, and framing. *Communication Research, 20*(3), 365–383.

Jacobi, C., van Atteveldt, W., & Welbers, K. (2016). Quantitative analysis of large amounts of journalistic texts using topic modelling. *Digital Journalism, 4*(1), 89–106.

Jelodar et al. (2019). Latent Dirichlet Allocation (LDA) and topic modeling: models, applications, a survey. *Multimedia Tools and Applications, 78*(11), 15169–15211.

Jiang, K., Barnett, G., & Taylor, L. (2016). Dynamics of culture frames in international news coverage: A semantic network analysis. *International Journal of Communication, 10*, 3710–3736.

Karani, D. (2018). *Introduction to word embedding and word2vec.* Retrieved from. https://towardsdatascience.com/introduction–to–word–embedding–and–word2vec–652d0c2060fa

Kassambara, A. (2017). *Practical guide to cluster analysis in R: Unsupervised machine learning*. Marseille, France: STHDA.

Kenterelidou, C. (2012). Framing public health issues: The case of smoking ban in Greece, public health policy framing equals healthy framing of public policy? Journal of Communication in Healthcare, 5(2),

116–128.

Kim, Y., Kim, S., Jaimes, A., & Oh, A. (2014). A computational analysis of agenda setting. In Proceeding WWW '14 Companion Proceedings of the 23rd International Conference on World Wide Web, 323–324, Seoul, Korea

Kinder, D., & Sanders, L. (1990). Mimicking political debate with survey questions: The case of white opinion on affirmative action for blacks. *Social Cognition, 8*(1), 73 - 103.

King, P. (1997). The press, candidate images and voter perceptions. In M. E. McCombs, D. Shaw, & D. H. Weaver (Eds), *Communication and democracy: Exploring the intellectual frontiers in agenda-setting theory* (pp. 29–40). Mahwah, NJ: Lawrence Erlbaum Associates.

Kiousis, S. (2004). Explicating media salience: A factor analysis of New York Times issue coverage during 2000 U.S. presidential election. *Journal of Communication, 54*(1), 71–87.

Kiousis, S., & McCombs, M. E. (2004). Agenda–setting effects and attitude strength: Political figures during the 1996 presidential election. *Communication Research, 31*(1), 36–57.

Kosicki, G. M. (1993). Problems and opportunities in agenda–setting research. *Journal of Communication, 43*(2), 100–127.

Krackhardt, D., & Carley, K. M. (1998). *A PCANS model of structure in organizations*. In Proceedings of the 1998 International Symposium on Command and Control Research and Technology, Monterey, California.

Ku, G., Kaid, L. L., & Pfau, M. (2003). The impact of Web site campaigning on traditional news media and public information processing. *Journalism & Mass Communication Quarterly, 80*(3), 528–547.

Kuhn, K. D. (2018). Using structural topic modeling to identify latent topics and trends in aviation incident reports. *Transportation Research Part C: Emerging Technologies, 87*, 105–122.

Kwartler, T. (2017). Text mining in practice with R. Hoboken, NJ: John

Wiley & Sons Ltd.

Latour, B. (2007). *Reassembling the social: An introduction to actor-network-theory*. Oxford, UK: Oxford University Press

Lavenir, G., & Bourgeois, N. (2017). Older people, video games and the European French–language press: A topic model approach on a study about deviance, discipline and self–improvement. *Journal of Media & Communication Research, 33*(63), 47–66.

Lawrence, R. G. (2000). Game–framing the issues: Tracking the strategy frame in public policy news. *Political Communication, 17*(2), 93–114.

Lesmeister, C. (2017). *Mastering machine learning with R: Advanced application, algorithms, and learning methods with R 3.x* (2nd ed.). Birmingham, UK: Packt Publishing.

Li, J. (2014). *Lecture 6a: Unit root and ARIMA models*. Retrieved from. http://www.fsb.miamioh.edu/lij14/672_2014_s6.pdf

Liang, W., Shi, Y., Tse, C. K., Liu, J., Wang, Y., & Cui, X. (2009). Comparison of co–occurrence networks of the Chinese and English languages. *Physica A: Statistical Mechanics and its Applications, 388*(23), 4901–4909.

Libanio, G. A. (2005). Unit roots in macroeconomic time series: Theory, implications, and evidence. *Nova Economia, 15(*3), 145–176.

Lim, J., & Jones, L. (2010). A baseline summary of framing research in public relations from 1990 to 2009. *Public Relations Review, 36*(3), 292–297.

Lincoln, Y. S., & Guba, E. G. (1985). *Naturalistic inquiry*. Newbury Park, CA: Sage Publications.

Lippmann, W. (1922). *Public opinion.* New York, NY: Free Press.

Lischka, J. A. (2015). What follows what? Relations between economic indicators, economic expectations of the public, and news on the general economy and unemployment in Germany, 2002–2011. *Journalism & Mass Communication Quarterly, 92*(2), 374–398.

Liu, H. (2008). The complexity of Chinese syntactic dependency networks.

*Physica A: Statistical Mechanics and its Applications, 387*(12), 3048−3058.

Liu, H., & Cong, J. (2013). Language clustering with word co−occurrence networks based on parallel texts. *Chinese Science Bulletin, 58*(10), 1139 – 1144.

Maier et al. (2018). Applying LDA topic modeling in communication research: Toward a valid and reliable methodology. *Communication Methods & Measures, 12*(2/3), 93−118.

Manning, C. D., Raghavan, P., & Schütze, H. (2008). *Introduction to information retrieval.* Cambridge, UK: Cambridge University Press.

Matsuo, Y., & Ishizuka, M. (2003). Keyword extraction from a single document using word co−occurrence statistical information. *International Journal on Artificial Intelligence Tools, 13*(1), 392−396.

Matthes, J. (2009). What's in a frame? A content analysis of media framing studies in the world's leading communication journals, 1990−2005. *Journalism & Mass Communication Quarterly, 86*(2), 349−367.

McCombs, M. E. (1977). *Expanding the domain of agenda-setting research: Strategies for theoretical development.* Paper presented at the Mass Communication Division of the Speech Communication Association, Washington, DC.

McCombs, M. E. (1997). New frontiers in agenda setting: Agendas of attributes and frames. *Mass Communication Review, 24*(1−2), 32−52.

McCombs, M. E. (2004). *Setting the agenda: The mass media and public opinion.* Cambridge, UK: Polity Press.

McCombs, M. E. (2005). A look at agenda−setting: Past, present and future. *Journalism Studies, 6*(4), 543−557.

McCombs, M. E., & Ghanem, S. (2001). The convergence of agenda setting and framing. In S. D. Reese, O. H. Gandy, Jr., & A. E. Grant (Eds.), *Framing public life: Perspectives on the media and our understanding of the social world* (pp. 67−81). Mahwah, New Jersey: Lawrence Erlbaum Associations.

McCombs, M. E., & Reynolds, A. (2009). How the news shapes our civic agenda. In J. Bryant and M. B. Oliver (Eds.), *Media effects: Advances in theory and research* (pp. 1–16). New York, NY: Lawrence Erlbaum Associates.

McCombs, M. E. & Shaw, D. L. (1972). The agenda–setting function of mass media. *Public Opinion Quarterly, 36*(2), 176–187.

McCombs, M. E. & Shaw, D. L. (1993). The evolution of agenda–setting research: Twenty–five years in the marketplace of ideas. *Journal of Communication, 43*(2), 58–67.

McCombs, M., & Zhu, J.–H. (1995). Capacity, diversity, and volatility of the public agenda. *Public Opinion Quarterly, 59*(4), 495–525.

McKeown, K., Robin, J., & Kukich, K. (1995). Generating concise natural language summaries. *Information Processing & Management, 31*(5), 703–733.

McLeod, J. M., Becker, L. B., & Byrnes, J. E. (1974). Another look at the agenda–setting function of the press. *Communication Research, 1*(2), 131–166.

Mikolov, T., Chen, K., Corrado, G., & Dean, J. (2013a). *Efficient estimation of word representations in vector space*. Retrieved from. https://arxiv.org/pdf/1301.3781.pdf

Mikolov, T., Sutskever, I., Chen, K., Corrado, G., & Dean, J. (2013b). *Distributed representations of words and phrases and their compositionality*. Retrieved from. https://papers.nips.cc/paper/5021–distributed–representations–of–words–and–phrases–and–their–compositionality.pdf

Miller, J. M., & Krosnick, J. A. (2000). News media impact on the ingredients of presidential evaluations: Politically knowledgeable citizens are guided by a trusted source. *American Journal of Political Science, 44*(2), 301–315.

Minsky, M. (1975). A framework for representing knowledge. In H. P. Winston (Ed.), *The psychology of computer vision* (pp. 211–280). New York: McGraw–Hill.

Mittelstadt, B. D., Allo, P., Taddeo, M., Wachter, S., & Floridi, L. (2016).

The ethics of algorithms: Mapping the debate. *Big Data & Society, 3*(2), 1–21.

Monge, P. R., & Contractor, N. S. (2001). Emergence of Communication Networks. In F. M. Jablin, & L. L. Putnam (Eds.), *The new handbook of organizational communication: Advances in theory, research and methods* (pp. 440–502). Thousand Oaks, CA: Sage Publications Inc.

Montiel, C. J., Salvador, A. M. O., See, D. C., & De Leon, M. M. (2014). Nationalism in local media during international conflict: Text mining domestic news reports of the China–Philippines maritime dispute. *Journal of Language & Social Psychology, 33*(5) 445–464.

Moses, L. (2017, September 14). *The Washington Post's robot reporter has published 850 articles in the past year.* Washington Post. Retrieved from. https://digiday.com/media/washington-posts-robot-reporter-published-500-articles-last-year/

Murphy, P., & Vilceanu, M. O. (2014). Official Chinese media representations of US business, 1979 – 2011: A text mining approach. *International Communication Gazette, 76*(8), 682–702.

Neuman, R. W. (1990). The threshold of public attention. *Public Opinion Quarterly, 54*(2), 159–176.

Nietzsche, F. (2010). T*he will to power (Volumes I and II)* (A. M. Ludovici, Trans.). Overland Park, KS: Digireads.com Publishing. (Original work published 1901).

Olah, C. (2014). *Deep learning, NLP and representations.* Retrieved from. http://colah.github.io/posts/2014-07-NLP-RNNs-Representations/

Palmgreen, P., & Clarke, P. (1977). Agenda-setting with local and national issues. *Communication Research, 4*(4), 435–452.

Pan, Z., & Kosicki, G. M. (1993). Framing analysis: An approach to news discourse. *Political Communication, 10*(1), 55–75.

Patel, B. (2017). *How to use text mining with R.* Retrieved from. http://opensourceforu.com/2017/02/text-mining-with-r/

Pfeffer, J., & Carley, K. M. (2012). Rapid modeling and analyzing networks extracted from pre-structured news articles. *Computational and Mathematical Organization Theory, 18*(3), 280-299.

Pfeiffer, C. (2012). *Toda-Yamamoto implementation in 'R'*. Retrieved from. https://rpubs.com/euler-tech/granger_causality_test

Platon, S., & Deuze, M. (2003). Indymedia journalism: A radical way of making, selecting and sharing news? *Journalism, 4*(3), 336-355.

Pollak, S., Coesemans, R., Daelemans, W., & Lavrač, N. (2011). Detecting contrast patterns in newspaper articles by combining discourse analysis and text mining. *Pragmatics, 21*(4), 647-683.

Pons-Porrata, A., Berlanga-Llavori, R., & Ruiz-Shulcloper, J. (2007). Topic discovery based on text mining techniques. *Information Processing & Management, 43*(3), 752-768

Popping, R. (2000). Computer-assisted text analysis. London, UK: Sage Publications.

Popping, R. (2003). Knowledge graphs and network text analysis. *Social Science Information, 42*(1), 91-106.

Pro Web Scraping (2018). *Web scraping vs web crawling*. Retrieved from. http://prowebscraping.com/web-scraping-vs-web-crawling/

Quinsaat, S. (2014). Competing news frames and hegemonic discourses in the construction of contemporary immigration and immigrants in the United States. *Mass Communication & Society, 17*(4), 573-596.

Racine, J., & Hyndman, R. (2002). Using R to teach econometrics. *Journal of Applied Econometrics, 17*(2), 175-189.

Roberts, M. & McCombs, M. E. (1994). Agenda setting and political advertising: Origins of the news agendas. *Political Communication, 11*, 249-262.

Roberts, M. E., Stewart, B. M., Tingley, D., & Airoldi, E. M. (2013). The structural topic model and applied social science, 1-4. Prepared for the NIPS 2013 Workshop on Topic Models: Computation, Application, and Evaluation.

Roberts, M. E. et al. (2014). Structural topic models for open-ended survey responses. *American Journal of Political Science, 58*(4), 1064-1082.

Roberts, M. E., Stewart B. M., & Tingley, D. (2018). *stm: R Package for structural topic models*. Retrieved from. http://www.structuraltopicmodel.com

Rodríguez, P. C. (2017). News framing and media legitimacy: An exploratory study of the media coverage of the refugee crisis in the European Union. *Communication & Society, 30*(3), 169–184.

Rogers, E. M., Dearing, J. W., & Bregman, D. (1993). The anatomy of agenda-setting research. *Journal of Communication, 43*(2), 68–84.

Rogers, S. (2009). *How to crowdsource MPs' expenses*. The Guardian. Retrieved from. https://www.theguardian.com/news/datablog/2009/jun/18/mps-expenses-houseofcommons

Rong, X. (2016). *word2vec Parameter learning explained*. Retrieved from https://arxiv.org/pdf/1411.2738.pdf

RStudio (2018). *Why RStudio? The technology to amass data exceeds our abilities to make use of it*. Retrieved from. https://www.rstudio.com/about/

Ruhnau, B. (2000). Eigenvector-centrality—A node-centrality? *Social Networks, 22*(4), 357–365.

Russell, T., & Reimer, T. (2018). Using semantic networks to define the quality of arguments. *Communication Theory, 28*(10), 46–68.

Salton, G., & Buckley, C. (1988). Term-weighting approaches in automatic text retrieval. *Information Processing & Management, 24*(5), 513–523.

Scheufele, D. A. (1999). Framing as a theory of media effects. *Journal of Communication, 49*(1), 103–122.

Scheufele, D. A., & Tewksbury, D. (2007). Framing, agenda setting, and priming: The evolution of three media effects models. *Journal of Communication, 57*(1), 9–20.

Schultz, F., Kleinnijenhuis, J., Oegema, D., Utz, S., & van Atteveldt, W. (2012). Strategic framing in the BP crisis: A semantic network analysis ofassociative frames. *Public Relations Review, 38*(1), 97–107.

Sedgewick, R., & Wayne, K. (2011). *Algorithms* (4th ed.). Upper Saddle River, NJ: Addison-Wesley.

Semetko, H. A., & Valkenburg, P. M. (2000). Framing European politics: A content analysis of press and television news. *Journal of Communication, 50*(2), 93 - 109.

Shah, D. V., Cappella, J. N., & Neuman, R. (2015). Big data, digital media, and computational social science: Possibilities and perils. *ANNALS of the American Academy of Political and Social Science, 659*(1), 6–13.

Shaw, D. L., & Martin, S. E. (1992). The function of mass media agenda setting. *Journalism & Mass Communication Quarterly, 69*(4), 902–920.

Sheafer, T. (2007). How to evaluate it: The role of story–evaluative tone in agenda setting and priming. *Journal of Communication, 57*(1), 21–39.

Sheafer, T., & Weimann, G. (2005). Agenda building, agenda setting, priming,individual voting intentions, and the aggregate results: An analysis of fourIsraeli elections. *Journal of Communication, 55*(2), 347–365.

Shoemaker, P. J. (2006). News and newsworthiness: A commentary. *Communications, 31*(1), 105–111.

Shoemaker, P. J., & Vos, T. P. (2009). *Gatekeeping theory.* New York, NY: Routledge.

Sørensen, B. E. (2005). Granger causality. Retrieved from. http://www.uh.edu/~bsorense/gra_caus.pdf

Theuwissen, M. (2015). *R vs Python for data science: The winner is. KDnuggets.* Retrieved from. http://www.kdnuggets.com/2015/05/r–vs–python–data–science.html

Tversky, A., & Kahneman, D. (1981). The framing of decisions and the psychology of choice. *Science, 211*(4481), 453–458.

Underwood, C. (2018, January 17). *Automated journalism – AI applications at New York Times, Reuters, and other media giants. techemergence.* Retrieved from. https://www.techemergence.com/automated–journalism–applications/

van Atteveldt, W. H. (2008). *Semantic network analysis: Techniques for extracting, representing, and querying media content*. Charleston, SC: BookSurge Publishers.

van Dijk, T. A. (1983). Discourse analysis: Its development and application to the structure of news. *Journal of Communication, 33*(2), 20–43.

van Dijk, T. A. (2009). News, discourse, and ideology. In K. Wahl-Jorgensen & T. Hanitzsch (Eds.), *The handbook of journalism studies* (pp. 191–204). New York, NY: Routledge.

van Ginneken, J. (1997). *Understanding global news: A critical introduction.* London, UK: SAGE Publications Ltd.

Vargo, C. J., & Guo, L. (2017). Networks, big data, and intermedia agenda setting:An analysis of traditional, partisan, and emerging online U.S. news. J*ournalism & Mass Communication Quarterly, 94*(4), 1031–1055.

Vargo, C. J., Guo, L., & Amazeen, M. A. (2018). The agenda-setting power of fake news: A big data analysis of the online media landscape from 2014 to 2016. *New Media & Society, 20*(5), 2028–2049.

Veling, A., & van der Weerd, P. (1999). C*onceptual grouping in word co-occurrence networks.* In Proceeding IJCAI'99 Proceedings of the 16th international joint conference on Artificial intelligence, 2, 694–699, Stockholm, Sweden.

Wanta, W. (1997). T*he public and the national agenda: How people learn aboutimportant issues*. Mahwah, NJ: Lawrence Erlbaum Associates.

Weaver, D. & Elliott, S. N. (1985). Who sets the agenda for the media? A study of local agenda-building. *Journalism Quarterly, 62*(1), 87–94.

Welbers, K., van Atteveldt, W., & Benoit, K. (2017). Text analysis in R. *Communication Methods and Measures, 11*(4), 245–265.

Welbers, K., van Atteveldt, W., Kleinnijenhuis, J., & Ruigrok, N. (2018). A gatekeeper among gatekeepers. *Journalism Studies, 19*(3), 315–333.

Wild, F. (2015). *lsa: Latent Semantic Analysis*. R package version0.73.1. Retrieved from. https://CRAN.R-project.org/package=lsa

Williams, W., Jr., Shapiro, M., & Cutbirth, C. (1983). The impact of campaign agendas on perceptions of issues in 1980 campaign. *Journalism Quarterly, 60*(2), 226–231.

Xu, Z., & Guo, H. (2018). Using text mining to compare online pro- and anti-vaccine headlines: Word usage, sentiments, and online popularity. *Communication Studies, 69*(1), 103–122.

Yang, J., & Leskovec, J. (2011). Patterns of temporal variation in online media. In proceedings of the fourth ACM international conference on Web search and data mining, 177–186, Hong Kong, China.

Yeh, A. S., Hirshman, L., & Morgan, A. A. (2003). Evaluation of text data mining for database curation: lessons learned from the KDD Challenge Cup. *Bioinformatics, 19*(suppl_1), i331–i339.

Yu, C. H., Jannasch-Pennell, A., & DiGangi, S. (2011). Compatibility between text mining and qualitative research in the perspectives of Grounded Theory, content analysis, and reliability. *Qualitative Report, 16*(3), 730–744.

Zachariadis, T. (2007). Exploring the relationship between energy use and economic growth with bivariate models: New evidence from G-7 countries. *Energy Economics, 29*(6), 1233–1253.

Zamith, R., & Lewis, S. C. (2015). Content analysis and the algorithmic coder: What computational social science means for traditional modes of media analysis. *ANNALS of the American Academy of Political and Social Science, 659*(1), 307–318.

Zhu, J-H., Watt, J. H., Snyder, L. B., Yan, J., & Jiang, Y. (1993). Public issue priority formation: Media agenda-setting and social interaction. *Journal of Communication, 43*(1), 8–29.

# 찾아보기

## 찾아보기 (R 코드 함수와 분석 패키지)